U0738479

高等职业教育物流专业规划教材

Logistics Cost Management
物流成本管理

主 编 程 洁
副主编 曹 萍 刘晓娜

ZHEJIANG UNIVERSITY PRESS
浙江大学出版社

前　言

随着世界经济一体化的发展,特别是我国加入世界贸易组织(WTO)后经济一体化的不断深入,物流活动的社会化、专业化、信息化和网络化已经成为现代化物流发展的总体趋势。在现代物流运作与管理过程中,物流成本管理的地位和作用变得越来越重要和突出,降低物流成本已经成为物流管理的一项重要任务。"物流成本管理"是一门兼有自然科学和社会科学的综合性课程,是研究物流运作环境与经济活动相互关系体系的形成过程、结构特征、发展趋势和优化调控的学科。掌握物流成本管理的运作条件和特点,了解其在国内外市场中所处的地位、作用与内在运行机理,对于加速我国的物流经济和产业的发展有着十分重要的作用。

为培养适应现代物流发展需要,具有系统管理理念,掌握现代物流企业管理方法,能够从事计划、采购、仓储、配货、拣货、调度、退货处理、信息处理、成本控制等工作的高素质技能型人才,目前国内许多高职院校物流管理专业一般在修完"基础会计实务"、"仓储与配送管理"、"运输工程实务"等课程以后,开设"物流成本管理"或者类似的课程。通过学习这门课程,不仅使学生掌握物流成本核算、控制的方法,还有助于学生具备全面控制、全员控制、成本效益最大化、系统成本管理意识的理念与素质,增强学生的岗位适应能力。

本教材总体上以物流企业对技术应用型人才的需求为导向,围绕物流企业成本核算岗位的典型任务,基于物流企业成本管理工作过程进行章节设计,融知识目标、能力目标与素质目标三维一体化,并且使它们之间相互支撑、相互渗透、相互促进。

本教材各章以格言、小案例为引导,先对基本概念进行简明的阐述,然后通过大量真实、有效的数据、图表、案例等对物流成本管理的现象进行全面的分析,最后对本章进行小结。每一章后附有课后练习思考题,以便师生练习巩固理论知识,同时通过一个典型案例训练学生的思维能力、知识应用能力以及交流协作能力。本书的特点可概括为以下几点:

(1)在编写过程中,通过引入大量新鲜、有特色的案例,有助于读者了解国内外先进的物流成本管理手段,思考当前我国物流行业、企业中存在的物流成本管理问题。

(2)教材内容完整严谨,理论介绍部分有完整的例题、图表和案例支撑,使得基本知识更容易被掌握。

(3)每章以一个小案例导入为引导,寓每章的"灵魂"于案例导入中,附有"物流启示",有助于读者更好地领会每章的核心内容。

(4)每章节增加了"拓展链接"部分,能够增加读者的知识面,增加学习的趣味性,使读者能够更好地理解书中的知识点。

(5)本教材不仅适合高职院校物流管理专业师生学习,也适合商品流通企业、物流企业成本管理岗位人员实操练习。

参加本教材编写工作的人员及分工如下:第一、二章由武汉船舶职业技术学院的程洁编写;第三章由武汉船舶职业技术学院的程洁、湖北生态工程职业技术学院的刘晓娜编写;第四、五章由湖北生态工程职业技术学院的刘晓娜编写;第六、七章由武汉城市职业学院的曹萍编写;第八、九章由武汉船舶职业技术学院的程洁、武汉城市职业学院的曹萍编写。

由于编写时间紧迫和编者水平有限,书中疏漏之处在所难免,敬请广大读者批评指正。

编者

2016 年 5 月

目　录

第一章　物流成本管理概论

物流使我们实现三个零的目标。三个零就是零库存、零距离、零营运成本。

——张瑞敏

学习目的和任务

- 理解物流成本的含义
- 了解影响物流成本的因素
- 了解物流成本的相关理论学说
- 掌握物流成本管理的内容
- 掌握降低物流成本管理的途径

本章要点

- 物流成本的分类与主要内容
- 物流成本的特征
- 企业降低物流成本的途径
- 物流成本管理方法在企业日常管理中的应用

案例导入

薄利多销与物流成本管理的关系

山姆·沃尔顿有一句名言:"一件商品,成本8角,如果标价1元,销售数量就是标价1.2元商品的3倍,我在一件商品上所赚不多,但卖多了,我就有利可图。"几十年来,沃尔玛一直恪守薄利多销的经营战略。

沃尔玛之所以能够做到天天低价,是因为它比竞争对手成本低,商品周转快。沃尔玛绕开中间商,直接从工厂进货。早在20世纪80年代,沃尔玛就采取了一项政策,要求从交易中排除制造商的销售代理,直接向制造商订货,同时将采购价降低2%～6%,大约相当于销售代理的佣金数额。统一订购的商品送到配送中心后,配送中心根据每个分店的需求对商品就地筛选、重新打包。这种类似网络零售商"零库存"的做法使沃尔玛每年都可节省数以百万美元计的仓储费用。灵活高效的物流配送系统是沃尔玛达到最大销售量和低成本的存货周转的核心。沃尔玛第一间配送中心于1970年建立,占地6000平方米,负责供货给4个州的32间商场,集中处理公司所销商品的40%。随着公司的不断发展壮大,配送中心的数量也不断增加。到现在,沃尔玛配送中心分别服务于美国18个州约2500间商场,配送中心约占地10万平方米。整个公司销售商品的85%由这些配送中心供应,而其竞争对手只有约50%～65%的商品集中配送。如今,沃尔玛完整的物流系统不仅包括配送中心,还有更为复杂的物料输入采购系统、自动补货系统等。沃尔玛巨资建立的卫星通信网络系统使其供货系统更趋完美。这套系统的应用,使配送中心、供应商及每一分店的每一销售点都能形成连线作业,在短短数小时内便可完成"填妥订单—各分店订单汇总—送出订单"的整个流程,大大提高了营业的高效性和准确性。

此外,沃尔玛对营销成本的控制也非常严格。沃尔玛的广告开支仅相当于美国第二大连锁店西尔斯的1/3,每平方英尺销售额比美国第三大连锁店凯马特高一倍。沃尔玛的营销成本仅占销售额的1.5%,商品损耗率仅为1.1%,而一般美国零售商店这两项指标的平均值分别高达5%和2%。这些都使得沃尔玛实施低价策略的实力进一步加强。

物流启示:"薄利多销"不仅代表一种价格与市场策略,有时也代表一种物流成本策略。

第一节　物流成本认知

物流的概念最早是在美国形成的,当初被称为Physical Distribution(即PD),译成汉语是"实物分配"或"货物配送"。1935年,美国销售协会阐述了"实物分配"的概念:"实物分配是包含于销售之中的物质资料和服务在从生产场所的流动过程中所伴随的种种经济活动。"1963年,物流的概念被引入日本,当时的物流被理解为"在连接生产和消费间对物资履行保管、运输、装卸、包装、加工等功能,以及作为控制这类功能后援的信息功能,它在物资销售中起了桥梁作用"。我国是在20世纪80年代才接触"物流"这个概念的,此时的物流已被称为logistics,不是过去PD的概念了。

一、物流成本的概念

物流成本是指伴随企业的物流过程而发生的各项费用。现代物流成本指的是产品空间位移(包括静止)的过程中所消耗的各种资源的货币表现,是物品在实物运动过程中,如包装、装卸、搬运、存储、流通加工等各个环节所支出的人力、物力、财力的总和。

物流成本有狭义和广义之分。狭义的物流成本仅指物品在包装、运输、仓储、装卸、搬运、流通加工等物流活动中所产生的费用,一般在企业财务会计账簿中以包装费、运输费、仓储费、装卸费、搬运费、加工费等形式体现出来。在商品经济中,物流活动是创造时间价值和空间价值的过程,要保证物流活动高质、高效、有序地进行所必须消耗的人力、物力、财力的总和。狭义的物流成本是物流过程的显性成本。

广义的物流成本是指生产、流通、消费全过程的物品实体与价值变化而发生的全部费用。它具体包括从生产企业内部原材料的采购、供应开始,经过生产制造中的半成品、产成品的仓储、搬运、包装、运输以及在消费领域发生的验收、分类、保管、配送、废品回收等发生的所有成本。

广义的物流成本除包括狭义的显性物流成本外,还包括隐性的客户服务成本。这是由于客户服务是连接和统一所有物流管理活动的重要方面,物流活动就是为了追求客户满意,是提高企业整个客户服务水平的关键因素和重要保障。现实中有企业常因物流服务水平低下而不能令客户满意,逐渐失去现有客户与潜在客户,因此产生的企业声誉损失就构成了客户服务成本。

➤拓展链接

中国的物流成本高在哪里?

与发达国家物流业相比,中国物流成本要高得多。有关资料显示,美国物流业成本仅占整个运营成本的 9% 左右,而中国物流业成本则占 20%。从库存情况来看,中国企业产品的周转期为 35～45 天,而国外一些企业的产品库存时间不超过 10 天。另外,中国企业更愿意用自己的车队,但货物空载率达 37% 以上,同时,因包装问题而造成的货物损失每年达 150 亿元,货物运输每年损失 500 亿元。

导致这些问题的根源在于企业规模小、管理分散、员工素质低。据了解,这样的公司全国已注册的有 1500 家左右,没有形成网络,缺乏竞争力,没有形成规模效益,企业之间也缺乏了解和相互沟通,不利于物流企业的发展。

简单地说,现代物流就是要最省时最有效地将货物从一个地方运送到另一个地方。中国物流业要取得成功,必须运用现代物流管理,有效地把物流成本降下来。

二、物流成本的特点及影响因素

物流长期以来一直被认为是企业的第三利润源泉,在不少企业中,物流成本在企业销售成本中占了很大的比例,因而加强对物流活动管理的关键是控制和降低企业各种物流费用。但是要加强物流成本管理,应明白企业活动中物流成本的特点与影响因素。

(一)物流成本的特点

物流成本的特点是从企业的物流实践中反映出来的物流成本的重要特性,具体如下所述:

1. 物流成本的隐含性

物流成本的隐含性是指日本早稻田大学的物流成本学说权威西泽修教授提出来的

"物流成本冰山说"。在通常的企业财务决算表中,物流成本核算的是企业对外部运输业者所支付的运输费用,或向仓库支付的商品保管费等传统的物流成本。对于企业内与物流中心相关的人员费、设备折旧费、固定资产税等各种费用,则与企业其他经营费用统一计算。因而,从现代物流管理的角度来看,企业难以正确把握实际的企业物流成本。发达国家的实践经验表明,实际发生的物流成本往往超过外部支付额的 5 倍以上。

2. 物流成本中有不少是物流部门不能控制的

在一般的物流成本中,物流部门完全无法掌握的成本很多,如保管费中过量进货、过量生产、销售残次品的在库维持及紧急输送等例外发货产生的费用都是纳入其中的,从而增加了物流成本管理的难度。

3. 物流成本削减具有乘数效果

物流成本的控制对企业利润的增加具有显著作用。例如,如果销售额为 100 万元,物流成本为 10 万元,那么物流成本削减 1 万元,不仅直接产生了 1 万元的利润,而且因为物流成本占销售额的 10%,所以间接增加了 10 万元的利润,这就是物流成本削减的乘数效应。

4. 物流成本之间存在二律背反现象

二律背反指的是物流的若干功能要素之间存在着一种"此长彼消、此赢彼亏"的现象,往往导致整个物流系统效率的低下,最终会损害物流系统的功能要素的利益。如包装问题,在产品销售市场和销售价格皆不变的前提下,假定其他成本因素也不变,那么包装方面每少花一分钱,这一分钱就必然转到收益上来,包装越节省,利润越高。但是,一旦商品进入流通之后,如果简省的包装降低了产品的防护效果,造成了大量损失,就会造成储存、装卸、运输功能要素的工作劣化和效益减少,显然,包装活动的效益是以其他的损失为代价的。我国流通领域每年因包装不善出现的上百亿元的商品损失,就是这种二律背反的实证。由于二律背反现象的存在,必须考虑整体最佳成本。也就是说,物流管理的目标是追求物流总成本的最优化。

5. 物流成本的核算范围、核算对象、核算方法难以统一

目前,我国对物流成本的研究非常贫乏,一是对物流成本的构成认识不清。我国企业现行的财务会计制度中,没有单独的科目来核算物流成本,一般所有的成本都列在费用一栏中,无法分离。这使得许多企业仅将向外部运输企业支付的运输费用和向外部仓库支付的仓储费用作为企业的物流成本。这种计算方式使得大量的物流成本,如企业内与物流活动相关的人员费、设备折旧费等不为人所知。这部分费用是否也列入物流成本?连企业自己的物流总成本部也无法说清。二是物流成本的计算与控制由各企业分散进行,缺乏相应的权威统计数据。我国的企业是根据自己对物流成本的理解来进行计算与控制的,缺乏统一的统计口径。运输、保管、包装、装卸等各物流环节中,以哪几种环节作为物流成本的计算对象。如果只计运输和保管费用,不计其他费用,与运输、保管、包装、装卸等费用全部计算,两者的费用结果差别相当大。不同企业的物流成本项目不同,在如何统一物流成本计算项目方面,尚没有形成统一的标准。

6. 物流成本与客户服务水平关系密切

一般来讲,物流服务水平与成本之间是一种此消彼长的关系。例如,为提高服务水平,最好是有充足的库存,而充足库存的代价却是库存成本的提高,在这种情况下,就应以总成本最小为根本出发点,在服务水平与库存水平之间做出合理权衡。另外,物流服务水平与物流成本两者之间的关系适用于收益递减原则,无限度地提高服务水平,成本上升的速度就会加快,而服务效率则没有多大提高,甚至还会下降。

7. 物流成本与物流规模关系密切

物流成本随物流规模的变化而变化。初期,单位物流成本随物流规模的扩大而下降,达到一定规模时获得最低的物流成本,此时的规模称为经济规模;此后随物流规模进一步扩大,单位物流成本上升,即遭遇规模不经济。

综合以上物流成本的特点可以看出,对企业来讲,要实施现代化的物流管理,首要的是全面、正确地把握企业内外发生的所有整体物流成本。也就是说,要削减物流成本必须以企业整体物流成本为对象。另外,物流成本管理应注意不能因为降低物流成本而影响对用户的物流服务质量。特别是流通业中多频度、定时进货的要求越来越广泛,这就要求物流企业能够应对流通发展的这种新趋向。例如,为了满足顾客的要求,及时、迅速地配送发货,企业需要进行物流中心等设施的投资,以保证企业对顾客的物流服务水平。

(二)物流成本的影响因素

1. 存货的控制与货物保管制度

无论是生产企业或流通企业,对存货实行控制,严格掌握进货数量、次数和品种,都可以减少资金占用和贷款利息支出,降低库存、保管、维护等成本。良好的物品保管、维护、发放制度可以减少物品的损耗、霉烂、丢失等事故,从而降低物流成本。

2. 产品特性

产品的特性不同也会影响物流成本,这主要体现在以下几个方面:

(1)产品价值。产品价值的高低会直接影响物流成本的大小。随着产品价值的增加,每一物流活动的成本都会增加,运费在一定程度上反映货物移动的风险。一般来讲,产品的价值越大,对其所需使用的运输工具要求越高,仓储和库存成本也随着产品价值的增加而增加。高价值意味着存货中的高成本及包装成本的增加。

(2)产品密度。产品密度越大,相同运输单位所装的货物越多,运输成本就越低;同理,仓库中一定空间领域存放的货物越多,库存成本就会降低。

(3)产品废品率。影响物流成本的一个重要方面还在于产品的质量,也即产品废品率的高低。生产高质量的产品可以杜绝因次品、废品等回收、退货而发生的各种物流成本。

(4)产品破损率。产品破损率较高的物品即易损性物品,对物流成本的影响是显而易见的,易损性物品对物流各环节如运输、包装、仓储等都提出了更高的要求。

(5)特殊搬运。有些物品对搬运提出了特殊的要求。如对长、大物品的搬运,需要特殊的装载工具;有些物品在搬运过程中需要加热或制冷等,也都会增加物流成本。

3. 进货渠道与运输工具的选择

进货渠道决定了物流系统中企业制造中心或仓库相对于目标市场或供货点的距离的远近。若企业距离目标市场太远,交通状况较差,则必然会增加运输及包装等成本;若在目标市场建立或租用仓库,也会增加库存成本。

不同的运输工具,成本高低不同,运输能力也不同。采用更快捷的运输方式,虽然会增加运输成本,却可以缩短运输时间,降低库存成本,提高企业的快速反应能力。选择运输方式需要综合考虑货物的种类、运输量、运输距离、运输时间、运输成本五个方面因素的影响,既要保证生产和销售的需要,又要力求成本最低。

4. 管理成本开支

管理成本与生产和流通没有直接的数量依存关系,但却直接影响着物流成本的大小,节约办公费、水电费、差旅费等管理成本可以相应地降低物流成本总水平。另外,企业利用贷款开展物流活动,必然要支付一定的利息(如果是自有资金,则存在机会成本问题),资金利用率的高低,影响着利息支出的大小,从而也影响着物流成本的高低。

➤ 拓展链接

我国物流成本过大的原因

资料表明,英国、美国、日本、新加坡物流成本占 GDP 的比例分别为 10.1%、10.5%、11.4%、13.9%,而我国物流成本占 GDP 的比例却达到 21.3%,物流成本大大高于发达国家。其主要原因表现在以下三个方面:

1. 物流库存、运输成本高

我国物流企业基础设施落后,国家投资不够,交通运输矛盾日益突出,物流产业一直缺乏现代运输及物流配送的网络技术系统;货运的空载率高达 60%,仓储量则是美国的 5 倍;现行国家增值税税收政策不允许企业抵扣固定资产的进项税额,在制约了物流企业固定资产的更新需求,加大了企业税负的同时,物流基础建设布局不合理,54% 分布在东部,30% 分布在中部,15% 分布在西部。

2. 物流管理成本高

我国大部分物流企业的管理者的文化水平较低、管理水平不高,这也是造成我国多数物流企业规模较小的主要原因。以仓储业为例,我国仓储设施大多始建于 20 世纪 50 年代和 60 年代,土地、仓库资源丰富,有长期从事物流业的基础和客户群,但仓库的平均吞吐次数截至目前仅为 3~4 次,利用率极低。

3. 信息技术落后

我国传统物流经营模式是以仓储、运输、装卸、养护为重点,不重视对商品配送、流通加工过程中和企业内部的信息化改造以及物流技术的引进和物流信息的搜集、处理及发布。目前,大部分物流企业电子化水平低,信息加工和处理手段落后,信息处理水平只相当于世界平均水平的 2.1%。物流环节成本居高不下,降低了竞争力。

三、物流成本的构成与分类

目前企业对物流成本的分类方法主要有：按物流活动构成分类；按物流活动过程分类；按费用支出形态分类；按物流成本性态分类；按物流成本的可控性分类；按物流成本的核算目标分类；按物流成本的相关性分类；按物流成本计算方法分类；等等。

（一）按物流活动构成划分

以物流活动构成的几个基本环节为依据，把物流费用大体上分为物流环节费、信息流通费和物流管理费。

1. 物流环节费

物流环节费是指产品实体在空间位置转移过程中在所流经环节中发生的成本，具体包括：

（1）包装费。包括运输包装费、集合包装与解体费。

（2）运输费。包括营业性运输费、自备运输费。

（3）保管费。包括物料保管费、养护费。

（4）装卸费。包括营业性装卸费、自备装卸费。

（5）流通加工费。包括自备加工费、营业性加工费。

2. 信息流通费

信息流通费是指为实现产品价值变换，处理各种物流信息而发生的成本，包括与库存管理、订货处理、为客户服务等有关的成本，如入网费、线路租用费等。

3. 物流管理费

物流管理费是指为了组织、计划、控制、调配物资活动而发生的各种管理费，包括现场物流管理费和机构物流管理费。

（二）按物流活动过程划分

按物流活动过程，可以把物流费用划分为供应物流费、生产物流费、销售物流费、退货物流费、废弃物物流费。

1. 供应物流费

供应物流费是指企业为生产产品购买各种原材料、燃料、外购件等所发生的运输、装卸、搬运等成本。

2. 生产物流费

生产物流费是指企业在生产产品时，由于材料、半成品、成品的位置转移而发生的搬运、配送、发料、收料等方面的成本。

3. 销售物流费

销售物流费是指企业为实现商品价值，在产品销售过程中所发生的储存运输、包装及服务成本。

4. 退货物流费

退货物流费是指由于退货、返修物品、换货所引起从需方返回供方的物流费用。

5. 废弃物物流费

废品物流费是指因废品、不合格品所形成的物流费用。

➤**拓展链接**

按物流活动范围划分

现代物流范围包括从原材料采购开始,经过企业内的生产周转,到产品的销售乃至退货、废弃物的处理等广阔的领域,因此,截取其中一部分还是整个领域作为成本核算的对象,或是截取不同部分作为成本核算的对象,都会产生较大的成本差异。

物流成本按照物流活动的范围分为:供应物流成本、企业内物流成本、销售物流成本、回收物流成本、废弃物物流成本五个方面。

(三)按费用支出形态划分

按费用支出形态,物流成本可以分为本企业支付的物流成本和外企业支付的物流成本。本企业支付的物流成本中包括企业自营物流成本和委托物流成本。企业自营物流成本(也叫直接物流成本或企业内部物流成本),汇集企业自身进行的各项物流活动发生的物流费用。委托物流成本,汇集企业委托外单位进行某些物流活动所支付的物流费用。

1. 企业自营物流成本(直接物流成本、企业内部物流成本)

(1)材料费。包括包装材料费、工具消耗费。

(2)人工费。包括工资、奖金、补贴。

(3)燃料、动力费。包括燃料费、水电费。

(4)折旧费。包括设备设施折旧、大修理折旧费。

(5)管理费。包括管理信息费、办公费、差旅费。

(6)银行利息支出。

(7)维护保养费。

(8)其他费用。包括物流工作保护费、材料损耗费、罚金。

2. 委托物流成本

(1)包装费。

(2)运输费。

(3)手续费。

(4)保管费。

(5)其他费用。

外企业支付的物流成本,包括供应外企业支付物流费和销售外企业支付物流费,比如商品采购时采用送货制所包含在购买价格中的运费,销售商品采用提货制因顾客自己取货而从销售价格中扣除的运费。

此种分类方法便于检查物流费用在各项日常支出中的数额和所占比重,也便于分析各项费用水平的变化情况。

（四）按物流成本性态划分

成本性态是指成本总额对业务总量之间的依存关系。物流成本按性态可划分为固定成本、变动成本和混合成本。

1. 固定成本

固定成本是指其总额在一定时期和一定业务量范围内,不受业务量增减变动的影响而保持不变的成本。例如,固定资产折旧、管理人员工资、机器设备的租金等。固定成本的概念是就其总额而言的。由于固定成本总额在一定时期和一定业务量范围内保持不变,那么随着业务量在一定范围内的增加或减少,单位业务量所分摊的固定成本,就会相应地减少或增加。即从单位固定成本来看,它与业务量的增减成反比例变动。为了更好地对固定成本进行规划和控制,固定成本还可以进一步划分为"约束性固定成本"和"酌量性固定成本"。"约束性固定成本"也叫"经营能力成本",是指同企业生产经营能力的形成及其正常维护相联系的固定成本,如厂房和机器设备的折旧费、保险费、企业管理人员的基本工资等。这类成本有很大的约束性,一般在短期内很难有重大改变。"酌量性固定成本"也叫"随意性固定成本",是指由企业高层管理者按照经营方针的要求所确定的一定时期的预算固定成本,如广告费、研究开发费、职工培训费等。这类成本的发生及其数额的多少,服从于企业不同时期生产经营的实际需要,取决于管理当局对不同费用项目所做的具体预算。因此,它可以随经营方针的改变而改变,但只能在某个特定的预算期内存在。

应当指出的是,固定成本总额只是在一定时期和一定业务量范围内才是固定的。这里所说的一定范围,通常称为相关范围。如果业务量超过了相关范围,固定成本也会发生变动。所以,所谓固定成本,必须和一定时期、一定业务量相联系。

2. 变动成本

变动成本是指其总额随着业务量的变动而成正比例变动的成本。例如,直接材料、直接人工、包装材料等都属于变动成本。变动成本的概念,也是就其总额而言的。若从单位业务量的变动成本来看,它又是固定的,即它不受业务量增减变动的影响。这种单位业务量的变动成本,就称为变动成本。应当指出的是,变动成本也存在着相关范围问题。也就是说,在相关范围之内,变动成本总额与业务量之间保持着完全的线性关系;在相关范围之外,它们之间的关系可能是非线性的。

3. 混合成本

在实际工作中,往往还会遇到一些成本兼有固定成本和变动成本的性质。这类成本总额会随业务量的变动而变动,但其变动幅度并不随业务量的变动保持严格的比例,因此,将它们统称为混合成本。这种成本表现为半变动成本或半固定成本,例如,车辆设备的日常维修费等。其中受变动成本影响较大的称为半变动成本,而受固定成本影响较大的称为半固定成本。事实上,在物流系统的运营过程中,混合成本所占的比重是比较大的。对于混合成本,可按一定方法将其分解成变动成本与固定成本两部分,并分别划归到变动成本与固定成本中。混合成本分解可以依据历史数据来进行,常用方法包括高低点法、散点图法和回归直线法,在没有历史数据可以借鉴的情况下,也可以由财务人员通过账户分析法或工程分析法进行混合成本的分解。对混合成本进行分解后,可以将整个运营成本分为固定成本与变动成本两个部分。在此基础上,就可进行物流成本的分析与管理。

研究成本与业务量之间的依存性,考察不同类型成本与业务量之间的持定数量关系,把握业务量变动对各类成本变动的影响,有利于进行本量利分析和短期决策,加强成本控制和科学地进行成本分析,对于正确地进行经营决策,挖掘内部潜力,提高企业经济效益有着重要的意义。

（五）按物流成本的可控性划分

1. 可控成本

可控成本是指成本的责任单位对成本的发生能够控制的成本。例如,在生产企业中直接材料的成本可以由生产部门和供应部门进行控制。因材料的耗用量而发生的成本,对生产部门来说是可控的。而对于价格原因形成的成本只能由供应部门控制,对生产部门来说就是不可控的。作为可控成本必须同时具备以下四个条件:责任单位能够通过一定的方式了解这些成本是否发生以及在何时发生;责任单位能够对这些成本进行精确的计量;责任单位能够通过自己的行为对这些成本加以调节和控制;责任单位可以将这些成本的责任分解落实。

2. 不可控成本

凡不能满足上述条件的成本,称为不可控成本。责任单位不应当承担不可控成本的相应责任。需要注意的是,成本的可控性是相对的,由于它与责任单位所处管理层次的高低、管理权限和控制范围的大小以及管理条件的变化有着直接的关系,因此,在一定空间和时间条件下,可控成本与不可控成本可以实现相互转化。

（六）按物流成本的核算目标划分

现代成本核算有三个主要目标:一是反映业务活动本身的耗费情况,以便确定成本的补偿尺度;二是落实责任,以便控制成本,从而明确有关单位的经营业绩;三是确保物流业务的质量。所以,成本按核算目标不同可分为业务成本、责任成本和质量成本。

（七）按物流成本的相关性划分

成本的相关性是指成本的发生与特定决策方案是否有关的性质。成本按此性质可分为相关成本和无关成本两类。这种分类有助于成本预测和决策,有利于正确开展对未来成本的规划。

（八）按物流成本的计算方法划分

按成本计算方法,物流成本可划分为实际成本和标准成本。实际成本是指企业在物流活动中实际耗用的各种费用的总和。标准成本是通过精确的调查、分析与技术测定而制定的一种预计成本,是在一定的技术水平和有效管理条件下应当达到的成本目标。通过实际成本与标准成本的比较,可以计算成本差异并分析成本差异的原因,进而采取相应的改进措施。物流成本的这种划分方法,有利于开展物流成本的控制。

四、物流成本理论

（一）"黑大陆"学说

在财务会计中把生产经营费用大致划分为生产成本、管理费用、营业费用、财务费用，然后再把营业费用按各种支付形态进行分类。这样，在利润表中所能看到的物流成本在整个销售额中只占极少的比重。因此，物流的重要性当然不会被认识到，这就是物流被称为"黑大陆"的一个原因。

由于物流成本管理存在的问题及有效管理对企业盈利和发展的重要作用，1962年，著名的管理学家彼得·德鲁克在《财富》杂志上发表了题为《经济的黑色大陆》一文，他将物流比作"一块未开垦的处女地"，强调应高度重视流通及流通过程中的物流管理。彼得·德鲁克曾经讲过"流通是经济领域的黑暗大陆"。德鲁克泛指的是流通，但由于流通领域中物流活动的模糊性特别突出，它是流通领域中人们认识不清的领域，所以"黑大陆"学说主要针对物流而言。

"黑大陆"学说主要是指尚未认识、尚未了解，在黑大陆中，如果理论研究和实践探索照亮了这块黑大陆，那么摆在人们面前的可能是一片不毛之地，也可能是一片宝藏之地。"黑大陆"学说是对20世纪中叶经济学界存在的愚昧认识的一种批驳和反对，指出在市场经济繁荣和发达的情况下，无论是科学技术还是经济发展，都没有止境。"黑大陆"学说也是对物流本身的正确评价，即这个领域未知的东西还很多，理论与实践皆不成熟。

（二）物流成本冰山理论

该理论由日本早稻田大学的西泽修教授提出，是指当人们读财务报表时，只注意到企业公布的财务统计数据中的物流费用，而这只能反映物流成本的一部分，有相当数量的物流费用是不可见的。物流成本正如浮在水面上的冰山，人们所能看见的向外支付的物流费用好比冰山的一角，而大量的是人们所看不到的沉在水下的企业内部消耗的物流费用，水下的物流内耗越深反而露出水面的冰山就越小，将各种问题掩盖起来。这种现象只有大力削减库存，才能将问题暴露并使之得到解决。这就是物流成本的冰山理论（如图1-1所示）。

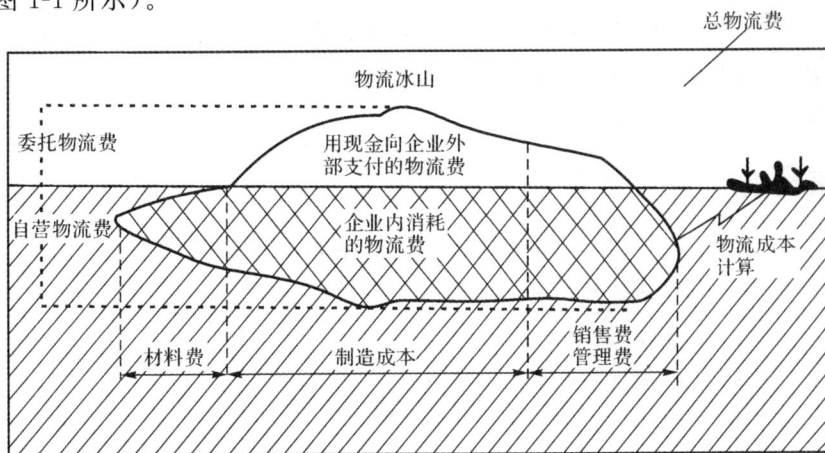

图 1-1　物流成本冰山理论图解

➤**拓展链接**

"物流冰山"说背后的三个原因

（1）物流成本的计算范围太大。包括：原材料物流、工厂内物流、从工厂到仓库和配送中心的物流、从配送中心到商店的物流等。这么大的范围，涉及的单位非常多，牵涉的面也特别广，很容易漏掉其中的某一部分。漏掉哪部分，计算哪部分，物流费用的大小相距甚远。

（2）运输、保管、包装、装卸、流通加工以及信息等各物流环节中，以哪几个环节作为物流成本的计算对象问题。如果只计算运输和保管费用，而不计算其他费用，与运输、保管、装卸、包装、流通加工以及信息等全部费用的计算，两者的费用计算结果差别相当大。

（3）把哪几种费用列入物流成本中的问题。比如，向外部支付的运输费、保管费、装卸费等费用一般都容易列入物流成本；可是本企业内部发生的物流费用，如与物流相关的人工费、物流设施建设费、设备购置费，以及折旧费、维修费、电费、燃料费等，是否也列入物流成本中，都与物流费用的大小直接相关。所以我们说，物流费用确实犹如海里的冰山，露出水面的仅是冰山的一角。

（三）"第三利润源"学说

"第三利润源"学说最初是由日本早稻田大学教授西泽修提出的。1970年，西泽修教授在其著作《流通费用——不为人知的第三利润源泉》中，认为物流可以为企业提供大量直接或间接的利润，是形成企业经营利润的主要活动。非但如此，对国民经济而言，物流也是国民经济中创利的主要领域。后来"第三利润源"学说逐步在其他国家流传开。

人类历史上曾经有两个大量提供利润的领域：一个是资源领域，挖掘对象是生产力中的劳动对象；另一个是人力领域，挖掘对象是生产力中的劳动者。第三个是物流领域，挖掘对象是生产力中的劳动工具的潜力，同时注重劳动对象与劳动者的潜力。

随着市场竞争日益激烈，企业能够占有的市场份额也是有一定限度的，当达到一定限度不能再扩大利润的时候，如何寻找新的利润增长点？这时候发现如果能有效降低在企业成本中占据相当高比例的物流费用，就等于说提高了企业的利润。

➤**拓展链接**

第三利润源的理论基于四个方面

①物流是可以完全从流通中分化出来的，自成体系，有目标、有管理，因而能进行独立的总体判断。②物流和其他的独立经济活动一样，不是总体的成本构成因素，而是单独盈利因素，可以成为"利润中心"。③从物流服务角度看，通过有效的物流服务，可以给接受物流服务的生产企业创造更好的盈利机会，成为生产企业的"第三利润源"。④通过有效的物流服务，可以优化社会经济系统和整个国民经济的运行，降低整个社会的

运行成本,提高国民经济总效益。

（四）效益背反规律

"效益背反"（trade-off）规律又称为"二律背反""交替损益",是指物流的若干功能要素之间存在着损益的矛盾,即某一功能要素的优化和利益发生的同时,必然会存在另一个或几个功能要素的利益损失,反之也如此。"效益背反"是物流领域中很普遍的现象,是物流领域中内部矛盾的反映和表现。物流系统的效益背反包括物流成本与服务水平的效益背反和物流各功能活动之间的效益背反。

1. 物流成本与服务水平的效益背反

物流成本与服务水平的效益背反是指物流服务的高水平必然带来企业业务量的增加、收入的增加,同时却也带来企业物流成本的增加,使企业效益下降,即高水平的物流服务是由高水平的物流成本做保证的,在没有较大的技术进步情况下,物流企业很难做到既提高了物流服务水平,同时又降低了物流成本。一般来讲,提高物流服务,物流成本即上升,两者之间存在着效益背反的规律。而且,物流服务水平与物流成本之间并非呈线性关系,如图 1-2 所示。

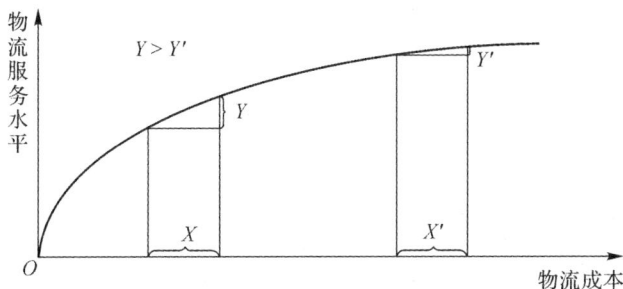

图 1-2　物流服务水平与物流成本之间的效益背反关系

由图 1-2 可知,物流服务如果处于低水平阶段,追加成本 X,物流服务即可上升到 Y;如果处于高水平阶段,同样追加成本 X',则服务水平就上升到了 Y',但 $Y > Y'$。

2. 物流功能的效益背反

物流功能之间的效益背反是指物流各项功能活动处于一个统一且矛盾的系统中,在同样的物流总量需求和物流执行条件下,一种功能成本的削减会使另一种功能成本增加。因为各种费用互相关联,必须考虑整体的最佳成本。

物流的基本功能主要是指对货物的包装、装卸、保管以及运输配送四个职能,这些基本职能之间存在着此消彼长的效益背反。例如,从配送中心的数量与运输配送费和保管费的关系来看,一个企业如果在配送范围内建立多个配送中心,运输配送成本必然下降,因为运输距离变短,但是同时,由于单个配送中心必须配备一定数量的保管人员、车辆,且保持一定数量的商品库存,必然导致企业整体的工资费用、保管费、库存资金占用利息等大大增加。也就是说,运输成本和保管费用之间存在着二律背反关系,两者交替损益。

物流系统是以成本为核心,按最低成本的要求,使整个物流系统化,它强调调整各要素之间的矛盾,强调要素之间有机地结合起来。这要求必须从总成本的角度出发,以系统的角度看问题,追求整个物流系统总成本的最低。企业物流管理肩负着"降低企业物流成本"和"提高服务水平"两大任务,这是一对相互矛盾的对立关系。整个物流合理化,需要用总成本评价,这反映出企业物流成本管理的效益背反特征及企业物流对整体概念的重要性。美国学者用"物流森林"的结构概念来表述物流的整体观念,指出物流是一种结构,对物流不能只见功能要素而不见结构,即不能"只见树木,不见森林",物流的总体效果是森林的效果。

（五）成本中心说

成本中心说是指物流在整个的企业战略中,只对企业营销活动的成本发生影响。物流是企业成本的重要生产点,因而,解决物流的问题并不主要是为搞合理化、现代化,也不是主要在于支持保障其他活动,而主要是通过物流管理和物流的一系列活动来降低成本。所以,成本中心说既是指主要成本的生产点,又是指降低物流成本的关注点,物流是"降低成本的宝库"等说法正是这种认识的形象描述。

事实证明,物流领域的方方面面对我们而言还是不清楚的,在"黑大陆"中和"冰山"的水下部分正是物流尚待开发的领域,也是物流的潜力所在。这无疑激起了人们对物流成本的关注并推动了企业物流的发展。但是,成本中心说过分地强调了物流的成本机能,认为改进物流的目标是降低成本,致使物流在企业发展战略中的主体地位没法得到认可,从而限制了物流本身的进一步发展。

（六）服务中心说

服务中心说代表了美国和欧洲一些学者对物流的认识。他们认为,物流活动的最大作用并不在于为企业节约了成本或增加了利润,而是在于提高了企业对用户的服务水平,进而提高了企业的竞争力。

服务中心说特别强调了物流的服务保障功能,认为服务重于成本,通过服务质量的不断提高,可以实现总成本的下降。企业借助于物流的服务保障作用,可以通过整体能力的加强来降低成本、增加利润。

（七）战略中心说

物流战略中心说是当前非常盛行的说法,学术界和企业界逐渐意识到物流更具有战略性。这一学说把物流提到一个相当重要的地位,认为物流会影响企业总体的生存与发展,应该站在战略的高度看待物流对企业长期发展所带来的深远影响。将物流与企业的生存和发展直接联系起来的观点,对促进物流的发展具有重要的意义。

第二节　物流成本管理概述

一、物流成本管理的内容

物流成本管理是以把握和分析物流成本为手段进行的物流管理。从本质上讲,物流成本管理仍然是一个成本管理体系,但同时又兼有物流管理的特性。物流成本管理的具体内容包括物流成本预测、物流成本决策、物流成本计划、物流成本控制、物流成本核算、物流成本分析等。

（一）物流成本预测

物流成本预测是根据有关成本数据和企业具体的发展情况，运用一定的技术方法，对未来的成本水平及其变动趋势做出科学估计。成本预测是成本决策、成本计划和成本控制的基础工作，可以提高物流成本管理的科学性和预见性。

在物流成本管理的许多环节都存在成本预测问题，如仓储环节的库存预测、流通环节的加工预测、运输环节的货物周转量预测等。

（二）物流成本决策

物流成本决策是在成本预测的基础上，结合其他有关资料，运用一定的科学方法，从若干个方案中选择一个满意的方案的过程。从物流整个流程来说，有配送中心新建、改建、扩建的决策；装卸搬运设备、设施的决策；流通加工合理下料的决策等。进行成本决策、确定目标成本是编制成本计划的前提，也是实现成本的事前控制，提高经济效益的重要途径。

（三）物流成本计划

物流成本计划是根据成本决策所确定的方案，计划期的生产任务、降低成本的要求以及有关资料，通过一定的程序，运用一定的方法，以货币形式规定计划期各物流环节耗费水平和成本水平，并提出保证成本计划顺利实现所采取的措施。

通过成本计划管理，可以在降低物流各环节方面给企业提出明确的目标，推动企业加强成本管理责任制，增强企业的成本意识，控制物流环节费用，挖掘降低成本的潜力，保证企业降低物流成本目标的实现。

（四）物流成本控制

物流成本控制是根据计划目标，对成本发生和形成过程以及影响成本的各种因素和条件施加主动的影响，以保证实现物流成本计划的一种行为。从企业生产经营过程来看，成本控制包括成本的事前控制、事中控制和事后控制。成本事前控制是整个成本控制活动中最重要的环节，它直接影响以后各作业流程成本的高低。成本事前控制活动主要有物流配送中心的建设控制，物流设施、设备的配备控制，物流作业过程改进控制等。成本事中控制是对物流作业过程实际劳动耗费的控制，包括设备耗费的控制、人工耗费的控制、劳动工具耗费和其他费用支出的控制等方面。成本事后控制是通过定期对过去某一段时间成本控制的总结、反馈来控制成本。通过成本控制，可以及时发现存在的问题，采取纠正措施，保证成本目标的实现。

（五）物流成本核算

物流成本核算是根据企业确定的成本计算对象，采用相适应的成本计算方法，按规定的成本项目，通过一系列的物流费用汇集与分配，从而计算出各物流活动成本计算对象的实际总成本和单位成本。通过物流成本计算，可以如实地反映生产经营过程中的实际耗费，同时，也是对各种活动费用实际支出的控制过程。

（六）物流成本分析

物流成本分析是在成本核算及其他有关资料的基础上，运用一定的方法，揭示物流成本水平的变动，进一步查明影响物流成本变动的各种因素。通过物流成本分析，可以提出积极的建议，采取有效的措施，合理地控制物流成本。

上述各项成本管理活动的内容是互相配合、相互依存的一个有机整体。成本预测是成本决策的前提。成本计划是成本决策所确定目标的具体化。成本控制是对成本计划的实施进行监督，以保证目标的实现。成本核算与分析是对目标是否实现的检验。

➤ 拓展链接

日本企业的物流成本管理水平

日本著名物流专家菊池康也教授在《物流管理》一书中阐明了自己的观点，他认为日本物流成本管理的发展可分为五个阶段，包括：了解物流成本的实际状况，对物流活动的重要性提高认识；通过物流成本核算，了解并解决物流活动中存在的问题；实施物流成本管理，如物流成本的标准成本管理和预算管理；推进物流收益评估，评估物流对企业效益的贡献度；物流盈亏分析，对物流系统的变化或改革建立模型。菊池康也教授认为现在日本企业的物流成本管理大多处于第三阶段，还没有达到第四阶段、第五阶段，物流部门的职能还落后于销售和生产部门的职能。

二、物流成本管理的方法

物流成本管理的方法主要包括比较分析法、活动优化法、综合评价法、排除法以及责任管理法等，企业根据物流管理实际需要，选择利用，可有效地降低物流成本。

（一）比较分析法

常用的比较分析法包括以下三种：

1. 计划与实际比较

把企业当年实际开支的物流费用与原来编制的物流预算进行比较，如果超支了，分析一下超支的原因，在什么地方超支，这样便能掌握企业物流管理中的问题和薄弱环节。

2. 纵向比较

把企业历年的各项物流费用与当年的物流费用加以比较，如果增加了，分析一下为什么增加，在哪个地方增加了，增加的原因是什么，假若增加的是无效物流费用，则立即改正。

3. 横向比较

把企业的供应物流、生产物流、销售物流、退货物流和废弃物物流（有时包括流通加工和配送）等各部分物流费用分别计算出来，然后进行横向比较，看哪部分发生的物流费用最多。如果是供应物流费用最多或者异常多，则再详细查明原因，堵住漏洞，改进管理方法，以便降低物流成本。

（二）活动优化法

活动优化法就是通过物流过程的优化管理来达到降低物流成本的管理方法。物流过程是一个创造时间性和空间性价值的经济活动过程，为使其能提供最佳的价值效能，就必须保证物流各个环节的合理化和物流过程的迅速、通畅。物流系统是庞大而复杂的系统，要对它进行优化，需要借助于先进的管理方法和管理手段。可先在其单项活动范围内进行，再发展到对整个物流系统进行模拟，采用有效的数理分析方法来组织物流系统，使之合理化。具体内容如下：

1. 运用线性规划、非线性规划制订最优运输计划，实现物资运输优化

物流过程中遇到最多的是运输问题，例如，某种物品现由某几个工厂生产，又需供应某几个客户，怎样才能使工厂生产的物品运到客户所在地时达到总运费最小的目标？假定这种物品在工厂中的生产成本为已知，从某厂到消费地的单位运输费用和运输距离以及各工厂的生产能力和消费地需要量都已确定，则可用线性规划来解决。如工厂的生产量发生变化，生产费用函数是非线性的，就应使用非线性规划来求解。属于线性规划类型的运输问题，常用的求解方法有单纯形法和表上作业法。对于规模较大、计算复杂的运输问题，可用计算机软件来求解。

2. 运用系统分析技术，选择货物最佳的配比和配送线路，实现物资配送优化

配送线路是指各送货车辆向各个客户送货时所要经过的路线，它的合理与否对配送速度、合理利用车辆和配送费用都有直接影响。目前较成熟的确定优化配送线路的方法是节约法，也叫节约里程法。

3. 运用存储理论，确定经济合理的库存量，实现物资储存优化

储存是物流系统的中心环节，物资从生产到客户之间需要经过几个阶段，几乎在每个阶段都发生储存问题。究竟在每个阶段库存量保持多少为合理呢？为了保证供给，需用多长时间补充库存，一次进多少才能达到费用最省的目的？这些都是确定库存量的问题，可以在存储理论中找到解决的办法，其中比较著名的是经济订购批量模型，即EOQ模型。

4. 运用模拟技术，对整个物流系统进行研究，实现物流系统的最优化

例如，克莱顿·希尔模型，它是一种采用逐次逼近法的模拟模型。这个方法提出了物流系统的三项目标：最高的服务水平、最小的物流费用、最快的信息反馈。在模拟过程中采用逐次逼近的方法来求解下列决策变量：流通中心的数目、对客户的服务水平、流通中心收发货时间的长短、库存分布、系统整体的优化。

（三）综合评价法

综合评价法即通过物流成本的综合效益研究分析，发现问题，解决问题，从而加强物流管理的方法。比如，采用集装箱运输，一可以简化包装，节约包装费；二可以防雨、防晒，保证运输途中物品质量；三可以起仓库作用，防盗、防火。但是，如果由于简化包装而降低了包装强度，货物在仓库保管时则不能往高处堆码，浪费了库房空间，降低了仓库保管能力。由于简化包装，还可能影响货物的装卸搬运效率等。那么，利用集装箱运输是好还是坏呢？这就要用物流成本计算这种统一的尺度来综合评价。分别算出上

述各环节物流活动的费用,经过全面分析后得出结论,这就是物流成本管理的综合评价法。

（四）排除法

在物流成本管理中有一种方法叫活动标准管理(Activity Based Management, ABM)。其中一种做法就是把与物流相关的活动划分为两类:一类是有附加价值的活动,如出入库、包装、装卸等与货主直接相关的活动;另一类是无附加价值的活动,如开会、改变工序、维修机械设备等与货主没有直接关系的活动。其实,在商品流通过程中,如果能采用直达送货,则不必设立仓库或配送中心,可以实现零库存,等于避免了物流中的无附加价值活动。如果将上述无附加价值的活动加以排除或尽量减少,就能节约物流费用,达到物流管理的目的。

（五）责任管理法

责任管理法就是明确物流成本管理的责任主体的方法。在企业中,划分出若干个责任中心,由各责任中心对自己所能控制的物流成本负起责任。例如,在生产企业里,物流的责任究竟在哪个部门,是物流部门还是销售部门？客观地讲,物流本身的责任在物流部门,但责任的源头却是销售部门或生产部门。以销售物流为例,在一般情况下,由销售部门制订销售物流计划,包括订货后几天之内送货、接受订货的最小批量是多少等,均由企业的销售部门提出方案,制定原则。假如该企业过于强调销售的重要性,则可能决定当天订货,次日送达。这样,订货批量大时,物流部门的送货成本少,订货批量小时,送货成本增大,甚至过分频繁、过少数量送货造成的物流费用增加,大大超过了扩大销售产生的价值,这种浪费和损失,应由销售部门负责。分清类似的责任有利于控制物流总成本,防止销售部门随意改变配送计划,堵住无意义、不产生任何附加价值的物流活动。

三、物流成本管理的意义

物流成本管理是通过对物流成本的有效把握,充分利用物流要素之间的相互关系,科学、合理地组织物流活动,加强对物流活动过程中物流成本支出的有效控制,降低物流活动中各种资源的消耗,从而达到降低物流总成本、提高社会经济效益和企业利润的目的。

加强物流成本管理给企业自身带来经济利益的同时,对行业社会也带来一定的效益。下面根据物流成本管理影响的层面,把物流成本管理的意义分为宏观意义和微观意义。

（一）宏观意义

从宏观的角度看,降低物流成本会给行业和社会带来以下四个方面的经济效益:

(1)有利于提高社会消费水平。通过加强物流成本管理,降低商品流通中的物流费用,意味着企业可以利用相对低廉的价格出售自己的产品,提高消费者的购买力,为消费者带来更多的利益,提高整个社会的消费水平。

(2)有利于提高产品的国际竞争力。如果我国的物流效率普遍提高,物流费用平均水平降低到新的水平,那么我国产品在国际市场上的价格竞争力将会增强,这将会进一步扩大出口,拓展国际市场。

(3)有利于资源的优化配置。从事现代物流的企业是经济分工和专业化高度发展的产物,其本质是第三产业,即服务业。加强物流成本管理,将会促进物流服务业的进一步发展。同时,物流成本管理也是现代生产企业和商业企业挖掘利润、降低成本、提高经济效益的重要途径。若物流成本管理工作到位,则会起到降低产品成本,进一步增强市场竞争力的作用,如管理不到位就可能导致企业在市场竞争中淘汰。

(4)有利于促进节约型经济的发展。加强物流成本管理,对于企业而言,可以降低物品在运输、仓储、配送、流通加工、装卸搬运等流通环节的损耗,提高利润;对于整个社会而言,物流成本的下降,意味着达到同样的工作效果,在物流领域消耗的各种资源得到节约,意味着以尽可能少的资源投入创造出尽可能多的物质财富,减少资源消耗,进而推动资源节约型企业的创建。

(二)微观意义

从微观的角度看,降低物流成本会带来以下两方面的经济效益:

(1)有利于取得价格优势,增强竞争力。物流成本在产品成本中占有较大比重,在其他条件不变的情况下,通过加强物流成本管理,降低企业产品的成本,使产品可以以更低廉的价格在市场上出售,在竞争中取得价格优势,从而提高产品的市场竞争力,扩大销售,并以此为企业带来更多的利润。

(2)有利于促进企业管理水平的提高。物流成本管理是一项系统性的工作,物流成本管理不仅仅是物流部门的事情,还涉及企业整体,要求企业所有部门、所有人员给予重视并参与进来。企业管理水平的高低直接影响着物流消耗的大小,同时,加强物流成本管理也可以改进企业的管理水平,比如对现有财务核算进行完善、对组织机构进行改革、采用先进的管理方法等。

➤本章小结

本章着重介绍了物流成本的基本概念和基本内容,对物流成本的构成、分类、特点及影响因素进行了介绍,并对物流过程中物流成本的重要部分进行了重点介绍。本章还阐述了关于物流成本的各种理论学说,在物流成本管理的发展过程中,产生了"效益背反"规律、"物流成本冰山说"、"黑大陆"学说、"第三利润源"学说等重要的理论基础。

物流成本管理是物流管理的核心内容。在物流成本管理中,要考虑从整体上追求物流服务水平以及总体物流成本的最佳配合。物流成本管理的具体内容可以分为物流成本预测、物流成本决策、物流成本计划、物流成本控制、物流成本核算、物流成本分析等,它包括三个层次,即物流成本核算层、物流成本管理层以及物流成本效益评估层。物流成本管理的方法主要包括比较分析法、活动优化法、综合评价法、排除法、责任管理法等。现代物流的最终目的是在保证一定物流服务水平的前提下实现物流成本的降低。

➤**课后练习思考题**

1. 狭义的物流成本仅指由于物品在＿＿＿＿＿＿、＿＿＿＿＿＿、＿＿＿＿＿＿、＿＿＿＿＿＿、＿＿＿＿＿＿等物流活动中所产生的费用,一般在企业财务会计账簿中以包装费、运输费、仓储费、装卸费、搬运费、加工费等形式体现出来。

2. 物流成本管理的具体内容包括＿＿＿＿＿＿、＿＿＿＿＿＿、＿＿＿＿＿＿、＿＿＿＿＿＿、＿＿＿＿＿＿、＿＿＿＿＿＿等。

3. 比较分析法主要有＿＿＿＿＿＿、＿＿＿＿＿＿、＿＿＿＿＿＿三种。

4. 物流成本按性态可分为＿＿＿＿＿＿、＿＿＿＿＿＿、＿＿＿＿＿＿三种。

5. 物流成本按可控性可分为＿＿＿＿＿＿、＿＿＿＿＿＿两种。

6. 物流成本的分类方法主要有＿＿＿＿＿＿、＿＿＿＿＿＿、＿＿＿＿＿＿、＿＿＿＿＿＿、＿＿＿＿＿＿、＿＿＿＿＿＿、＿＿＿＿＿＿八种方法。

7. 影响物流成本的产品特性主要包括＿＿＿＿＿＿、＿＿＿＿＿＿、＿＿＿＿＿＿、＿＿＿＿＿＿、＿＿＿＿＿＿五个方面。

8. 简述物流成本的特点。

9. 与物流成本管理相关的理论学说有哪些?

10. 物流成本管理的方法是什么?

案例学习

新快递版图八分天下:从小散乱到和平暗战

大型快递公司将趋向综合化、中型快递公司将趋向专业化、小型快递公司将趋向个性化。五年过后,中国快递业将呈现如下六大趋势:

未来趋势一:"一招鲜"到全方位实力比拼,快递业竞争立体化。

与淘宝渊源最早的邮政EMS最近降价。作为2006年年底率先和淘宝建立合作关系的快递企业,国字头的EMS不得不在双11前放下身价重新定义与电商的联姻。而此前一向视"速度"为重要竞争砝码的亚马逊中国和顺丰也延长了快递到达时限,开打低价牌。快递降价"慢"走成为当下竞争中无奈的一步棋。"中国快递企业目前进一步发展的决定因素仍是消费者对价格的敏感程度。"在徐勇看来,未来消费者对服务品质和增值服务的敏感程度将会逐级加强。来自国家邮政总局的调查也显示,2012年上半年,从消费者选择快递服务考虑的因素看,网络购物用户把价格便宜放在首位。

天猫物流事业部总监龚涛的看法相对显得乐观,这只是服务差异化的一种,"快递公司做服务的意愿会越来越强,他们将不再想做简单的低层次的价格竞争,而是希望做服务差异化后的成本竞争"。快递业差异化之后带来的是更有序的发展,因此,在未来的竞争会愈发激烈。从表面上看,大家可能会更和气,每个人都拿到自己的一块市场份额,但是暗地里将更加硝烟弥漫。在"四通一达"里,申通的体量最大,覆盖能力、运营能力也最强大。但与此同时,以他们与淘宝的合作实践来看,圆通在反馈数据上的质量、速度都是最高的，其IT信息化的建设是做得最好的。双方各有所长，"一招鲜"只能是彼此制衡，但其实都抑制不了对方。大家都在"快马加鞭"，同一量级的阵营里谁输谁赢还存在极大变数。

未来考验快递公司的将是综合竞争力，他们将进入精耕细作的时代，不再是粗放式的成长与竞争。

未来趋势二：大型快递综合化、中型快递专业化、小型快递个性化，进阶成欧式快递业态。

星晨急便、DDS快递（深圳东道物流有限公司）倒闭的风潮在业界至今还历历在目，资金链崩盘的背后其实也显现出了他们作为不大不小的区域性快递公司的风险。随着产业集中度越来越高，在未来的竞争中，中型快递和区域性快递公司将面临较大风险。徐勇说，区域性快递更容易亏损，因为要面临被全国性、综合性的快递公司挤垮或兼并的风险。如果中型快递公司和区域性快递公司不向专业化转型的话，以后再做综合化，则没有了生存空间。而同城快递和大快递都将安然无恙。小型同城的提供个性化服务的快递存在生存空间，因为可以做成标准再做大。例如，就在北京提供某一电商数码产品的同城配送服务或许会活得很好。

在未来竞争版图中，大型快递公司将向综合化转型，中型快递公司向专业化转型，小型快递公司向个性化转型，徐勇认为这将成为一种趋势。

从欧洲快递发展的历程来看，也基本上呈现出这样的格局。徐勇指出，在美国基本找不到区域性快递公司，要不就是布局全国网络的大型快递，要不就是同城的小型快递。中国快递有必要也将进阶成欧式快递业态。

未来趋势三：未来五年，综合性快递公司最多8家，快递行业整合潮来临。

在以家族企业的模式开始成长起来的桐庐系里，四通一达之间据说存在着千丝万缕的裙带关系。这也导致了他们之间相互兼并、整合成为必然。"四通一达之间的合作和整合也不是没有"，汉森世纪供应链管理咨询总经理、物流与供应链管理咨询总监黄刚告诉我们，只是说现在他们每个都赚得很欢，所谓的整合也不会合成一家集团公司，也没有这个必要，更多是在业务和信息上的沟通，有分有合的协同和抱团取暖。中型快递公司将抱团取暖，优势互补的快递公司或将相互整合。百世汇通客服总监王俊伟的看法也类似。他同时指出，大快递兼并小快递也是一种选择。此前，原有的CEES重新整合变成了国通，鑫飞鸿由中铁速运收编，天天快递也被奚春阳收购。

竞争态势还在进一步激化，快递业将加速优胜劣汰的进程。徐勇认为，"十二五"时期，中国快递公司还在进入优胜劣汰期。他说："可能会在2013年到2015年，行业整合进一步加剧，快递企业将正式进入拐点。"中国快递目前约有27个主流的快递品牌，众业内人士一致认为，行业集中将是未来的发展趋势。在美国约有3000多家快递公司，其中三四家公司占据了80%以上的市场份额。"未来五年，综合性快递企业在中国也最多是8家。"徐勇称，这是他根据中国的发展水平、竞争状况及欧美的发展状况做出的预判。

中国快递市场的整体体量还在上涨，目前，订单量已达每天1800万～2000万件。

与此同时,随着外资品牌进入,尽管洋巨头目前只是布局国内各大城市,尽管快递行业的特点是全程全网,但他们的先进理念、人才机制、技术沉淀都值得中国快递公司去学习和借鉴。他们挤压中国快递的生存空间也是必然。

未来趋势四:"快电"人才、业务互流通,跨界产业大融合。

快递、电商之间人才互通已经不再新鲜。天猫的龚涛都来自顺丰,京东分管物流的副总裁张利民也来自顺丰。而且,高科技人才、外企人才也不断在涌入快递行业,百世汇通就汇聚了来自UT斯达康的周建、来自谷歌的周韶宁,以及来自戴尔的技术人员和来自联邦的客服人员,等等。快递行业整体从业人员普遍文化素质不高的局面正在迅速改观,IT化、信息化强的快递公司或许有更大的胜算。而随着快递加速向上、电商变速向下,跨界产业大融合也成为未来的趋势。

未来趋势五:自营为主、代理为辅,在加盟与直营间找到平衡点。

推进核心点的直营化建设中,"技术派"的百世汇通总经理周建很是坚决也很是头疼。

百世收购汇通之后,想给客户提供更多差异化的服务,不再想参与同质化的竞争,而这需要靠整个网络共同来推进,但加盟而来的利益太分散,难以同去推动事情。收回加盟的过程苦口婆心且漫长,转为直营后的管理烦琐不堪且要摸索。百世汇通客服总监王俊伟对我们坦承,直到百世汇通找到一条平台化直营服务的路子,把一级加盟站点(比如北京站)收回直营,然后作为分公司直接去管理二三级加盟的站点,建立专业客服团队,通过LCS(本地客户服务)为站点提供服务,历经收编、转型,百世汇通终于搭建起骨干坚实、脉络丰富的全国快递网络。

在转型中遭遇到了阵痛的百世汇通并非孤例。申通陈德军公开无奈坦承过管理的难度;圆通喻渭蛟也在付出巨资后在转型的路上一度压力重重。当年顺丰王卫甚至因转型而传闻遭遇到黑社会的追杀。挖开CCES、星晨急便、DDS、长宇的残骸,我们也不难发现,加盟体制导致的失控占据了很大的原因。但这个快递业相当长时期内的老话题、老问题在今天变得更加炽烈和亟待解决,已经不再是进退维谷的问题了。

随着快递企业自身规律的发展,中国快递企业将用五到十年的时间实现完全以自营为主、代理为辅的业态。徐勇指出,"这将不以他们的意志为转移,不是想不想转型的问题,而是必然的发展趋势"。在徐勇看来,顺丰模式和外资模式必然是全球化的发展趋势。中国快递公司过去的野蛮生长基本是靠廉价劳动力堆砌而成的。加盟模式缺乏长期的发展战略,导致服务质量始终上不去,快递公司和电商之间甚至出现矛盾冲突(比如此次的申通、京东事件)。徐勇认为,"发展到一定程度后快递公司必定要转型,否则会经常被投诉,成本越来越高,将再无发展的空间"。

汉森世纪供应链管理咨询总经理、物流与供应链管理咨询总监黄刚的看法则显得中立,"圈养的归圈养,散养的归散养",适合的才是最好的,对于快递公司来说,如果能在加盟的基础上做好信息化的统一,解决好加盟点的标准化管理问题,也能向前发展。

未来趋势六:网购行业对快递企业的需求发生变化。

网购行业需求	快递企业短板
物美价廉	成本高、服务水平低
来自二、三线城市的家庭用户的投递需求增多，且有晚间投递需求	传统业务多集中于一线城市的用户，且以白天投递为主
代收货款需求	缺乏相应经验，对从业人员的信誉有较高要求，但快递员的文化水平普遍不高
返向物流需求	缺乏相应管理经验，返向物流成本是主要问题

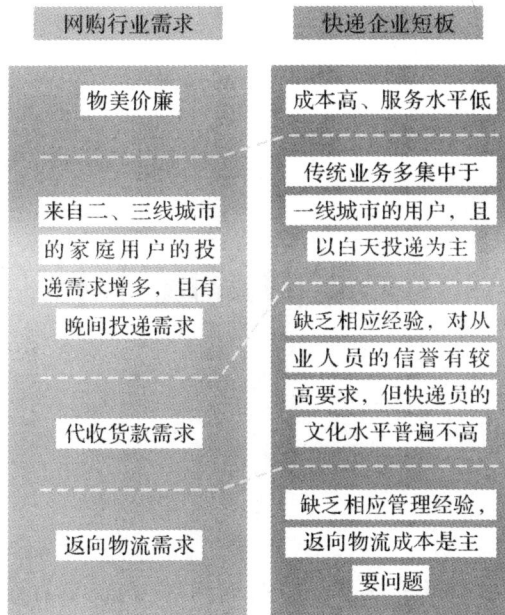

——摘自：数字商业时代，2012 年 11 月 21 日

案例思考题

1. 你认为，中国快递行业"大型快递公司将趋向综合化、中型快递公司将趋向专业化、小型快递公司将趋向个性化"的变化预测是否合理？为什么？

2. 为适应当前网购行业需求，快递企业要解决短板问题，在物流成本管理方面应该采取哪些措施？

第二章　物流成本核算

物流可以为企业提供大量直接和间接的利润,是形成企业经营利润的主要活动。

——物流成本利润中心说

学习目的和任务

- 了解物流成本核算的目的及存在的问题
- 掌握物流成本核算的对象
- 了解物流成本核算的特点及原则
- 掌握物流成本核算的内容和程序
- 掌握物流成本核算的基本方法
- 了解作业成本法的计算方法

本章要点

- 了解不同企业物流成本采取的核算方法
- 掌握物流成本核算的方法在企业中的应用

案例导入

不左转策略的价值

在一个越来越重视大数据的市场上,你要谨记:品牌需要的是大数据后面的大洞察,而非"大数据"本身。十多年来,快递承运商和包裹运送公司 UPS 一直在尽量避免让运输车辆左转弯。对追踪系统数据进行分析发现,避免车辆左转弯,可以节省时间和汽油。类似这样的洞察可以帮助企业更好地改进自己的服务,但是这样的洞察却很难发现,即使你拥有许多可用的数据。UPS 最早的数据分析要追溯到 2001 年,当时大数据还没有被大肆宣传。但是当时的确有事实表明,如果能够对企业经营和营销中获得的大量数据进行研究分析,企业将因此受益。2004年,UPS提出"不左转策略",至今已节省1000万加仑汽油,为此减少的碳排放量超过10万吨。(来源:《新营销》2014年第7期《品牌需要大洞察而非大数据》)

　　物流启示:一个看似简单的策略,为物流企业节约了如此多的成本,问题是我们如何利用物流成本核算的结果进行分析,然后在公司运营中推广。

第一节　物流成本核算概述

一、物流成本核算的目的

　　当前,由于企业所处市场环境充满了竞争,客户要求实行多批次、小批量配送和适时配送,也由于收货单位过多和过高的服务要求使物流服务水平越来越高,导致费用上升;又由于商品品种增多,寿命缩短,必然出现库存增加,或时多时少,由此导致库存费用上升;由于缺乏劳动力导致人头费用增多;由于地价上涨导致物流中心投资费用增加;由于道路拥挤导致运输效率下降。凡此种种都在影响着物流成本。

　　企业经营的目的是想以较少的成本支出获取较高利润,因此降低物流成本、提高物流效益就成为物流企业进行成本管理的目标。要想降低物流成本就必须进行物流成本核算。只有通过有效的成本核算,才能将企业的物流成本现状揭示出来,才有可能看到西泽修教授所说的"水面下的冰山",才能充分挖掘物流成本节约的潜力,这是有效进行物流成本管理、降低物流成本的基础。具体来说,企业进行物流成本核算的目的可以体现在以下几个方面:

　　(一)通过成本核算,提高企业对物流重要性的认识,并真正认识到物流是企业的"第三方利润源"

　　长期以来,人们只看到了物流成本这座冰山的一角,现行会计制度将物流成本的各个构成部分分散在众多的成本费用科目中,所以一直未能看清物流成本的全貌。例如,在制造业企业,采购原材料发生的外埠运杂费是原材料入库成本的一部分,而市内运杂费一般直接记入企业管理费用中,自营运输费用和自有保管费用则计算在销售费用、营业费用或者管理费用中,与销售产品相关的物流成本被记入销售费用中。另外,与物流有关的利润、租金、税金及营业外收支都根据不同的需要和不同的划分方式被分配到不同的成本费用项目中,从当前的账户和会计报表中,人们很难甚至根本无法看清物流耗费的实际情况。

　　而实际上,物流成本在不同行业中占产品成本的比率一般都在15%～30%,有的甚至高达40%,成为制造业仅次于原材料成本的第二大成本。挖掘物流成本的潜力是企业降低成本、创造更多利润的途径。而对企业物流成本进行全面细致地核算,描绘企业物流成本的全貌就成为实现上述目的的基础工作。

（二）通过成本核算，为物流企业制定物流服务收费价格及有效的客户管理提供决策依据

物流成本是产品成本中重要的组成部分，因此，人们在进行产品定价时就应该充分考虑该产品的物流服务消耗量，将物流成本考虑到产品定价里才会使价格决策更科学、更符合实际。通过物流成本的核算，就可以为物流服务价格和产品价格的具体制定提供数据，并能对不同物流服务价格的客户实施不同的管理。

（三）通过成本核算，及时发现物流运作和物流管理中存在的问题，为促进物流运作和管理水平的提高提供决策依据

只有通过有效的成本核算，才能得到有用的信息，并根据实际情况对企业的现状和存在的问题进行分析并提出备选方案；也只有信息充分，才能对备选方案进行比较，寻找投入产出最高的方案。如在对某一成本项目进行计算时，通过分析本期物流成本与上年同期物流成本、本期实际物流成本与预算物流成本之间的差异，并查明升降的原因，这样就能及时发现物流运作及管理中存在的问题，并根据差异的原因提出改进措施，为进一步提高物流运作及物流管理提供决策依据。

（四）通过成本核算，弄清物流设施设备的成本消耗情况，为企业改善物流系统、更新物流设施设备提供决策依据

物流设施设备是从事物流活动不可缺少的物质基础，但物流设施设备也要消耗一定的资金，成为物流成本的重要组成部分。高能耗的设施设备必然会增加企业的成本。因此，在实际的物流活动中，就必须认真地对物流设施设备进行核算，弄清设施设备的消耗情况，为企业改善物流系统、更新物流设施设备提供决策依据。

（五）通过成本核算，分清各物流部门的责任成本，为各物流部门的绩效评估提供依据

当前，很多企业在进行内部责任成本核算，并制定了产品或服务的内部转移价格，其目的就是为了进行绩效考核，提高部门的成本意识和服务意识。要对物流相关部门进行考核，就需要企业物流成本和利润的相关数据。

二、物流成本核算在应用中存在的问题

有效地进行物流成本核算，加强物流成本管理，已成为现代物流管理的一个重要内容。进行物流成本核算，必须正确确定物流成本的内容，划分物流成本的范围，建立统一的物流成本计算标准，将物流成本计算与企业现有会计制度相结合，确立计算物流成本应该遵循的基本原则，确定统一的物流成本计算口径与方法。而以上的条件也正是各国在进行物流成本核算中面临的问题。

现阶段，在我国推行物流成本的核算与应用中还存在着一些问题，阻碍了物流管理水平的提高。物流成本核算的目的不明确，人们对物流成本计算的积极性不高，物流成本的计算范围太大，物流成本的计算对象难以确定，在当前我国会计核算制度中，没有明确物流成本的概念及其核算方法，往往只把支付给外部运输、仓储企业的费用列入物流成本。企业没有切实掌握物流成本，尤其是没有切实掌握公司内部的物流成本，在企

业内部对物流成本不甚了解,对于物流成本是什么也十分模糊。有的企业即使进行一些物流成本的分解,但往往还停留在财务会计对物流成本进行核算与反映的层次,没有充分利用管理会计中的有关方法对物流成本进行归集和分配,并运用到成本控制、预算管理、绩效考核、经营决策等领域中,这使得物流成本核算不能与其有效地利用结合起来。由于没有统一的物流成本标准,使得物流部门向高层管理人员报告的物流成本往往只是"冰山一角",而没有向他们或生产、销售部门提供有关物流成本确切的有价值的资料。尽管我国财务会计人员和管理会计人员的水平在不断提高,但是,由于正规财务会计与管理会计教育中没有相关物流及物流成本的知识,使得在职的会计人员没有物流成本核算与控制的概念,这是当前我国物流成本的核算与运用中面临的主要问题之一。因此,加强会计人员对基本物流知识及物流成本知识的培训是解决我国当前物流成本管理落后状况的一项有效策略。

三、物流成本核算的对象

物流成本核算是指企业按物流管理目标对物流耗费进行确认、计量和报告。物流成本核算是加强企业物流管理,特别是加强物流成本管理、降低物流成本、减少资金占用、提高企业经济效益的重要手段。

物流成本如何归集和核算取决于对所评价与考核的成本核算对象的选取。在实际工作中,成本核算对象的选取方法不同,将得出不同的物流成本结果,从而导致不同的成本评价对象结果。在核算物流成本或收集物流成本相关数据时,必须明确核算对象,否则物流成本的核算就失去了存在的意义。因此,正确确定成本核算对象是进行成本核算的基础。

（一）以物流成本形态为对象

即按照物流成本支付形态进行分类计算。通过对某一物流成本项目的核算,可以将企业的物流成本分解为企业自身的物流成本、委托物流成本等项目。其中,企业自身的物流成本项目是企业为组织物流活动而自身发生的成本,包括材料费、人工费、维护费、一般经费、特别经费等;委托物流成本是企业为组织物流向外单位支付的成本,包括运输费、保管费、装卸搬运费、包装费、管理费等。

按物流成本支付形态进行分类,容易从现行会计账户中取得资料,是其他核算对象的基础。从中可以了解物流成本总额及其形态构成,掌握物流成本在企业整体费用中的构成,了解什么经费项目花费最多,有利于认识物流成本合理化的重要性,明确物流成本控制的重点。以物流成本支付形态作为成本核算对象,可以核算得到的物流成本信息见表2-1。

表 2-1　以物流成本形态为成本核算对象的物流成本汇总信息表

编制单位：　　　　　　　　　　年　　月　　　　　　　　　　单位：元

支付形态 / 物流活动	企业内部物流成本					委托物流成本					合计
	材料费	人工费	维护费	一般经费	特别经费	运输费	保管费	装卸搬运费	包装费	管理费	
供应物流费											
生产物流费											
销售物流费											
退货物流费											
废弃物物流费											
总计											

（二）以物流功能为对象

根据需要，以包装、运输、储存等物流功能为对象进行计算。这种核算方式对加强物流功能环节的管理，提高每个环节作业水平，具有重要的意义，而且可以计算出标准物流成本（单位数量、重量、容器的成本），进行作业管理，设定合理化项目。以物流成本的功能作为成本核算对象，可以核算得到的物流成本信息见表 2-2。

应该注意到的是，尽管这里按照物流的每项功能进行物流成本的归集，但一般仍然可以得到每项物流功能成本中各个成本项目的构成，因为按照成本费用项目进行成本分类是最基本的成本分类方法。

表 2-2　以物流功能为成本核算对象的物流成本汇总信息表

编制单位：　　　　　　　　　　年　　月　　　　　　　　　　单位：元

支付形态 / 物流功能		运输费	仓储费	装卸搬运费	包装费	流通加工费	物流信息费	物流管理费	合计
企业内部物流成本	材料费								
	人工费								
	维修费								
	一般经费								
	特别经费								
	其他费用								
	小计								
委托物流成本									
总计									

（三）以企业物流活动的过程作为对象

以供应、生产、销售、退货等过程为对象进行核算，其主要任务是从材料采购费及企业管理费中抽出供应物流成本，如材料采购账户中的外地运输费、企管费中的市内运杂费、原材料仓库的折旧修理费、保管人员的工资等；从基本生产车间和辅助生产车间的生产成本、制造费用以及企业管理费等账户中抽出生产物流成本，如人工费部分按物流人员比例或物流工时比例确定计入，折旧费、大修理费按物流固定资产占用资金比例确定计入等；从销售物流费用中抽出销售物流成本，如销售过程中发生的运输、包装、装卸搬运、保管、流通加工等费用以及委托物流费等。这样就可以得出物流成本的总额，可使企业经营者一目了然地了解各范围（领域）物流成本的全貌，并据此进行比较分析。按物流活动为对象进行物流成本核算可以得到的物流成本信息见表2-3。

表 2-3 以物流活动为成本核算对象的物流成本汇总信息表

编制单位：　　　　　　　　　年　　月　　　　　　　　　　　　　　单位：元

支付形态 ＼ 物流活动		供应物流费	生产物流费	销售物流费	退货物流费	废弃物物流费	合计
企业内部物流成本	材料费						
	人工费						
	维修费						
	一般经费						
	特别经费						
	其他费用						
	小计						
委托物流成本							
总计							

（四）以物流部门为对象

即是按物流部门来核算物流成本，例如以仓库、运输队、装配车间等部门为对象进行计算，可以反映各物流部门的物流成本状况，评价各物流部门的业绩。

（五）以某一服务客户作为对象

这种核算方式有利于加强客户服务管理。为企业制定物流服务收费价格，或者为不同客户提供物流服务时，应分别认真核算对各个大客户提供服务时所发生的实际成本。按客户进行物流成本核算可以得到的物流成本信息见表2-4。

表 2-4　以服务客户为成本核算对象的物流成本汇总信息表

编制单位：　　　　　　　　　年　　月　　　　　　　　　　单位:元

支付形态 ＼ 客户类别		大客户 A	大客户 B	……	大客户 N	X 类客户	Y 类客户	其他客户	合计
企业内部物流成本	材料费								
	人工费								
	维修费								
	一般经费								
	特别经费								
	其他费用								
	小计								
委托物流成本									
合计									

（六）以某一产品作为对象

以每种产品作为核算对象,计算该产品从组织生产到销售结束的整个过程所花费的物流成本。据此进一步了解各产品的物流费用开支情况,以便进行重点管理。

（七）以企业全部物流地区为对象

计算在该地区组织供应和销售所花费的物流成本,据此,可进一步了解各地区的物流成本开支情况,以便进行重点管理。对于销售或物流网络分布很广泛的物流企业或者产品分销企业来说,这种以地区为物流成本核算对象的成本核算就显得更加重要。它是进行物流成本日常控制、各个地区负责人绩效考核以及其他物流系统优化决策的有效依据,以地区为核算对象的物流成本汇总信息见表 2-5。从表中可以看出,管理者不仅可以获得每个地区的物流总成本,还可以得到物流成本按照物流功能(运输费、保管费、包装费、流通加工费等)的构成情况。实际上,企业也可以按照每个地区物流成本的成本项目构成进行物流成本的归集。

表 2-5　以物流地区为成本核算对象的物流成本汇总信息表

编制单位：　　　　　　　　　年　　月　　　　　　　　　单位:元

支付形态＼物流地区		东北公司	华北公司	华中公司	东南公司	西北公司	西南公司	华南公司	合计
企业内部物流成本	运输费								
	保管费								
	装卸费								
	包装费								
	流通加工费								
	物流信息费								
	物流管理费								
	其他费用								
小计									
委托物流成本									
总计									

（八）以某一物流设备和工具为对象

通过对某一物流设备和工具的成本核算,可以计算物流设备和工具的单位物流成本,从而寻找提高设备效率、降低物流成本的途径。

> **➤拓展链接**

营运成本法

目前,国内业界会计上普遍采用营运成本法核算企业的物流成本。它是以物流各功能模块为成本控制重点,按不同支付形态和物流功能进行核算,是传统的成本核算方式的代表。营运成本法核算物流成本的概念性公式是:

物流总成本＝运输成本＋存货持有成本＋物流行政管理成本

营运成本法在成本计算中普遍采用与产量关联的分摊基础——直接工时、机器工时、材料耗用额等。在电子技术革命的基础上产生的高度自动化的先进制造企业环境下,许多人工已被机器取代,因此,直接人工成本比例大大下降,固定制造费用大比例上升。产品成本结构发生重大变化,这种传统的成本分摊方法使许多物流活动产生的费用处于失控状态,造成大量的浪费和物流服务水平的下降。而且,营运成本法下归集的物流成本往往不完善,许多不能用经济合理的方式追溯的变动成本和固定费用支出往往被忽略,混入期间费用,造成所谓的"物流冰山费用学说"。

四、物流成本核算的特点

(一)物流成本的计算范围太大

物流是一个巨大的系统,不但包括生产者内部物流(原材料物流、半成品物流、成品物流等),还包括生产者到使用者之间的运输、包装、保管、装卸搬运、流通加工、配送和信息传递这七大环节。物流按作用分为供应物流、生产物流、销售物流、回收物流、废弃物物流。这一系统还包括公路、铁路、机场、港口、码头、仓库、物流园区、配送中心等物流基础设施。从事物流活动的企业有生产企业和流通企业,流通企业又可分为批发、零售、运输、仓储企业等。这么大的范围,涉及的单位多,牵涉的面广,时间跨度大,在计算物流成本时很容易漏掉其中的某一部分,所以很难准确地计算出实际的物流成本。

(二)物流成本界定和归集的难度大

1. 难以界定物流费用与非物流费用

企业对很多物流成本无法掌握并难以区分。例如,由于过量进货、过量生产、销售残留品等形成的在库维持费用混在保管费之中;紧急运输产生的运输费用也混入一般运费中;在销售中,过量服务所产生的物流成本与标准服务所产生的物流成本同样混杂在一起。这无疑增加了物流成本的计算与管理的难度。

2. 分解、归集当期物流成本和非当期物流成本比较麻烦

对企业发生的各种跨期费用,需要正确划分成本的归属期间界限,有的应计入当期物流成本,有的则应计入以前或以后各期的物流成本。如果按费用支付时间归集,则会造成费用支付期间的物流成本偏大,其他期间的物流成本偏小。例如,企业为取得固定资产、无形资产等而发生的资本性支出,其受益期超过一年或一个核算期间,应首先计入相应的资产账户,然后在其使用期内,通过折旧、摊销等形式逐步分摊转作各期的费用;企业收益性支出的受益期不超过一年或一个核算期间,收益性支出则应全部列作当期费用。但是将这些跨期费用分解、归集为当期物流成本和非当期物流成本就比较麻烦。

(三)现行会计核算制度不能完全满足物流成本计算的需要

1. 现行企业会计核算制度中没有单独考虑物流成本的问题

现行企业会计核算制度主要考虑工业企业和商业企业的会计核算,对于在近几年快速发展起来的物流企业的成本核算,还未能纳入会计核算制度之中。

2. 物流成本的各个项目分散在企业成本核算的不同会计账户中

现行的会计核算制度将成本、费用分散到"生产成本"、"制造费用"、"销售成本"、"材料采购"、"管理费用"、"销售费用"及"财务费用"等账户中,对物流成本没有设置单独的核算科目,未能对物流费用分列记账,很难从财务会计的数据中剥离出物流成本,无法直接从现行的会计账户中得到各个物流成本项目的金额。

3. 物流成本具有隐含性,使物流成本难以计算

物流成本犹如一座海里的冰山,露出水面的仅是冰山的一角。物流成本不仅包括仓储、运输及相关费用,还包括在整体物流成本中占大头、严重影响企业经济运行效率和质量的库存成本、企业组织成本和信息处理成本等。物流成本隐含于生产(经营)成本、销售费用、管理费用等有关会计科目中。在现行会计核算制度中,仅有运输、仓储及其相关费用等来反映物流成本的显性部分,难以反映潜藏在海平面下的物流成本的巨大部分。

(四)核算要素难以统一

由于现行会计核算制度还滞后于迅速发展的物流活动,各企业只能根据自己的理解、认识和需要来核算物流成本,在物流成本核算的对象、内容和方法上还是各自一套,没有形成统一的标准,在物流企业之间无法对物流成本进行比较分析,甚至同一物流企业的物流成本也无法进行纵向的对比分析。

➤**拓展链接**

西方国家物流成本的核算

1. 日本物流成本的计算是依据 1997 年日本运输省制定的《物流成本计算统一标准》,该标准按以下三种不同的方式规定物流成本的计算标准。

(1)按物流范围将物流成本划分为供应物流费用、企业内部物流费用、销售物流费用、退货物流费用和废弃物物流费用五类。供应物流费用是指从原材料采购到供应给购入者这一物流过程中所需要的费用;企业内部物流费用是指从产成品运输、包装开始到最终确定向顾客销售这一物流过程中所需要的费用;销售物流费用是指从确定向顾客销售到向顾客交货这一物流过程中所需要的费用;退货物流费用是指由于售出产品的退货而发生的物流过程中所需要的费用;废弃物物流费是指由于产品、包装物或运输容器、材料等的废弃而发生的物流过程中所需要的费用。

(2)按支付形态将物流成本分为材料费、人工费、公益费、维护费、一般经费、特别经费和委托物流费用。材料费是指提供物流服务所耗用的一切材料、包装器材、修理用零件、低值易耗品摊销费用等;人工费是指工资、补贴、奖金、退休金、福利费等劳务费用;公益费是指向电力、煤气、自来水等提供公益服务的部门支付的费用;维护费是指使用和维护土地、建筑物、车辆、搬运工具等支出的维修费、材料消耗费、课税、租赁费、保险费等费用;一般经费是指差旅费、交退费、会议费、招待费、教育费以及各种杂费等一般支出;特别经费是指采用不同计算方法所计算出来的物流费用,包括折旧费和利息;委托物流费用是指向其他企业或个人支付的包装费、运输费、保管费、出入库装卸费、手续费等费用。

(3)按物流的功能将物流成本分为运输费、保管费、包装费、装卸费、信息费和物流管理费。

2. 美国的物流成本主要由三部分组成:库存费用、运输费用和管理费用。

(1)库存费用是指花费在保存货物上的费用,除了包括仓储、残损、人工费用及保险和税收费用外,还包括库存物资占用资金的利息。其中利息是当年美国商业银行利率乘以库存总额得到的。把库存占用的资金利息加入物流费用,这是现代物流与传统物流费用计算的最大区别。只有这样,降低物流成本和加速物资及资金的流转速度才从根本利益上统一起来。

(2)运输费用包括汽车运输与其他运输方式发生的费用。汽车运输费用包括城市内运送与区域间卡车运输发生的费用。其他运输费用包括:铁路运输、航空运输、船舶运输、管道运输发生的运输、搬运及装卸费用。

(3)管理费用是按照美国的历史情况由专家确定一个固定比例,再乘以库存费用和运输费用的总和得出的。美国的物流管理费用在物流总成本中所占比例为4%左右。

五、物流成本核算的原则

(一)物流成本核算的原则

1. 合法性原则

合法性原则是指计入成本的支出都必须符合国家法律、法令、制度等关于成本支出范围和标准的规定,不符合规定的支出不能计入成本。所谓成本费用开支范围,是指哪些支出可计入成本、哪些支出不可计入成本;所谓成本开支标准,是指可计入成本范围的支出的数据限制。

2. 重要性原则

重要性原则是指在物流成本核算过程中,按照管理要求将物流成本计算对象区分主次,将那些对物流成本有重大影响的项目应作为管理重点,力求精确;而对那些不太重要的内容、项目,则简化处理。

判断物流成本计算对象是否重要,既取决于该项业务的金额大小,还决定于业务的性质以及对信息使用者所产生的作用和影响的大小。成本核算遵循重要性原则的目的就是在满足管理要求的前提下,讲求成本核算工作本身的成本效益原则。

3. 分期核算原则

物流活动在不断发生、运行、结束,企业为了取得物流成本信息,必须将川流不息的物流活动划分为各个时期,分别计算各期的物流成本。

有两种分期方法:一种是按日历分期,分为月、季、半年、一年;另一种是按物流活动起止时间分期,可跨越日历分期。第一种分期与会计分期一致,便于利用会计核算资料计算月、季、年企业总的物流成本,反映企业物流成本的全面情况。第二种分期便于计算企业单项物流活动的物流成本,反映单项物流成本的具体情况,制定物流成本标准。

企业物流成本核算应以日历分期为主,以物流起止时间分期为辅。

4. 权责发生制原则

物流成本核算应以权责发生制原则为基础。权责发生制原则是指在收入和费用实际发生时进行确认,不必等到实际收到现金或支付现金时才确认。对于应由本期成本负担的费用,不论其是否在本期已经支付,应计入本期物流成本;不应由本期物流成本负担的费用(即已经计入以前各期的成本,或应由以后各期成本负担的费用),即使是在本期支付,也不应计入本期物流成本。

5. 按实际成本计价原则

企业在物流活动中所发生的各项费用,应当按实际数量和实际单价计算实际金额计入成本、费用。在物流成本发生的确认、分配、归集和结转的全过程中都应遵循按实际成本计价的原则,以保证物流成本信息的真实性。

6. 一致性原则

企业应当根据本企业的物流活动的特点和管理要求,确定适合本企业的物流成本核算对象、物流成本项目和物流成本计算方法。物流成本核算对象、物流成本项目和物流成本计算方法一经确定,不得随意变更。成本核算对象、成本项目和成本计算方法保持前后各期一致,使各期的成本资料有统一的核算口径,前后连贯,互相可比,以提高成本信息的利用程度。

7. 可靠性原则

物流成本核算信息要求是真实的,与客观的经济事项相一致,不应掺假,或人为地提高、降低成本;还要求是可核实的,即对同一成本核算资料由不同的会计人员加以核算,都能得到相同的结果。

(二)物流成本核算的界限

为了正确地计算物流成本,除必须遵循成本核算的基本原则以外,还必须正确划清以下四项费用支出的界限:

1. 正确划分应计入物流成本和不应计入物流成本的费用界限

首先,非生产经营活动的耗费不能计入物流成本,只有生产经营活动的成本才可能计入物流成本。许多人误以为凡是耗费都可以计入生产经营成本,这种认识是不对的。按照我国现行会计制度规定,下列与生产经营活动无关的耗费不能计入产品成本:对外投资的支出、耗费和损失;对内长期资产投资的支出、耗费和损失;捐赠支出;各种筹资费用,包括应计利息、贴现费用、证券发行费用等。

其次,生产经营活动的成本分为正常的成本和非正常的成本,只有正常的生产经营活动成本才可以计入物流成本,非正常的经营活动成本不可计入物流成本。非正常的经营活动成本包括灾害、盗窃等非正常损耗和固定资产盘亏、处置固定资产净损失、处置无形资产净损失、债务重组损失、计提的无形资产减值准备、计提的固定资产减值准备、计提的在建工程减值准备、罚款支出等。

2. 正确划分资本性支出与收益性支出的费用界限

资本性支出是指那些受益期超过一年或一个营业周期的支出,如企业为取得固定资产、无形资产等而发生的支出。资本性支出应先计入相应的资产账户,然后在其使用期内,通过折旧、摊销等形式逐步分摊转作费用;收益性支出是指那些受益期不超过一年或一个营业周期的支出,如企业的工资支出、机器设备日常维护保养支出等。收益性支出全部列作当期的成本、费用,与当期的营业收入相配比。划分资本性支出与收益性支出的界限,其目的是为了正确划分各期成本的界限。

3. 正确划分本期物流成本和以前或以后各期物流成本的界限

企业发生的各项支出,有的应计入当期物流成本,有的则应计入以前或以后各期的物流成本。如预付一年的保险费,根据权责发生制的原则,应在 12 个月内分期计入成本、费用;而对于那些本期尚未支付,而应由本期负担的费用,则应以预提方式计入本期物流成本。

4. 正确划分不同成本对象的费用界限

如果企业生产经营的成本对象不止一种,那么为了正确地计算各种成本对象的成本,正确地分析和考核各种成本对象的成本计划或定额成本的执行情况,必须将应计入当期物流成本的费用在各种成本对象之间正确地进行划分。凡属于某种成本对象单独发生,能够直接计入该种成本对象的物流费用,均应直接计入该种成本对象的成本;凡属于几种成本对象共同发生,不能直接计入某种成本对象的物流费用,则应采用适当的分配方法,分配计入这几种成本对象的成本。

企业为生产经营而发生的直接材料、直接工资等直接生产费用,一般应当直接计入各种成本对象;为生产经营而发生的间接费用,一般应选择合理的分配方法计入各成本对象。

以上四方面费用界限的划分,总的来说就是要贯彻受益原则,即何者受益,何者负担费用;何时受益,何时负担费用;负担多少,按受益程度比例分担。

第二节　物流成本核算的内容和程序

一、物流成本核算的内容

企业物流的一切活动最终体现为经济活动,而经济活动必然要求进行经济核算,计算成本、考核业绩,所以物流成本核算贯穿于企业整个物流活动的全过程。由于企业的物流活动包括运输、仓储、装卸、搬运、包装、流通加工、配送和信息处理等多个环节,因此企业物流成本核算必然包括以下内容:

(一)运输成本的核算

运输是指用特定的设备和工具,将物品从一个地点向另一个地点运送的物流活动,它是在不同地域范围内,以改变物的空间位置为目的对物进行的空间位移。通过这种位移创造商品的空间效益,实现其使用价值,满足社会的不同需要。运输是物流活动的中心环节之一,也是现代物流活动最重要的一个功能。

运输是国民经济的基础和先行,也是国民经济的命脉。根据运输方式的不同,运输可分为铁路运输、公路运输、水上运输、航空运输和管道运输,各种运输方式分别有不同的特点,各自发挥着不同的作用。

运输成本的核算,包括运输费用的确认、计算和确定以及运输成本的汇集、分配和结转。根据《企业会计准则》的规定,结合运输生产耗费的实际情况,运输成本项目可划分为直接人工、直接材料、其他直接费用、营运间接费用四个基本部分。

(1)直接人工。这是指支付给营运车辆司机和助手的工资,包括司机和助手随车参加本人所驾车辆的保养和修理作业期间的工资、工资性津贴、生产性奖金,以及按营运车辆司机和助手工资总额的 14% 计提的职工福利费。

（2）直接材料。物流运输过程中的直接材料包括燃料和轮胎。燃料指营运车辆在运行过程中所民用的各种燃料，如在营运过程中耗用的汽油、柴油等燃料（自动装卸车卸车时所耗用的燃料也包括在内）。轮胎指营运车辆所耗用的外胎、内胎、垫带的费用以及轮胎翻新费和零星修补费用等。

（3）其他直接费用。保养修理费，指对营运车辆进行各级保养及各种修理所发生的费用，包括大修理费用计提额、修复旧件费用和行车耗用的机油、齿轮油费用等。采用总成互换保修法的企业，保修部门领用的周转总成、卸下总成的价值及卸下总成的修理费也包括在内。折旧费，指按规定计提的营运车辆折旧费。养路费，指按规定向公路管理部门缴纳的营运车辆养路费。其他费用，指不属于以上各项目的与营运车辆运行直接有关的费用，包括车管费（指按规定向运输管理部门缴纳的营运车辆管理费）、行车事故损失（指营运车辆在运行过程中，因行车事故发生的损失，但不包括因非行车事故发生的货物损耗及由于不可抗力造成的损失）、车辆牌照和检验费、保险费、车船使用税、洗车费、过桥费、轮渡费、司机途中住宿费、行车杂费等。

（4）营运间接费用。这是指车队、车站、车场等基层营运单位组织与管理营运过程所发生的，应由各类成本负担的管理费用和营业费用。它包括工资、职工福利费、劳动保护费、取暖费、水电费、办公费、差旅费、修理费、保险费、设计制图费、试验检验费等。

总之，运输成本是表明企业经营管理工作质量的一项重要的综合性指标，在很大程度上反映了企业生产经营活动的经济成果。运输成本管理的目的，是要通过对成本的核算、分析和考核，挖掘企业内部降低成本的潜力，寻找降低成本的途径和方法，以降低生产费用和一切非生产性消耗，增加盈利。为此，必须加强成本管理，做好成本核算的各项基础工作。

（二）仓储成本的核算

仓储是指保护、管理、储藏物品的物流活动。仓储是包含库存和储备在内的一种广泛的经济现象，也是一切社会形态都存在的经济现象。在任何社会形态中，对于不论什么原因形成停滞的物资，也不论是什么种类的物资，在没有进行生产加工、消费、运输等活动之前，或在这些活动结束之后，总是要存放起来的，这就是仓储。与运输概念相对应，仓储是以改变物的时间状态为目的的活动，通过克服产需之间的时间差异而获得更好的效用和效益。

仓储是物流活动的一个重要环节，它具有物资保护、调节供需、调配运能、实现配送、节约物资等功能。对仓储环节的成本核算包括对仓储物资价值的确认和计量、仓储成本和费用的汇集和结转、仓储物资损耗的处理与分摊。

（1）仓储核算的基本要求。仓储在物流中占有较大的比重，仓储的核算与管理的好坏，对企业降低消耗、提高效益具有重要的作用。因此，必须做好物流仓储的核算与管理工作。物流仓储核算的基本要求有以下几个方面：第一，正确确认和科学计量物流仓储物资的价值；第二，反映和监督物流仓储采购费用的支出情况，确定计算仓储物资购入的实际成本，考核仓储采购业务的成本，节约采购费用；第三，反映和监督物流仓储物资的增减变动情况,监督仓储物资的收发领退和保管情况,并按时清查,做到账实相符、账账相符;第四,反映和监督物流仓储资金的占用情况,防止超储积压和储备不够的现象,既保证生产需要,又加速资金周转;第五,正确计算物流仓储发生的实际成本。

(2)实际成本核算方式。仓储日常核算方法有两种:一种是按实际成本对仓储物资的收发和结存进行核算;另一种是按计划成本对仓储物资的收发和结存进行核算。对仓储日常核算采用何种方法,物流企业可以根据实际情况自行确定,但要遵循一致性原则。仓储成本包括:仓储持有成本,订货或生产准备成本,缺货成本,在途库存持有成本。

(三)装卸搬运成本的核算

装卸是物品在指定地点以人力或机械装入其他设备或从其他设备卸下的活动,这里的其他设备可能是运输工具,也可能是仓储时的货架。搬运是指在同一场所,对物品进行水平移动为主的物流作业。在实际操作中,装卸和搬运是密不可分的,两者是伴随在一起发生的。在物流过程中,装卸活动是不断出现、反复进行的,它出现的频率高于其他各项物流活动。每次装卸活动都要花费很长时间,所以它往往成为决定物流速度的关键。装卸活动所消耗的人力也很多,所以装卸费用在物流成本中所占的比重也较高。以我国为例,铁路运输的始发和到达的装卸作业费大致占运费的 20% 左右,船运在 40% 左右。因此,为了降低物流费用,装卸是个重要的环节。装卸搬运是一种附属性、伴生性的活动,它对整个物流活动具有支持性和保障性的作用。物流装卸成本项目,一般可分为以下四类:

(1)直接人工。这是指支付给装卸机械的司机、助手和装卸工人的工资以及按其工资总额和规定比例计提的职工福利费。

(2)直接材料。装卸搬运成本的直接材料主要是由装卸机械的燃料动力费和轮胎耗费构成。燃料和动力,是指装卸机械在运行和操作过程中,所耗用的燃料(如汽油、柴油)、动力(如电力、蒸汽)的费用。轮胎耗费是指装卸机械领用的外胎、内胎、垫带的费用以及外胎翻新费和零星修补费。

(3)其他直接费用。这包括设备保养维修费、设备折旧费和其他费用。设备保养维修费是指为装卸机械和装卸工具进行保养、大修、小修所发生的料、工、费,以及装卸机械在运行和操作过程中所耗用的机油、润滑油的费用,为装卸机械保修所领用的周转总成的费用也包括在本项目内。设备折旧费是指按规定计提的装卸机械折旧费。其他费用,指不属于以上各项目的与装卸业务直接有关的工具费、劳动保护费、外付装卸费(指支付给外单位装卸工人的装卸费用)、事故损失(指在装卸作业过程中,因装卸责任造成的应由本期装卸成本负担的事故损失,包括货物破损等货损货差损失、损坏车辆设备所支付的修理费以及因外单位人员人身伤亡事故所支付的各种费用)等。

(4)营运间接费用。这是指各装卸作业实施者为组织与管理装卸业务所发生的管理费用和业务费用,如办公费、差旅费、保险费、税费等。

(四)包装成本的核算

包装是指为了在流通过程中保护商品、方便运输、促进销售,按照一定的技术方法而采用的容器、材料及辅助物等的总称,也指为了达到上述目的而在采用容器、材料和辅助物的过程中施加一定技术方法等的操作活动。

在社会再生产过程中,包装处于生产过程的末尾和物流过程的开头,既是生产的终点,又是物流活动的起点。在物流过程中,包装具有保护商品、跟踪流转、便利运输、提高效率、促销商品的功能。物流包装费用可能发生在不同的物流环节,也可能发生在不同的企业。根据我国现行会计制度和法规政策,物流包装成本必须根据《企业会计制度》的要求组织核算,对于发生在物流诸环节的包装费用应区分费用的性质和项目记入"营业费用"总分类账户及其相关的明细账户。

包装成本核算主要是对物流包装发生的包装材料费用、包装人工费用、包装机械费用、包装设计技术费用、包装辅助费用进行计算、归集和分配。

（五）流通加工成本的核算

流通加工是指物品在从生产地到使用地的过程中,根据需要施加的包装、切割、计量、分拣、刷标志、拴标签、组装等简单作业的总称。流通加工是流通中的一种特殊形式,它是在物品从生产领域向消费领域流动的过程中,为了促进销售、维护产品质量和提高物流效率,对物品进行的加工,使物品发生物理、化学或形状上的变化。

流通加工是国民经济中重要的加工形式,也是现代物流中的重要利润来源,在商品流转过程中进行简单的、必要的加工能够有效地完善流通。流通加工环节的会计核算,既要确认和记录流通加工中的业务收入,又要归集、计算和结转加上成本;计算和缴纳相关税金;最终核算加工环节的营业利润。

流通加工成本包括:流通加工设备费用,流通加工材料费用,流通加工人工费用,流通加工其他费用,如在流通加工中耗费的电力、燃料、油料以及车间经费等。

（六）配送成本的核算

配送是指物流企业按照用户订单或配送协议进行配货,通过科学的统筹规划,选择经济合理的运输路线与运输方式,在用户指定的时间内,将符合要求的货物送达指定地点的一种方式。配送是物流中一种特殊的、综合的活动形式,是商流与物流的紧密结合,包含了商流活动和物流活动,也包含了物流中若干功能要素。

从物流来讲,配送几乎包括了所有的物流功能要素,是物流的一个缩影或在某个小范围中物流全部活动的体现。一般的配送集装卸、包装、保管、运输于一身,通过这一系列活动达到将货物送达的目的。特殊的配送还以加工活动为支撑,包括的方面更广泛。

配送环节成本核算的内容包括配送运输费用、分拣费用、配装费用、配送加工费用的归集、分配和结转。

（七）物流信息成本的核算

物流信息成本是来源于物流信息系统建设和物流信息系统使用两个方面所产生的各种费用支出。

物流信息系统建设成本大多数形成企业的固定资产,包括硬件建设费用、软件建设费用和人员培训费用。

物流信息系统使用成本,大多数是支持企业日常物流工作的开支,既有变动成本,也有期间成本。物流信息系统使用成本包括：第一，物流信息的生产成本，产生于物流信息源头的费用支出，既有来自物流系统内部信息的成本，如产生物流信息源头的人工费用和设备使用费用；又有物流信息系统外部信息的成本，主要是信息采集成本。第二，物流信息的传递成本，主要表现为通信费用、能源动力费用、设备使用维护费用。第三，物流信息的处理成本，这是物流信息成本的核心，包括直接物流信息处理成本，即支持日常工作中物流信息处理活动的各项费用开支，信息量越大，处理成本越高；物流信息处理间接成本，指由于物流信息处理不当造成的物流信息失真而增加的物流费用，如送货费用的增加、退货现象的产生等。

➤拓展链接

物流信息成本具有建设成本大、使用成本低的特点

从成本核算的角度来看，物流信息成本的核算对象是物流信息。物流信息作为一种产品，不仅具有使用价值，而且也具有价值。物流信息的价值就是凝结在物流信息中的活劳动和物化劳动。这种活劳动和物化劳动的表现，就是可以用货币来计量各种耗费，所以物流信息成本的计量单位应当是货币。物流信息成本与传统的成本具有共同之处，只有以货币为计量单位，才能将与物流信息生产、传递和使用中的不同经济业务活动综合地反映和再现出来。同时，由于目前物流信息成本与物流成本并存于企业物流活动中，不可能另起炉灶地为物流信息成本单独设置非货币计量单位和经济核算体系，那样也不符合企业经济核算的目的。

（八）其他物流成本的核算

（1）逆向物流是指为回收利用或合理处置废旧物品或为了消除缺陷产品对消费者的不利影响，将原材料、库存半成品、产成品从消费地到生产地反向运输。

逆向物流涉及的范围较广，不仅包括废旧产品或包装的回收利用，而且包括生产过程中废品和副产品的回收利用、缺陷产品召回或维修退回处理以及由于产品过时、过期、不合格、错发、多发等原因引起的退货处理。所以，从目前的形态看，逆向物流大致包括退货、产品召回和包装回收三种形态。逆向物流成本是逆向物流过程中所支付的成本。

长期以来，许多企业对逆向物流的重要性认识不足，认为逆向物流只是一种被动的环保策略，对企业经济效益的促进不明显，因而在其经营战略中没有考虑逆向物流问题。事实上，逆向物流并不只是简单的废旧物品回收，它通过对废旧物品的重新利用、修复或改制以及材料循环利用等形式，可以最大限度地提高资源利用率、减少资源消耗、降低生产成本；可以减轻环境污染，减少或避免环境污染罚款，降低污染治理成本和废弃物处置费用；可以使企业具有更好的社会形象，为企业增添无形资产。因此，逆向物流不仅是一种社会效益显著的行为，而且是企业取得显著经济效益的有效手段。

（2）库存持有成本的核算。库存持有成本（inventory carrying cost）是指和库存数量相关的成本，由许多不同的部分组成，通常是物流成本中较大的一部分。但许多公司

和企业现在并没有对物流中库存持有成本做精确的计算,而通常采用估计的方法来推算,或者采用行业的平均数据。事实上,即使是同一类型企业,企业之间库存持有成本的差别也是非常大的。企业要分析自己的物流系统存在的问题,提高物流系统的绩效,必须将库存持有成本单独进行核算。这样,才能更准确地把握物流系统各环节的成本状况,在物流系统决策中对各部分进行平衡,实现系统成本的最优化决策。

核算库存持有成本最重要的意义就在于它打破了对物流系统内部很多环节成本的界定主要凭借经验的局面,实现了对物流各环节成本状况的精确分析。为企业(或供应链)分析和改进自己的物流系统、制订更加科学的物流成本策略提供可靠的依据。库存持有成本的核算主要包括对库存仓储成本、库存商品占用资金利率等的核算。

(3)物流采购活动带来的成本核算。物流活动必然要消耗一定数量物资,物流中的物资包含产品、半成品、原材料、零部件等,物资的采购是物流中的主角。物流采购对物流的影响涵盖了从物资采购量、物资运送到物品运输时采用的工具、仓储地的租用等物流的许多关键环节。在物流运作中,采购对物流的影响,主要体现在以资金交换来的服务对物流环节的支持。随着对物资流动控制的日益重视,采购已经超出供应商的选择范围,可以毫不夸张地说,在物流相当大的一部分环节里都有采购行为的存在。物流运作的前期准备是否完善决定着整个物流过程的顺利进行,这就意味着物流采购及物流采购管理在一定的程度上支撑并左右着整个物流运作的绩效。

物流采购成本是指与物流采购活动相关的物流费用。它包括采购订单费用、采购计划制订人员的管理费用、采购人员管理费用等。物流采购成本核算就是正确归集、整理和分析上述成本等的核算。

二、物流成本核算的程序

(一)确定物流成本计算对象及其范围

在运输、保管、配送、包装、装卸、信息管理等众多的物流功能中,确定某种物流功能作为计算对象,确定计算对象的范围。例如,以仓储为成本核算对象,要确定哪些物流费用属于仓储项、哪些物流费用不属于仓储项。

(二)收集和审核原始记录

(1)按核算对象全面系统地收集有关费用的原始记录。

(2)审核原始记录完整性、准确性、及时性。审核原始记录是否齐全,有无遗漏、重复,其内容是否填写齐全,数字计算是否正确,签章是否齐全,是否属于计算分期。

(三)确定成本项目

为了正确反映成本的构成,必须合理地规定成本项目。成本项目要根据具体情况与需要设置,既要有利于加强成本管理,又要便于正确核算物流成本。例如,对保管成本可以分为保管费、仓库管理人员的工资和福利费、折旧费、修理费、装卸搬运费、仓储管理费用、仓储损失等几个成本项目。

(四)对成本费用进行归集

物流成本的归集,是指对企业生产经营过程中所发生的各种物流费用,按一定的对

象,如各种产品、作业、各个车间或部门,所进行的成本数据的收集或汇总。收集某类成本的聚集环节,称为成本归集点。按权责发生制原则确定应计入本期的成本费用。对本期发生的应由本期负担的费用,则直接计入本期的成本费用;对本期发生的应由各期负担的跨期费用,则按期分摊。

（五）对成本费用进行分配

如果只有一个物流成本计算对象,则不存在成本费用分配的问题。

在有多个物流成本计算对象时,对于直接计入成本计算对象的直接费用,则直接计入物流成本计算对象;对不能直接计入成本计算对象的间接费用,则按一定分配标准,将间接费用分配给相应的成本计算对象。

第三节 物流成本核算的基本方法

根据目前我国成本核算的现状,物流成本核算分为会计核算、统计核算、会计与统计结合核算三种基本核算方式。

一、会计方式的物流成本核算

会计方式的物流成本核算是通过凭证、账户、报表对物流耗费予以连续、系统、全面地记录的计算方法。采用会计核算方法计算物流成本,提供的成本信息比较系统、全面、连续、准确和真实。但采用这种方法计算物流成本复杂,工作量大,需要在不违反现行财务会计制度的前提下,设计新的凭证、账户和报表体系,或者需要对现有的体系进行较大的甚至是彻底的调整。这种核算方法包括如下三种具体形式。

（一）双轨制

双轨制核算需要把物流成本核算与企业财务会计和成本核算结合起来进行,即在产品成本计算的基础上增设一个"物流成本"科目,并按物流领域、物流功能分别设置二级、三级明细账,按费用形态设置专栏。当费用发生时,借记"物流成本"及有关明细账,月末按照会计制度规定,根据各项费用的性质再还原分配到有关的成本科目中去。这种核算流程可用图2-1表示。

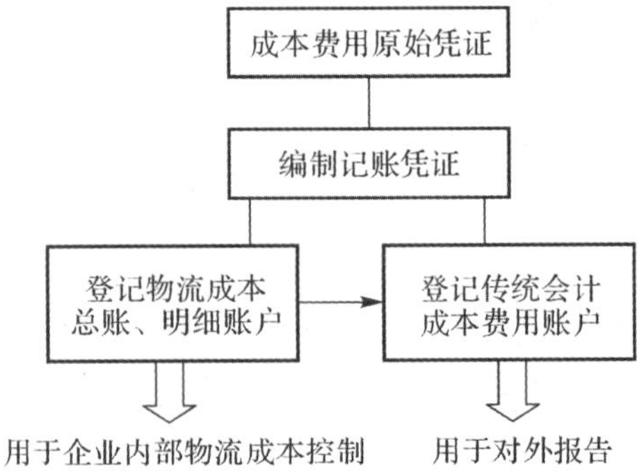

图 2-1 双轨制会计核算方法

使用这种模式时,在会计处理上,当各项费用发生时,与物流成本无关的部分,直接

记入相关的成本费用账户,而与物流成本相关的部分记入相应设置的物流成本账户。会计处理为:

借:××物流成本

贷:材料、应付工资、现金等

会计期末,再将各个物流成本账户归集的物流成本余额按照一定的标准分摊到相应的成本费用账户中,以保证各成本费用账户余额的完整性和真实性,会计处理为:

借:管理费用、营业费用或制造费用、生产成本等

贷:××物流成本

这样做一方面可以保证传统财务会计核算的需要,另一方面也可以从账户系统中获得物流成本的信息。

(二)单轨制

单轨制会计核算方法是把物流成本核算与其他成本核算截然分开,单独建立物流成本核算的凭证、账户、报表体系。在单独核算的形式下,物流成本的内容在传统成本核算和物流成本核算中得到双重反映。具体做法是,对于每项物流业务,均由车间成员或者基层核算员根据原始凭证编制物流成本记账凭证一式两份,一份连同原始凭证转交财务科,据以登记财务会计账户;另一份留基层核算员据以登记物流成本账户。但这个计算方法的工作量较大,在目前财会人员数量不多、素质有限的情况下容易引起核算人员的不满。另外,基层核算员财务核算知识的缺乏,也会影响物流成本核算的准确性。

使用这种模式在会计处理上,与物流成本无关的部分直接记入相关的成本费用账户,把与物流成本有关的部分直接记入设置的物流成本账户中。会计期末,再将各个物流成本账户归集的物流成本余额按照一定的标准分摊到相应的成本费用账户中。这种模式的物流成本账户和传统的成本费用账户是合一的。这种核算流程可用图2-2表示。

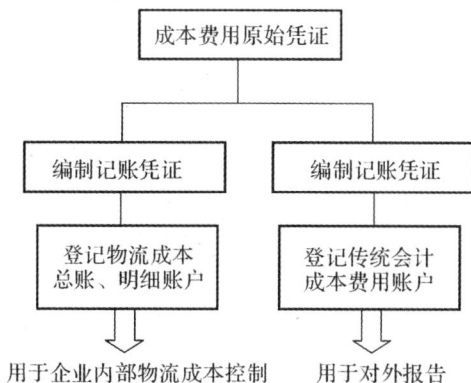

图2-2 单轨制会计核算方法

(三)二级账户核算形式

这是指在不影响当前财务会计核算流程的前提下,通过在相应的成本费用账户下设置物流成本二级账户(或辅助账户),进行独立的物流成本二级核算统计。

以制造企业为例,可在含有物流成本的一级科目下设供应物流成本、生产物流成本、销售物流成本等二级科目或增设费用项目,或者在编制记账凭证时设置"物流成本"辅助账户,在各二级账户(或辅助账户)下按物流功能设置运输费、保管费、装卸费、包装费、流通加工费、物流信息费和物流管理费等三级账户,并按费用支付形态(如人工费、材料费等)设置专栏。在按照财务会计制度的要求编制凭证、登记账簿,进行正常的财务会计成本核算的同时,根据记账凭证上的二级科目或辅助账户,登记有关的物流成本辅助账户及其明细账,进行账外的物流成本计算。将各种物流成本归入二级或辅助账户中,最后将各物流成本的二级科目分类汇总即可求得总的物流成本。

以物流企业为例,可设置企业自营物流成本和委托物流成本两个一级科目,企业自营物流成本一级科目下设仓储费、运输费、保管费、装卸费、包装费、流通加工费、物流信息费和物流管理费等二级账户,并按费用支付形态(如人工费、材料费等)设置三级科目。委托物流成本一级科目下设库存费、运输费、包装费、装卸搬运费、手续费、管理费等二级账户。具体可见表 2-6,物流成本核算会计科目表。

表 2-6   物流成本核算会计科目表

一级科目	二级科目	三级科目	备 注
企业自营物流成本	仓储费	仓储费、折旧费、人力费、保险费、税费及利息	核算仓储费、折旧费、人力费、维护费、保险费、税费以及存货资金占用的利息
	运输费	公路运输费、其他运输费、维护费、货主费	核算城市内运送费和区域间卡车运输费;铁路、航空等运输费;运输部门运作以及装卸费
	物流管理费	差旅费、交通费、会议费、招待费、教育费、杂费	核算企业为物流管理发生的差旅费、交通费、会议费、招待费、教育费、其他杂费
	物流信息费	财务、管理信息系统费	核算企业为物流管理所发生的财务、管理信息系统费用
委托物流成本	库存费		核算企业向外支付的库存费
	运输费		核算企业向外支付的运输费
	包装费		核算企业向外支付的包装费
	装卸搬运费		核算企业向外支付的装卸搬运费
	手续费		核算企业向外支付的手续费
	管理费		核算企业办理委托事项发生的管理费

通过以上二级科目或辅助账户的应用,可以有效地核算和归集出货主企业的物流成本,并在此基础上实施有效的管理和控制。

二、统计方式的物流成本核算

统计方式的物流成本核算不要求设置完整的凭证、账户、报表体系,而主要是在不影响当前财务会计核算体系的基础上,通过对有关物流业务的原始凭证和单据进行再次的归类整理,对企业现行成本核算资料进行解析分析,从中抽出物流耗费部分,然后再按物流管理的要求对上述费用按不同的物流成本核算对象进行重新归类、分配、汇总,加工成物流管理所需要的成本信息。

由于统计计算不需要对物流成本做全面、系统和连续的反映,所以运用起来比较简单、灵活和方便。但是由于不能对物流成本进行连续、系统和全面地追踪反映,所以得到的信息的精确程度受到很大影响,而且易于流于形式,使人认为物流成本管理是权宜之计,容易削弱物流管理的意识。另外,在期末一次性地进行物流成本的归类统计,花费的时间也较多,对于财务会计人员来说,一次性工作量大。如果在日常会计处理过程中没有做相应的基础工作,按不同物流成本核算对象进行成本归集时,有时也无法确定某项成本的具体归属。

(一)核算步骤

统计方式的物流成本核算,平时不需要进行额外的处理,会计人员按照财务会计制度的要求进行会计核算。在会计期末(月末、季末或者年末),才进行物流成本的统计计算。具体来说,统计方式的物流成本核算的基本步骤如下:

(1)通过材料采购、管理费用账户的分析,抽出供应物流成本部分,如材料采购账户中的外地运输费,管理费用账户中的材料市内运杂费,原材料仓库的折旧修理费,保管人员的工资,等等,并按功能类别、形态类别进行分类核算。

(2)从生产成本、制造费用、辅助生产、管理费用等账户中抽出生产物流成本,并按功能类别、形态类别进行分类核算;人工费部分按物流人员的人数比例或物流活动工作量比例确定;折旧修理费按物流作业所占固定资产的比例确定。

(3)从销售费用中抽出销售物流成本部分,包括销售过程发生的运输、包装装卸、保管、流通加工等费用。

(4)外企业支付的物流费用部分,现有成本核算资料没有反映的供应外企业支付的物流费用,可根据在本企业交货的采购数量,每次以估计单位物流费用率进行计算;销售外企业支付的物流费用可根据在本企业交货的销售量乘以估计单位物流费用率进行计算;单位物流费用率的估计可参考企业物资供应、销售在对方企业交货时的实际费用水平。

(5)物流利息的确定,可按企业物流作业所用资产资金占用额乘以内部利率进行计算。

(6)从管理费用中抽出专门从事物流管理人员的耗费,同时推估企业管理人员用于物流管理的时间占其全部工作时间的比率。由于客户退货成本及相应物流成本都计入管理费用,也应该在计算物流成本时,将退货物流成本剥离出来。

(7)废弃物流成本数额较小时,可以不单独抽出,而是并入其他物流费用。

(8)委托物流费用的计算比较简单,它等于企业对外支付的物流费用。

在计算物流成本时,总的原则是单独为物流作业所耗费的费用直接计入物流成本,间接为物流作业所耗费的费用,以及物流作业与非物流作业共同耗费的费用,应按一定比例,如从事物流作业人员比例、物流工作量比例、物流作业所占资金比例等,进行分配计算。

（二）核算表

在计算物流成本时，首先从企业财务会计核算的全部成本费用科目中抽出所包含的物流成本，然后加以汇总。汇总的方法通常是采用矩阵表的形式，在矩阵表的水平方向是企业按《企业会计制度》及其他财务会计规定设置的成本费用科目，在矩阵表的垂直方向是成本计算项目，这些成本计算项目可以是不同的费用要素，如表 2-7 所示。

表 2-7　物流成本按费用要素的计算

成本费用科目 按费用要素划分	主营业务成本	其他业务成本	销售费用	管理费用	财务费用	合计
工资						
材料费						
固定资产折旧费						
燃料动力费						
利息支出税金						
其他支出						
合计						

物流成本按费用要素或支付形态进行计算，可以反映物流成本总额，从中也可以反映企业一定时期内在物流活动或物流作业中发生了哪些费用，数额各是多少，什么经费项目花费最多，据以分析企业各个时期各种费用的构成和水平。此外，还可以反映物质消耗和非物质消耗的结构和水平，从而考虑在物流成本管理上应以什么为重点。

在矩阵表的垂直方向也可以按不同的物流功能划分，如表 2-8 所示。

表 2-8　物流成本按功能要素的计算

成本费用科目 按功能要素划分	主营业务成本	其他业务成本	销售费用	管理费用	财务费用	合计
运输成本						
库存持有成本						
仓储成本						
包装成本						
信息传递成本						
其他支出						
合计						

物流成本按功能要素进行计算，可以反映企业不同物流功能的费用耗费。从这种方法可以看出哪种物流功能耗费更多成本，可以更进一步地找出实现物流合理化的症结。这种分类计算方法有利于成本的计划、控制和考核，便于对物流费用实行分部门管

理和进行监督。

物流成本核算的目的是为了更好地进行物流成本管理,因此企业可以按照物流成本管理的不同要求和目的,对成本计算项目进行规定,同时企业应当按照相应的成本计算项目设置成本费用科目的明细科目。一般来说,企业在确定成本计算项目时,如果可作为成本计算的项目较为繁多时,可将成本控制的重点作为成本计算项目,而对于那些非成本控制重点可加以归并。

三、会计方式和统计方式相结合的物流成本核算

物流成本核算的目的是为了更好地进行物流成本的管理,因此企业可以按照物流成本管理的不同要求和目的设置相应的成本计算项目,并根据成本计算项目所需的数据设置成本费用科目的明细科目。但是,过细的会计科目设置会给企业会计工作增加很多负担,是不经济的。因此,企业应该在设置会计科目前考虑物流成本核算可能给企业带来的收益,以及增加物流成本核算科目将会增加的会计操作成本。在这种前提下,统计方式与会计方式相结合是企业进行物流成本核算的一个不错的选择。

(一)核算思想

这种方法的实质是,将物流成本的一部分通过统计方式(主要是隐性成本)予以计算,另一部分(主要是显性成本)则通过会计核算予以反映。这种方法虽然也要设置一些物流成本账户,但它不像会计方式那么全面系统,而且这些物流成本账户不纳入现行财务会计成本核算的账户体系,是一种账外计算,具有辅助账户记录的性质。

(二)核算步骤

会计方式和统计方式相结合的物流成本核算的具体做法如下:

(1)设置物流成本辅助账户。按照物流领域设置供应、生产、销售和回收废弃物物流成本明细账户,在各明细账户下按照物流功能设置运输费、保管费、装卸费、包装费、流通加工费以及物流信息费和物流管理费等三级账户,并按照费用支付形式设置人工费、材料费、办公费、水电费、维修费等专栏。实际上,账户的设置不是一定的,而是可以根据企业自身的要求来确定的。

(2)登记相关的物流成本辅助账户。对现行成本核算体系中已经反映但分散于各科目之中的物流成本,如计入管理费用中的对外支付的材料市内运杂费、物流相关的固定资产折旧、本企业运输车队的费用、仓库保管人员的工资、产成品和原材料的盘亏损失、停工待料损失,计入制造费用的物流人员工资及福利费、物流相关的固定资产的折旧、修理费、保险费、在产品盘亏或毁损等,在按照会计制度的要求编制凭证、登记账簿及进行正常成本核算的同时,据此凭证登记相关的物流成本辅助账户,进行账外的物流成本核算。例如,企业以银行存款支付购进材料的货款和运费共计6000元,其中货款5000元,运费1000元,则企业可以用如下的会计分录进行处理:

借:材料采购　6000

　(××物流成本　1000)

贷:银行存款　6000

其中,材料采购账户和银行存款账户是正常登记,而括号中的物流成本账户则是登记有关的物流成本总账、明细账和三级账户。

(3)对于现行成本计算中没有包括但应该计入物流成本的费用,根据有关统计资料进行计算,并单独设置台账反映。各项费用的计算方法与统计核算方式的计算方法相同。物流相关的资金利息费用按企业物流资产占有额乘以一定的机会成本率得到,而外企业代垫的物流成本按照本企业的采购数量(或销售数量)乘以单位物流费率计算确定。

(4)月末,根据物流成本辅助账户所提供的成本信息,加上物流成本台账的信息,合计编制各种类型的物流成本报告。

四、统计方式的物流成本核算实例

【例 2-1】某公司通过采取从月度损益表的"管理费用、财务费用、销售费用"等各个项目中,取出某项费用乘以分摊系数(比率)的方法,得到从财务会计核算的全部科目中所包含的有关物流成本资料如下:

(1)根据材料领料单,对低值易耗品,包装作业耗用 3106 元,保管作业耗用 3842 元,物流管理耗用 2465 元(由供应和销售物流负担)。本公司仓库包装作业所耗用包装材料费 32168 元。

(2)根据公司工资费用计算表,本月发生物流工作人员工资、津贴、奖金等费用共计 186875 元,其中,包装作业人员 30866 元,运输作业人员 62565 元,保管作业人员 20836 元,装卸作业人员 52482 元,物流管理人员 20126 元。

(3)根据公司各部门管理费用计算表,物流作业管理发生的办公费共计 8208 元。水、电、煤气、取暖费共计 6854 元。运输部门发生的维修费共计 12568 元,车辆租赁 101130 元。本月本部门提供物流运输劳务 3400(吨·千米)。其中,采购材料耗用 1200(吨·千米),产品销售耗用 2200(吨·千米)。

(4)公司本月物流活动设施、设备分摊保险费 5420 元,财产税 13586 元。物流保险费、财产税按各物流作业设施的账面价值分配。其中包装设备价值为 478000 元,运输设备价值为 1738000 元,保管设备价值为 968000 元,装卸设备价值为 215400 元,物流管理部门设备价值为 146500 元。

(5)根据公司折旧费等费用计算表,物流设施、设备的维护费 10526 元,折旧费 28967 元。维护费、折旧费的分配同保险费、财产税。

(6)本公司物流作业存货资金占用利息 11365 元,物流信息费 11764 元(由供应和销售物流负担)。

(7)委托物流费为 121430 元,其中供应物流运输费 48320 元,保管费 73110 元。

(8)本月外企业支付物流费为 58240 元。其中,本月发生购进对其他企业支付的物流费(运费)为 33460 元,本月发生销售对其他企业支付的物流费(运费)为 24780 元。

(一)物流成本资料分析

根据会计记录和其他相关资料的分析,该公司供应物流和销售物流共同费用按

1∶2的比率分摊,公司的运输、装卸和物流管理等费用由供应物流和销售物流共同负担。选取费用支付形态别、范围别、功能别为核算对象,将上述各项物流成本资料按要求分析如下:

(1)低值易耗品、包装材料费用按材料领料单来分配确定。

其中,包装作业耗用低值易耗品3106元,保管作业耗用低值易耗品3842元,管理部门耗用低值易耗品2465元(供应物流负担1/3,为822元;销售物流负担2/3,为1643元)。该公司仓库包装作业所耗用包装材料费32168元。

(2)本月发生物流工作人员工资津贴费用共计186875元。

其中,包装人员工资津贴30866元,属于企业内物流费用(即生产物流费用),运输作业工资津贴62565元。

供应物流负担额＝62565×1/3＝20855(元)

销售物流负担额＝62565×2/3＝41710(元)

保管作业工资津贴20836元,属于生产物流费用

装卸作业工资津贴52482元

供应物流负担额＝52482×1/3＝17494(元)

销售物流负担额＝52482×2/3＝34988(元)

物流管理作业工资津贴20126元

供应物流负担额＝20126×1/3＝6709(元)

销售物流负担额＝20126×2/3＝13417(元)

(3)物流管理费用包括办公费与水、电、煤气、取暖费。

其中,办公费8208元

供应物流负担额＝8208×1/3＝2736(元)

销售物流负担额＝8208×2/3＝5472(元)

水、电、煤气、取暖费共计6854元

供应物流负担额＝6854×1/3＝2285(元)

销售物流负担额＝6854×2/3＝4569(元)

(4)运输部门发生的维修费12568元。

供应物流负担额＝12568×1/3＝4189(元)

销售物流负担额＝12568×2/3＝8379(元)

车辆租赁费101130元

供应物流负担额＝101130×1200/3400＝35693(元)

销售物流负担额＝101130×2200/3400＝65437(元)

(5)物流保险费、财产税、维护费、折旧费按各物流作业设施的账面价值分配。

物流保险费、财产税、维护费为5420＋13586＋10526＝29532(元)

其中,包装作业费用＝[478000/(478000＋1738000＋968000＋215400＋146500)]×29532＝3981(元)

保管作业费用＝(968000/3545900)×29532＝8062(元)

运输作业费用＝(1738000/3545900)×29532＝14475(元)

供应物流负担额＝14475×1/3＝4825(元)

销售物流负担额＝14475×2/3＝9650(元)

装卸作业费用＝(215400/3545900)×29532＝1794(元)

供应物流负担额＝1794×1/3＝598(元)

销售物流负担额＝1794×2/3＝1196(元)

物流管理费用＝(146500/3545900)×29532＝1220(元)

供应物流负担额＝1220×1/3＝407(元)

销售物流负担额＝1220×2/3＝813(元)

物流设施、设备的折旧费为28967元

其中,包装作业费用＝0.135×28967＝3911(元)

保管作业费用＝0.273×28967＝7908(元)

运输作业费用＝0.49×28967＝14194(元)

供应物流负担额＝14194×1/3＝4731(元)

销售物流负担额＝14194×2/3＝9463(元)

装卸作业费用＝0.061×28967＝1767(元)

供应物流负担额＝1767×1/3＝589(元)

销售物流负担额＝1767×2/3＝1178(元)

物流管理费用＝0.041×28967＝1188(元)

供应物流负担额＝1188×1/3＝396(元)

销售物流负担额＝1188×2/3＝792(元)

(6)物流作业存货资金占用利息11365元,属于生产物流费用。物流信息费为11764元,其中供应物流负担1/3,为3921元;销售物流负担2/3,为7843元。

(7)委托物流费为121430元,其中供应物流运输费为48320元,保管费为73110元。

(8)外企业支付物流费为58240元,其中供应物流运输费为33460元,销售物流运输费为24780元。

(二)编制费用计算表

该公司的物流功能包括包装、运输、保管、装卸、物流信息和物流管理六个方面。根据上述分析获得的资料可以编制以费用支付形态为成本核算对象的物流功能计算表,包括包装、运输、保管、装卸、物流信息和物流管理等六个功能的费用计算表,如表2-9至表2-14所示。

表 2-9　包装费计算表

单位:元

支付形态 \ 范围			供应物流费	企业内物流费	销售物流费	退货物流费	废弃物物流费	合计
企业物流费	本企业支付物流费	企业本身物流费	材料和易耗品费		35274				35274
			人工费		30866				30866
			维护费		3981				3981
			一般经费						
			特别经费		3911				3911
			企业本身物流费合计		74032				74032
		委托物流费							
		本企业支付的物流费合计			74032				74032
	外企业支付的物流费								
	企业物流费总计				74032				74032

注:表中"材料和易耗品费"是指低值易耗品和包装材料费用;"人工费"是指物流人员工资津贴费用;"维护费"是指物流设施、设备的保险费、财产税、维护费、车辆维修费、租赁费等;"一般经费"是指办公费与水、电、煤气、取暖费、物流信息费等;"特别经费"是指物流设施、设备的折旧费、存货资金占用利息费等。以下同。

表 2-10　运输费计算表

单位:元

支付形态 \ 范围			供应物流费	企业内物流费	销售物流费	退货物流费	废弃物物流费	合计
企业物流费	本企业支付物流费	企业本身物流费	材料和易耗品费						
			人工费	20855		41710			62565
			维护费	44707		83466			128173
			一般经费						
			特别经费	4731		9463			14194
			企业本身物流费合计	70293		134639			204932
		委托物流费		48320					48320
		本企业支付的物流费合计		118613		134639			253252
	外企业支付的物流费			33460		24780			58240
	企业物流费总计			152073		159419			311492

表 2-11 保管费计算表

单位:元

支付形态			范围	供应物流费	企业内物流费	销售物流费	退货物流费	废弃物物流费	合计
企业物流费	本企业支付物流费	企业本身物流费	材料和易耗品费		3842				3842
			人工费		20836				20836
			维护费		8062				8062
			一般经费						
			特别经费		19273				19273
			企业本身物流费合计		52013				52013
		委托物流费			73110				73110
		本企业支付的物流费合计			125123				125123
	外企业支付的物流费								
	企业物流费总计				125123				125123

表 2-12 装卸费计算表

单位:元

支付形态			范围	供应物流费	企业内物流费	销售物流费	退货物流费	废弃物物流费	合计
企业物流费	本企业支付物流费	企业本身物流费	材料和易耗品费						
			人工费	17494		34988			52482
			维护费	598		1196			1794
			一般经费						
			特别经费	589		1178			1767
			企业本身物流费合计	18681		37362			56043
		委托物流费							
		本企业支付的物流费合计		18681		37362			56043
	外企业支付的物流费								
	企业物流费总计			18681		37362			56043

表 2-13　物流信息费计算表

单位:元

支付形态 / 范围			供应物流费	企业内物流费	销售物流费	退货物流费	废弃物物流费	合计
企业物流费	本企业支付物流费	企业本身物流费 — 材料和易耗品费						
		人工费						
		维护费						
		一般经费	3921		7843			11764
		特别经费						
		企业本身物流费合计	3921		7843			11764
		委托物流费						
		本企业支付的物流费合计	3921		7843			11764
	外企业支付的物流费							
	企业物流费总计		3921		7843			11764

表 2-14　物流管理费计算表

单位:元

支付形态 / 范围			供应物流费	企业内物流费	销售物流费	退货物流费	废弃物物流费	合计
企业物流费	本企业支付物流费	企业本身物流费 — 材料和易耗品费	822		1643			2465
		人工费	6709		13417			20126
		维护费	407		813			1220
		一般经费	5021		10041			15062
		特别经费	396		792			1188
		企业本身物流费合计	13355		26706			40061
		委托物流费						
		本企业支付的物流费合计	13355		26706			40061
	外企业支付的物流费							
	企业物流费总计		13355		26706			40061

(三)汇总整个公司的物流成本计算表

根据各物流功能费用计算表,可以汇总编制整个公司某月的物流成本计算表,如表 2-15 所示。

表 2-15　物流成本计算表(形态别、范围别)　　　　　　单位:元

支付形态 / 范围			供应物流费	企业内物流费	销售物流费	退货物流费	废弃物物流费	合计
企业物流费	本企业支付物流费	企业本身物流费 材料和易耗品费	822	39116	1643			41581
		人工费	45058	51702	90115			186875
		维护费	45712	12043	85475			143230
		一般经费	8942		17884			26826
		特别经费	5716	23184	11433			40333
		企业本身物流费合计	106250	126045	206550			438845
		委托物流费	48320	73110				121430
	本企业支付的物流费合计		154570	199155	206550			560275
	外企业支付的物流费		33460		24780			58240
	企业物流费总计		188030	199155	231330			618515

通过表 2-15,可以了解企业物流范围费用的构成情况,了解企业本身的物流费用、企业支付的物流费用、企业物流费用的大小等。

1. 按支付形态、物流功能分类计算物流成本

根据各物流功能费用计算表,按支付形态项目进行汇总,可以编制按支付形态别、物流功能别的物流成本计算表,可以明确看出哪种物流功能的成本最大,都发生在哪些物流活动中,如表 2-16 所示。

表 2-16　物流成本计算表(形态别、功能别)　　　　　　单位:元

支付形态 / 功能			物品流通费				物流信息费	物流管理费	合计
			包装	运输	保管	装卸			
企业物流费	本企业支付物流费	企业本身物流费 材料和易耗品费	35274		3842			2465	41581
		人工费	30866	62565	20836	52482		20126	186875
		维护费	3981	128173	8062	1794		1220	143230
		一般经费					11764	15062	26826
		特别经费	3911	14194	19273	1767		1188	40333
		企业本身物流费合计	74032	204932	52013	56043	11764	40061	438845
		委托物流费		48320	73110				121430
	本企业支付的物流费合计		74032	253252	125123	56043	11764	40061	560275
	外企业支付的物流费			58240					58240
	企业物流费总计		74032	311492	125123	56043	11764	40061	618515

表 2-16 清楚表明,该公司物流成本主要由包装、运输、保管等作业占用,这三项活动支付的费用占整个公司物流成本的 82.6%。

2. 按物流活动过程、物流功能分类计算物流成本

根据各物流功能费用计算表,按物流活动过程进行汇总,可以编制按物流活动过程别、物流功能别的物流成本计算表,这样可以了解哪个活动过程、哪种功能的物流成本高,并且还可以方便地算出销售额与物流成本的比例,以便分析企业物流成本的合理性,改善企业物流成本管理,如表 2-17 所示。

表 2-17　物流成本计算表(活动过程别、功能别)

单位:元

功能 活动过程	物品流通费				物流信息费	物流管理费	合计
	包装	运输	保管	装卸			
供应物流费		152073		18681	3921	13355	188030
企业内物流费	74032		125123				199155
销售物流费		159419		37362	7843	26706	231330
退货物流费							
废弃物物流费							
合计	74032	311492	125123	56043	11764	40061	618515
销售额							6201480
物流成本占销售额的比重							9.97%

五、隐性物流成本核算

按照我国《企业会计准则》的规定,费用是指企业在生产经营过程中实际发生的、能够用货币计量的各种耗费,企业确认成本费用的一个基本原则是实际发生的。我们把在会计核算中实际发生的,计入企业实际成本费用的各项物流支出称为显性的物流成本。那些并不是企业实际发生的,而是隐藏于经济组织总成本中,游离于企业财务审计监督之外的物流成本则称为隐性物流成本,主要包括存货所占压资金的机会成本以及由于物流服务不到位所造成的缺货成本。物流成本是企业在经营过程中,消耗在物流业务方面的显性物流成本与隐性物流成本之和。

(一)库存隐性物流成本的核算

社会物流成本包括运输费用、存货持有成本和物流管理费三个部分。存货持有成本是指花费在保存货物上的费用,主要包括保险费、仓储费、税费、运输费、搬运费、贬值费、过时费和存货占压资金的利息。其中,贬值费、过时费和利息费在物流决策中是非常重要的,可以看成是一种机会成本,属于隐性物流成本。

库存隐性物流成本的计算公式可以表示为:

库存隐性物流成本=库存平均余额×(贬值比率+利息比率+过时比率)

其中,贬值比率可以用每年的通货膨胀率计算,利息比率可以用当年一年期商业贷款利率或用投资者期望的报酬率确定,而过时比率则要根据不同的行业和产品自身特点来确定。例如,电脑、手机等品种型号更新比较快的产品,其过时成本比率可能就比较高,而有些产品价格变动不是很大的产品,过时成本比率就比较低,甚至可以不计过时成本。

把存货占压的资金利息等隐性物流成本加入物流成本的核算,这是现代物流与传统物流成本计算的一个最大区别,只有这样,降低物流成本和加速资金周转速度才从根本利益上统一起来。

(二)缺货成本的核算

缺货对企业的影响很大,由于存货供应中断,可能造成停工损失、丧失销售机会等。缺货成本在传统的财务会计核算中也是不体现的,也是一种隐性成本。缺货对企业造成的隐性成本一般有以下几种:

1.延期交货

如果客户不转向其他企业,一旦恢复存货供应时,客户再来购买,则不发生缺货损失。但如果公司为了不失去客户而进行紧急加班生产或进货,利用速度快、收费高的运输方式运输货物,则这些成本就构成了延期交货成本。从这种角度看,这种成本将在实际的会计核算中发生,也可以说不构成隐性成本的内容,而成为一种显性的附加成本。

2.失去某次销售机会

尽管有些客户可以允许延期交货,但是某些客户在缺货时会转向其他竞争者,而当下次购买时,又会回头再购买本企业的商品。在这种情况下,缺货就造成失销。这时,缺货成本主要就是未售出商品的利润损失,这时的缺货成本就是一种隐性的物流成本。另外,失销的隐性成本除了利润损失外,还包括当初负责这笔业务的销售人员的人力、精力浪费。

3.永远失去某些客户

有些客户在本企业缺货时,会永远地转向其他供应商。这时的缺货成本损失最大,由企业每年从该客户身上获得的利润和该客户的寿命期限决定。这种缺货损失很难估计,需要用管理科学的技术以及市场营销研究方法加以分析和计算。另外,除了利润损失外,还有缺货造成的信誉损失,信誉很难度量,在库存成本决策中往往很容易被忽视,但是它对未来的销售以及企业经营活动却是十分重要的。

在企业的库存决策中,对缺货损失约估算是十分重要的。缺货成本的确定往往用缺货发生的期望损失来计算。企业可根据每期缺货的次数来估算每期的缺货成本数额,求出平均一次缺货成本作为某商品的缺货成本。

【例2-2】某公司向300名客户询问他们遇到缺货时的态度,发现其中30名(占10%)的客户会推迟购买;210名(占70%)的客户会去购买其他生产商的商品,但下次有货时还会再购买该企业商品;而另外的60名(占20%)的客户将会永远地转向其他供应商。企业又计算出三种情况下的缺货成本分别是:0元、50元和1200元。

缺货成本计算如下:

缺货成本＝0×10％＋50×70％＋1200×20％＝275(元/次)

第四节　作业成本法

一、作业成本法的产生

传统成本会计对成本信息反映失真的局限性被人们认识后,会计理论界和实务界开始寻求一种新的更为准确的成本计算体系。1971 年,美国的斯特布斯(G. J. Stanbus)教授出版了《作业成本计算和投入产出会计》一书,提出了"作业"、"作业会计"及"作业投入产出系统"等概念,他指出成本计算的对象应该是作业,而不是完工产品;作业是与各类组织决策相关的一系列活动;作业成本计算就是要建立一套作业账户,以此来计算作业成本。但由于当时的人们已习惯于传统成本会计系统,难以接受新的概念与方法,作业成本法没有得到进一步的发展。

到了 20 世纪 80 年代,高新制造技术蓬勃发展并广泛应用于各类制造企业,使得传统成本会计的缺陷已暴露无遗。传统成本会计所反映的信息只能用于对外的财务报表,而难以作为企业管理层做决策的可靠依据。这时实务界大力呼吁建立一种新的能够正确地反映产品成本信息的成本会计系统。1984 年,美国的罗宾·库珀(Robin Cooper)和罗珀特·卡普兰(Robert S. Kaplan)两位教授在前人的基础上,对作业成本法的现实意义、动作程序、成本动因选择、成本库的建立等重要问题进行了全面、深入的分析,系统地提出了作业成本法。从此,作业成本法得到了理论界的大力推崇,实务上的应用也日益广泛,从而使得作业成本法日趋完善。

作业成本法的产生,标志着成本管理告别了传统的成本管理模式,向现代成本管理模式迈出了关键性的一步。作业成本法创立之后,得到了实务界的大力推广,不仅用于成本核算,还应用于企业管理中的其他领域。许多企业应用作业成本法进行库存估价、产品定价、制造或采购决策、预算、产品设计、业绩评价及客户盈利性分析等方面。

作业是成本计算的核心和基本对象,产品成本或服务成本是全部作业的成本总和,是实际耗用企业资源成本的终结。作业成本法在精确成本信息,改善经营过程,为资源决策、产品定价及组合决策提供完善的信息等方面,都受到了广泛的赞誉。自 20 世纪90 年代以来,世界上许多先进的公司已经实施作业成本法以改善原有的会计系统,增强企业的竞争力。作业成本法把直接成本和间接成本(包括期间费用)作为产品(服务)消耗作业的成本同等地对待,拓宽了成本的计算范围,使计算出来的产品(服务)成本更准确真实。

二、作业成本法的原理

作业成本法应用于物流成本核算,其理论基础是:产品消耗作业,作业消耗资源并导致成本的发生。作业成本法在资源和产品之间引入一个中介——作业,先按作业活动归集发生的间接费用,然后根据决定或影响作业活动发生的因素,将其分配给不同的产品。作业成本法的指导思想是："成本对象消耗作业,作业消耗资源。"产品导致作业的产生,作业导致成本的发生。

作业成本法先确定那些能直接追溯到成本对象上的成本,然后把其余的成本分配给作业成本库,通过作业成本库,按作业成本动因分配给产品或劳务。这就突破了产品这个界限,而把成本核算深入到作业层次;它以作业为单位收集成本,并把"作业"或"作业成本库"的成本按作业动因分配到产品。因此,应用作业成本法核算企业物流并进行管理,可分为如下四个步骤:

(1)界定企业物流系统中涉及的各个作业。作业是工作的各个单位,作业的类型和数量会随着企业的不同而不同。例如,在一个顾客服务部门,作业包括处理顾客订单、解决产品问题以及提供顾客报告三项作业。

(2)确认企业物流系统中涉及的资源。资源是成本的源泉,一个企业的资源包括直接人工、直接材料、生产维持成本(如采购人员的工资成本)、间接制造费用以及生产过程以外的成本(如广告费用)。资源的界定是在作业界定的基础上进行的,每项作业必涉及相关的资源,与作业无关的资源应从物流核算中剔除。

(3)确认资源动因,将资源分配到作业。作业决定着资源的耗用量,这种关系称作资源动因。资源动因联系着资源和作业,它把总分类账上的资源成本分配到作业。

(4)确认成本动因,将作业成本分配到产品或服务中。作业动因反映了成本物件对作业消耗的逻辑关系,例如,问题最多的产品会产生最多顾客服务的电话,故按照电话数的多少(此处的作业动因)把解决顾客问题的作业成本分配到相应的产品中去。

三、作业成本法的相关概念

作业成本法的中心内容是以各作业为核算对象,通过成本动因来确认和计量作业量,进而以作业量为基础分配间接费用的一种现代成本核算方法。

作业成本法不仅是一种成本计算方法,更是成本计算与成本管理的有机结合。作业成本法基于资源耗用的因果关系进行成本分配:根据作业活动耗用资源的情况,将资源耗费分配给作业;再依照成本对象消耗作业的情况,把作业成本分配给成本对象。

1.资源

资源是企业生产耗费的原始形态,是成本产生的源泉。企业作业活动系统所涉及的人力、物力、财力都属于资源。一个企业的资源包括直接人工、直接材料、间接制造费用等。

2.作业

作业,是指在一个组织内为了某一目的而进行的耗费资源动作,它是作业成本计算系统中最小的成本归集单元。作业贯穿产品生产经营的全过程,从产品设计、原料采购、生产加工,直至产品的发运销售。在这一过程中,每个环节、每道工序都可以视为一项作业。

3.成本动因

成本动因,亦称成本驱动因素,是指导致成本发生的因素,即成本的诱因。成本动因通常以作业活动耗费的资源来进行度量,如质量检查次数、用电度数等。在作业成本法下,成本动因是成本分配的依据。成本动因又可以分为资源动因和作业动因。

4.作业中心

作业中心又称成本库,是指构成一个业务过程的相互联系的作业集合,用来汇集业务过程及其产出的成本。换言之,按照统一的作业动因,将各种资源耗费项目归结在一起,便形成作业中心。作业中心有助于企业更明晰地分析一组相关的作业,以便进行作业管理以及企业组织机构和责任中心的设计与考核。

四、作业成本法的核算步骤

(一)分析和确定资源

企业各项资源被确认后,要为每类资源建立资源库,并将一定会计期间的资源耗费归集到各相应的资源库中。

(二)分析和确定作业

作业是连接资源和成本对象的桥梁。物流作业包括运输作业、保管作业、包装作业、装卸搬运作业、流通加工作业、信息处理作业等。确定作业时既不能过于精细,也不能过于综合,可以将所有性质相同的业务集合起来组成一个特定功能的作业分析过程,以特定功能进行作业合并,使单个、细小的作业组合成一个可以用来作为成本计算对象的作业,例如检验发票作业和付款作业就可以合并成会计这一大作业来管理。当然,有些较大、复杂的作业也需要分解成不同功能的作业,例如运输作业可以分解为调度作业、运作作业、到达作业等;获取原材料作业可分解为购货作业、验货作业和收货作业等。所以,分析、确定作业需要深入企业物流活动内部,分析特定活动的作业,分析各个作业的成本动因,选择更合理的成本动因分配作业成本。

(三)确认资源动因,分配资源成本至作业成本库

物流作业经过分析、确认后,要为每一项作业设置一个作业成本库,然后以资源动因为标准将各项资源耗费分配至各作业成本库。资源动因分配率的计算公式为:

资源动因分配率=某项资源耗费/该项资源耗费的动因量

可采用如下计算方法:

某项作业的资源耗费=该项作业耗费的资源动因量×资源动因分配率

确定物流资源动因应视资源被消耗的情况而定,主要有以下几种情况:

(1)如果某一项资源能直观地确定被最终的成本计算对象所消耗,如材料消耗,那么资源动因就按传统方法确定,如材料消耗量等。

(2)如果某项资源被某项作业消耗,这种资源具有专属性,如特定的固定资产折旧被特定的作业所消耗,那么资源动因按作业消耗资源的关系确定,如按设备的价值等。

(3)如果某项资源被多项作业所消耗,如各作业中心发生的信息费、办公费等,按多收益、多分摊的原则确定资源动因。

物流作业的资源动因确定后,各资源库价值要根据资源动因一项一项分配到各作业中去,形成作业成本库,每个成本库可以归集人工、材料、机器折旧、管理性费用等。

（四）确定作业动因,分配作业成本至成本计算对象

常见的物流作业成本动因主要有直接人工工时、托盘数量、订单数量、货物的价值等。表2-18列举了一些常见的物流作业成本动因。

表 2-18　物流作业成本动因示例

作　业	累计成本	可能的成本动因
采购材料	采购人员成本、采购处理成本、采购设备折旧及维护	采购次数
进货验收	验收人员成本、验收设备折旧及维护	托盘数
入库作业	进货人员成本、堆高机设备折旧及维护	托盘数
仓储作业	库管人员成本、仓库租金、设备折旧及维护	体积、所占空间
存货盘点	盘点人员成本、盘点设备折旧及维护	盘点耗用时间
客户订单处理	接受订单人员成本、订单处理成本	订单数
拣货	拣货人员成本	拣货次数
配送	车辆调配、油料、车辆维护折旧、配送人员成本	出货托盘数
人工补货	割箱人员成本、搬运人员成本、设备折旧维护	补货箱数
拉货上车	拉货上车人工成本、辅助设备折旧	订单量

作业成本动因分配率的确定可采用如下计算方法:

作业成本动因分配率＝某作业中心所发生的作业成本/该作业中心的作业动因量

某成本计算对象应分配的某项作业成本＝该成本计算对象耗费的该项作业动因量×作业动因分配率

【例2-3】某企业本月生产甲、乙两种产品,其中甲产品技术工艺过程较为简单,生产批量较大;乙产品技术工艺过程较为复杂,生产批量较小。制造费用总额是232000元,用作业成本法来计算甲、乙两种产品的成本。

项　　目	甲产品	乙产品
产量(件)	10000	2000
直接人工工时(小时)	25000	4000
单位产品直接工人成本(元)	12	10
单位产品直接材料成本(元)	20	20

根据作业分析,该公司根据各项作业的成本动因性质设立了机器调整准备、质量检验、设备维修、生产订单、材料订单、生产协调等六个作业成本库,如下表所示:

作业成本库	可追溯成本	成本动因	甲产品作业量	乙产品作业量	合计	成本动因分配率
机器调整准备	50000	准备次数	300	200	500	100
质量检验	45000	检验次数	150	50	200	225
设备维修	30000	维修工时	200	100	300	100
生产订单	55000	订单份数	195	80	275	200
材料订单	25000	订单份数	140	60	200	125
生产协调	27000	协调次数	50	50	100	270
合计	232000					

根据上表,可以编制制造费用分配表:

作业成本库	成本动因分配率	甲产品作业量	甲产品作业成本	乙产品作业量	乙产品作业成本	合计
机器调整准备	100	300	30000	200	20000	50000
质量检验	225	150	33750	50	11250	45000
设备维修	100	200	20000	100	10000	30000
生产订单	200	195	39000	80	16000	55000
材料订单	125	140	17500	60	7500	25000
生产协调	270	50	13500	50	13500	27000
合计			153750		78250	232000

甲、乙两种产品的产量分别为 10000 件、2000 件,甲产品应分摊的制造费用为 15.38 元/件,乙产品应分摊的制造费用为 39.13 元/件。

根据以上两表可以得出:

甲产品单位成本＝12＋20＋15.38＝47.38(元)

乙产品单位成本＝10＋20＋39.13＝69.13(元)

➤本章小结

物流成本的核算是进行有效物流成本管理与控制的基础,也是物流管理的一个重要环节,但是在现阶段,在我国企业中全面推行物流成本的核算还存在相当大的困难。本章对物流成本核算的目的、存在的问题、对象、特点、原则、方法等进行了大致的介绍,并对物流成本核算的对象和方法进行了详细阐述,还举例说明物流成本核算的基本方法在现实中的运用。

作业成本法的产生,标志着成本管理告别了传统的成本管理模式,向现代成本管理模式迈出了关键的一步。作业成本法创立之后,得到了实务界的大力推广,不仅用于成本核算,还应用于企业管理中的其他领域。作业成本法在资源和产品之间引入一个中介——作业,先按作业活动归集发生的间接费用,然后根据决定或影响作业活动发生的因素,将其分配给不同的产品。作业成本法的指导思想是:"成本对象消耗作业,作业消耗资源。"

▶课后练习思考题

1. 物流成本核算的特点是_____、_____、_____、_____。

2. 物流成本核算主要分为_____、_____、_____三种形式。

3. 缺货对企业造成的隐性成本主要有_____、_____、_____三种。

4. 企业经营的目的是想以较少的物流成本支出获取较高利润,因此降低物流成本、提高物流效益就成为物流企业进行成本管理的目标。要想降低物流成本就必须进行物流成本核算。 (　　)

5. 有效地进行物流成本核算,加强物流成本管理,已成为现代物流管理的一个重要内容。 (　　)

6. 物流成本核算是指企业按经营管理目标对物流耗费进行确认、计量和报告。物流成本核算是加强企业物流管理,特别是加强物流成本管理、降低物流成本、减少资金占用、提高企业经济效益的重要手段。 (　　)

7. 企业物流的一切活动最终体现为经济活动,而经济活动必然要求进行经济核算,计算成本、考核业绩,所以物流成本核算贯穿于企业整个物流活动的全过程。 (　　)

8. 双轨制会计核算方法是把物流成本核算与其他成本核算截然分开,单独建立物流成本核算的凭证、账户、报表体系。 (　　)

9. 会计方式的物流成本核算下,二级账户核算形式是指在不影响当前财务会计核算流程的前提下,通过在相应的成本费用账户下设置物流成本三级账户(或辅助账户),进行独立的物流成本三级核算统计。 (　　)

10. 简述作业成本核算的程序。

案例学习

家电企业的物流成本核算

某家电企业拥有四个产品事业部,分别是电视、冰箱、洗衣机和空调事业部。四个事业部的产品统一由销售公司销售,销售公司的销售网络遍布全国,在全国按地域有 7 个销售分公司,分别是:在沈阳设有东北销售分公司,负责东北地区的产品销售;在北京设有华北销售分公司;在西安设有西北销售分公司;在重庆设有西南销售分公司;在广州设有华南销售分公司;在上海设有华东销售分公司以及在武汉的华中销售分公司。销售公司不仅要负责四类产品的销售推广和销售组织,也要全面负责销售物流的组织与管理。整个企业的销售物流成本也没有进行单独核算,包括运输费用、仓储费用、物流管理费用等在内的销售物流成本大部分分散在企业"营业费用"账户的各个费用项目中。

目前,为了加强物流管理,适应物流与商流分离的发展趋势,企业也提出把销售物流职能从销售公司中分离出来,成立单独的物流公司,由物流公司以第三方物流的形式开展公司的销售物流业务。为了更好地进行决策,公司的决策层要求财务部门提供一份目前的物流成本实际发生额信息。由于过去没有对物流成本进行单独核算,财务人员只能统计出外包的运输和仓储业务的成本,而不能明确地提供整个销售物流成本的全面情况。于是,企业决策层级财务人员都认识到物流成本的核算对于企业做出物流决策以及进行物流信息系统优化的重要性,准备在下一个会计期开始进行物流成本的核算。

为了更好地进行物流成本的核算,财务经理认真学习了有关物流管理和物流成本的书籍资料。他发现,物流成本一般可以按物流范围(供应物流成本、生产物流成本、销售物流成本等)、物流成本支付形式(材料费、人工费、维护费、一般经费等)或者物流的功能(运输费、保管费、包装费、物流信息费等)作为成本核算对象进行核算。

考虑到销售物流与各个事业部及销售公司都有联系,财务经理又就物流成本核算对象问题征求了各个事业部和销售公司领导的意见。各事业部领导的意见基本是:事业部管理体制应该越来越完善,因此,物流成本的核算也应该按照各个事业部作为成本核算对象,也就是说应该分别核算电视、冰箱、洗衣机和空调四类产品的物流成本,以有利于各事业部的内部利润核算及绩效考核。而销售公司总经理认为:为了更好地对下属销售分公司进行管理控制,物流成本的核算应该以各个销售分公司(地域)作为核算对象,分别核算各区域的物流成本。而负责营业费用的会计核算的会计人员则认为,由于目前的营业费用是按人工费、材料费、折旧费、差旅费、办公费等费用项目进行物流成本的核算,因此,他建议物流成本的核算口径应与之对应,也就是按照费用项目来进行物流成本核算,这样物流成本的核算才更有可操作性,否则,难度比较大。

在这么多的意见之中,财务经理一时也很难确定物流成本的核算对象和核算方式。于是,他拜访了一位物流成本管理专家,专家听了上述情况之后,向财务经理说了下面一番话:"企业物流成本核算的最终目标肯定是降低物流成本,但是如何实现物流成本的降低呢? 必然通过各种管理手段来实现。物流成本核算对象的确定要根据你的企业管理要求确定的,比如通过对各区域分公司的物流成本的绩效考核来进行物流成本控制的,那么就应该按区域作为物流成本核算对象;如果你的企业要完善事业部制度,加强事业部的内部利润考核,就应该以各事业部作为物流成本核算的对象;如果是要进行物流系统的完善,就最好按照物流功能(运输、仓储、配送、装卸搬运等)作为成本核算的对象;等等。总而言之,物流成本核算对象的确定要依据企业自身的管理要求,确定了成本核算对象之后,物流成本核算方法的选择就简单了。你是财务专家,核算方法的选择对你来说不是难题。"

财务经理听完这番话之后,似乎明白了其中的道理,虽然一时还不能决定到底应该如何选择成本核算对象,但是他相信,回去之后通过与公司相关人员的讨论以及征求管理决策层的意见,他一定能够设计出一套完整的物流成本核算体系。

——资料来源:http://www.jiaoyanshi.com/? viewnews-5812.html

案例思考题

1. 你认为,财务经理应该考虑如何进行公司的物流成本核算呢?
2. 请大家讨论交流一下,物流成本核算方式与物流企业经营管理的关系。

第三章   物流成本预算与控制

物流活动最大的作用,并不在于为企业节约了消耗、降低了成本或增加了利润,而是在于提高企业对用户的服务水平,进而提高了企业的竞争能力。

——物流服务中心说

学习目的与任务

- 了解物流成本预算的含义和作用
- 掌握物流成本预算的方法
- 能够正确进行比较、判断选择不同物流成本的预算方法
- 了解物流成本控制的含义、原则和程序
- 掌握物流成本控制的方法
- 能够树立成本事前管理意识和理念,具备从多角度思考物流成本控制的思维能力

本章要点

- 物流成本预算的方法
- 物流成本控制的方法

案例导入

沃尔玛是如何做到天天低价的

全球都在研究沃尔玛是如何成为世界 500 强第一位的,有人认为沃尔玛的竞争力是天天低价,有人认为是物流配送,有人认为是增值服务。那么,沃尔玛是如何实现天天低价的呢?这应该是由于沃尔玛有主导竞争力的成本控制能力。

零售企业的竞争力包括三个层次:竞争的资源、竞争的能力和竞争的优势。因此,

提升零售企业竞争力也要从这三个层次入手,这三个层次中的每一个层次都是不可缺少的。一是表现层,即竞争优势,它是企业竞争能力的外在表现,其要素都是顾客可以直接感知的,如产品质量、服务实现诺言、价格诚实、沟通守信、分销便利和环境舒适等;二是中间层,即竞争能力,它是竞争优势形成的内在原因,包括业态创新能力、店铺扩张能力、营销管理能力、成本控制能力和财务运作能力等方面;三是核心层,即竞争资源,它是竞争能力形成的关键因素,包括企业的员工、设备和企业所拥有的业务流程、制度和文化。

沃尔玛成功的原因是什么? 就此问题,一些国外专家研究得出的结果是,沃尔玛的竞争优势就在于价格的优势——天天低价。不过,天天低价是价格属性,不是产品,不是服务,不是环境。沃尔玛有五项竞争能力,最为核心的是成本控制能力,而业态创新能力、快速扩张能力、财务运作能力和营销管理能力,都是围绕着成本控制能力来运行的,这五项能力最终都在不同的方面节省了沃尔玛的整个运营成本,都是为运营成本服务的、为竞争优势服务的。

为了控制物流成本,需要在物流活动发生之前对物流成本进行事前预算和控制,一方面使物流成本的发生控制在一定的范围内,另一方面以事前的成本预算为依据,对实际物流成本进行分析,为今后的工作提供参考依据。

物流启示:物流成本控制的理念一旦成为一个公司的核心经营目标,并且这个公司只要贯彻执行物流成本预算、控制的各项制度,那么就一定会成长为最具竞争力的公司。

第一节　物流成本预算

《中国人民银行法》第 37 条第 1 款规定:“预算是指经法定程序批准的政府、机关和企事业单位一定期间内的收支计划,是国家管理社会经济事务,实施宏观调控的手段之一。”

物流成本预算是根据物流成本决策所确定的方案、预算期的物流任务、降低物流成本的要求以及有关资料,通过一定的程序,运用一定的方法,以货币形式规定预算期物流各环节的耗费水平和成本水平,并提出保证成本预算顺利实现所采取的措施。

一、物流成本预算的作用

(一)物流成本预算可以使计划目标进一步明确化、具体化

物流成本预算加强了计划目标的可比性,在计划执行过程中能作为依据及时明确地提供偏差信息,以便于管理层采取有效措施,扩大收益或减少损失。同时,物流成本预算使计划目标明确化,以便于个人与组织理解和把握,帮助其了解自身在企业整体工作中的地位和作用,从而强化了计划目标的指导性和激励性。

(二)物流成本预算可以协调企业的物流活动

通过编制物流成本预算可以把各组织层次、部门、个人和环节的目标有机地结合起

来,明确它们之间的数量关系,有助于各个部门和经营环节通过正式渠道加强内部沟通并互相协调,从整个物流系统的角度紧密配合,以取得最大的经济效益。

（三）物流成本预算是控制日常物流活动的标准

各项物流活动进展如何,是否符合预定进程,能否实现计划目标,都需要根据一定的标准进行分析和判断,以便及时采取措施。有了物流成本预算,有关部门和单位就能以预算为依据,通过计量、对比,及时提供实际执行结果与预算标准之间的差异数额,分析其原因,并采取有效的措施,以保证预算任务和目标的顺利实现。

（四）物流成本预算是评价物流工作业绩的依据

物流成本预算在确立组织内部各部门、环节、个人行动目标的同时,也进一步明确了其所承担的经济责任,使之能够被客观评价并具有可考核性,即通过实际数与预算数的比较分析,可以检查评价各部门、个人和环节的经济责任和计划任务的完成情况。

二、物流成本预算的方法

（一）弹性预算法

1. 什么是弹性预算法

弹性预算法又称变动预算法、滑动预算法,是在变动成本法的基础上,以未来不同业务水平为基础编制预算的方法,是固定预算的对称。它是指以预算期间可能发生的多种业务量水平为基础,分别确定与之相应的费用数额而编制的、能适应多种业务量水平的费用预算,以便分别反映在各业务量的情况下所应开支（或取得）的费用（或利润）水平。正是由于这种预算可以随着业务量的变化而反映各业务量水平下的支出控制数,具有一定的伸缩性,因而称为"弹性预算"。

2. 如何编制弹性预算

（1）选择和确定各种经营活动的计量单位,如人工小时、机器工时等。

（2）预测和确定可能达到的各种经营活动业务量。在确定经营活动业务量时,要与各业务部门共同协调,一般可按正常经营活动水平的 $70\%\sim120\%$ 确定,也可以以过去历史资料中的最高业务量和最低业务量为上、下限,然后再在其中划分若干等级,这样编出的弹性预算较为实用。

（3）根据成本性态和业务量之间的依存关系,将企业生产成本划分为变动和固定两个类别,并逐项确定各项费用与业务量之间的关系。

（4）计算各种业务量水平下的预测数据,并用一定的方式表示,形成某一项的弹性预算。

即

$$Y = a + bx$$

式中:

Y——物流成本的弹性预算额;

a——固定成本预算总额;

b——单位变动成本预算额;

x——预计业务量。

3. 弹性预算法的特点和适用性

弹性预算法,一方面能够适应不同经营活动情况的变化,扩大了预算的范围,更好地发挥预算的控制作用,避免了在实际情况发生变化时对预算做频繁的修改;另一方面,能够使预算对实际执行情况的评价与考核,建立在更加客观可比的基础上。

这种方法适用于各项随业务量变化而变化的项目支出。例如,学校的货物采购项目,由于学生的招生规模变化很大,因而可以根据预算年度计划招生人数和在校学生人数,测算应添置的课桌凳、床的数量以及教学楼防护维修或其他采购项目。

【例 3-1】某公司销售部门某产品在正常情况下全年销售量预计为 50000 件。要求在其 70%～120% 区间按间隔 10% 的销售量以及按表 3-1 中的各预算成本费用的标准编制其弹性预算。

表 3-1　物流成本弹性预算

成本项目	费用与销售量的关系
销售佣金	按销量每件支付 2 元津贴计算
包装费	按销量每件支付 1 元津贴计算
装卸费	基本工资 2100 元,另按销量每件支付 1.5 元津贴计算
管理人员工资	基本工资 3000 元,另按销量每件支付 0.1 元津贴计算
保险员	2000 元
广告费	30000 元
办公费	40000 元

各项费用预算如表 3-2 所示。

表 3-2　各项费用预算

单位:元

费用项目	单位变动费用(元/件)	销售量(件)					
变动费用:		35000	40000	45000	50000	55000	60000
销售佣金	2.00	70000	80000	90000	100000	110000	120000
包装费	1.00	35000	40000	45000	50000	55000	60000
装卸费	1.50	52500	60000	67500	75000	82500	90000
管理人员工资	0.1	3500	4000	4500	5000	5500	6000
变动费用小计		161000	184000	207000	230000	253000	276000
固定费用:							

续表

费用项目	单位变动费用(元/件)	销售量(件)					
装卸费		2100	2100	2100	2100	2100	2100
管理人员工资		30000	30000	30000	30000	30000	30000
保险费		2000	2000	2000	2000	2000	2000
广告费		30000	30000	30000	30000	30000	30000
办公费		40000	40000	40000	40000	40000	40000
固定费用小计		104100	104100	104100	104100	104100	104100
合计		265100	288100	311100	334100	357100	380100

(二)零基预算法

1. 什么是零基预算法

零基预算法(Zero-base budgeting,ZBB)又称零底预算法,其全称为"以零为基础编制计划和预算的方法",简称零基预算。这种预算不是以历史为基础做修补,而是在年初重新审查每项活动对实现组织目标的意义和效果,在成本—效益分析的基础上,重新排出各项管理活动的优先次序,并据此决定资金和其他资源的分配。

2. 零基预算的步骤

(1)做出计划期内的任务和目标,包括计划期内的开支项目、具体数据等;

(2)分别列出不同支出项目的重要程度;

(3)根据不同项目的重要程度分配资金,落实预算,重要的项目预算要多一些。

3. 零基预算的特点

(1)优点。

和传统预算编制方法相比,零基预算具有以下优点:

①有利于提高员工的"投入—产出"意识。传统的预算编制方法,主要是由专业人员完成的,零基预算是以"零"为起点观察和分析所有业务活动,并且不考虑过去的支出水平,因此,需要动员企业的全体员工参与预算编制,这样使得不合理的因素不能继续保留下去,能从投入开始减少浪费,通过成本—效益分析,提高产出水平,从而能使投入—产出意识得以增强。

②有利于合理分配资金。每项业务经过成本—效益分析,对每个业务项目是否应该存在、支出金额若干,都要进行分析计算,精打细算,量力而行,能使有限的资金流向富有成效的项目,所分配的资金能更加合理。

③有利于提高预算管理水平。零基预算极大地增加了预算的透明度,预算支出中的人头经费和专项经费一目了然,各级之间矛盾的现象可能缓解,预算会更加切合实际,会更好地起到控制作用,整个预算的编制和执行也能逐步规范,预算管理水平会得以提高。

（2）缺点。

尽管零基预算法和传统的预算方法相比有许多好的创新，但在实际运用中仍存在一些"瓶颈"：

①由于一切工作从"零"做起，因此采用零基预算法，编制工作量大、费用相对较高；

②分层、排序和资金分配时，可能有主观影响，容易引起部门之间的矛盾。

【例3-2】某公司对销售管理费用预算的编制采用零基预算法，预算编制人员提出的年度预算开支水平如表3-3所示。

表3-3　年度预算开支水平　　　单位：万元

费用项目	开支金额
业务招待费	200
广告费	180
办公费	80
保险费	50
职工福利费	40
劳动保护费	30
合　计	580

假定公司年度预算对上述费用可动用的财力资源只有500万元，经过充分论证，认为上述费用中广告费、保险费和劳动保护费必须得到全额保证，业务招待费、办公费和职工福利费可以适当压缩。按照去年历史资料得出的业务招待费、办公费和职工福利费的成本效益分析如表3-4所示。

表3-4　成本效益分析　　　单位：万元

费用项目	成本金额	收益金额
业务招待费	1	6
办公费	1	3
职工福利费	1	1

要求：

(1)确定不可避免项目的预算金额；

(2)确定可避免项目的可供分配资金；

(3)按成本效益比重分配确定可避免项目的预算金额。

解：

(1)不可避免项目的预算金额＝180＋50＋30＝260（万元）

(2)可避免项目的可供分配资金＝500－260＝240（万元）

(3)业务招待费预算额＝240×[6/(6＋3＋1)]＝144（万元）

办公费预算额＝240×[3/(6＋3＋1)]＝72(万元)

职工福利费预算额＝240×[1/(6＋3＋1)]＝24(万元)

(三)滚动预算法

1. 什么是滚动预算法

滚动预算法又称连续预算或永续预算,是指按照"近细远粗"的原则,根据上一期的预算完成情况,调整和具体编制下一期预算,并将编制预算的时期逐期连续滚动向前推移,使预算总是保持一定的时间幅度。简单地说,就是根据上一期的预算指标完成情况,调整和具体编制下一期预算,并将预算期连续滚动向前推移的一种预算编制方法。

2. 如何编制滚动预算(如图3-1所示)

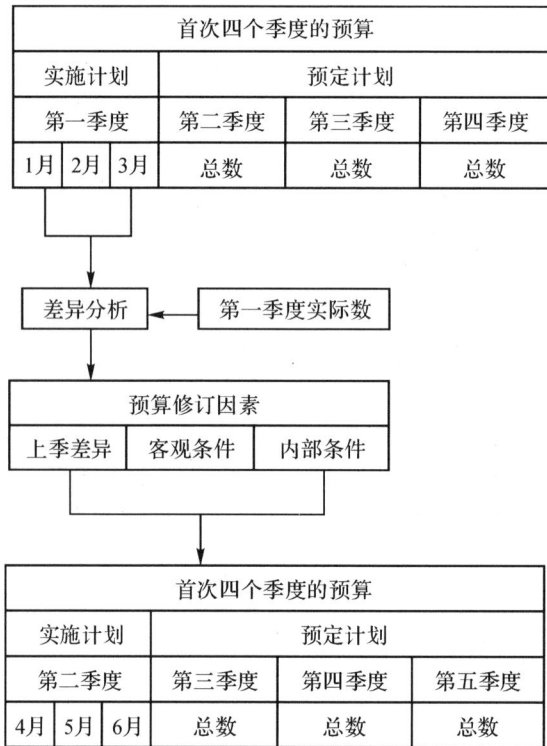

首次四个季度的预算			
实施计划	预定计划		
第一季度	第二季度	第三季度	第四季度
1月 2月 3月	总数	总数	总数

↓

差异分析 ← 第一季度实际数

↓

预算修订因素		
上季差异	客观条件	内部条件

↓

首次四个季度的预算			
实施计划	预定计划		
第二季度	第三季度	第四季度	第五季度
4月 5月 6月	总数	总数	总数

图3-1 滚动预算编制模型

3. 滚动预算法的特点和适用性

滚动预算法具有以下优点:

(1)能保持预算的完整性、继续性,从动态预算中把握企业的未来。

(2)能使各级管理人员始终保持对未来一定时期内的生产经营活动做周详的考虑和全盘规划,保证企业的各项工作有条不紊地进行。

(3)由于预算能随时间的推进不断加以调整和修订,能使预算与实际情况更相适应,有利于充分发挥预算的指导和控制作用。采用按月滚动预算的方法,预算编制工作比较繁重。为了适当简化预算的编制工作,也可采用按季度滚动编制预算。

(4)有利于管理人员对预算资料做经常性的分析研究,并根据当前的执行情况及时加以修订,从而保证企业的经营管理工作稳定而有序地进行。

但该预算方法有工作量大的缺点,因此它常常用于规模较大、时间较长的工程类或大型设备采购项目的预算。

第二节　物流成本控制方法

物流成本控制是企业在物流活动中依据物流成本标准,对实际发生的物流成本进行严格审核监督,发现差距,采取相应的措施,从而使物流过程中的各项成本支出都在控制标准规定的范围内,实现预定物流成本目标的一系列活动。

一、物流成本控制原则

1. 经济原则

所谓经济原则就是对人力、物力和财力的节省,是物流成本控制的重中之重,经济原则是提高经济效益的核心。因此,经济原则是物流成本控制的最基本原则。

2. 全面原则

物流成本控制中实行的全面原则,有以下几个方面的含义:

(1)全过程控制。

物流成本控制不限于生产过程,而是从生产向前延伸到投资、设计,向后延伸到用户服务成本的全过程。

(2)全方位控制。

物流成本控制不仅对各项费用发生的数额进行控制,而且还对费用发生的时间和用途加以控制,讲究物流成本开支的经济性、合理性和合法性。

(3)全员控制。

物流成本控制不仅要有专职物流成本管理机构的人员参与,而且还要发挥全公司广大员工在物流成本控制中的重要作用,从而使物流成本控制更加深入和有效。

3. 责、权、利相结合原则

只有切实贯彻责、权、利相结合的原则,物流成本控制才能真正发挥其效益。显然,企业高层管理者在要求企业内部各部门和单位完成物流成本控制职责的同时,必须赋予其在规定的范围内有决定某项费用是否可以开支的权力。如果没有这种权力,也就无法进行物流成本的控制。此外,还必须定期对物流成本进行绩效评估,据此实行奖惩,以充分调动各单位和员工进行物流成本控制的积极性和主动性。

4. 目标控制原则

目标控制原则是指企业管理当局以既定的目标作为管理人力、物力、财力和各项重要经济指标的基础。物流成本控制是目标控制的一项重要内容,即以目标物流成本为依据,对企业经济活动进行约束和指导,力求以最小的物流成本获取最大的利润。

5. 重点控制原则

重点控制原则就是要求管理人员不要把精力和时间分散在全部成本差异上平均使

用力量,而应该突出重点,把注意力集中在那些属于不正常的、不符合常规的、关键性的差异上。企业日常出现的物流成本差异往往成千上万,头绪繁杂,管理人员对异常差异实行重点控制,有利于提高物流成本控制的工作效率。

二、物流成本控制程序

1. 制定物流成本标准

物流成本标准是物流成本控制的准绳,是对各项物流费用开支和资源耗费所规定的数量限度,是检查、衡量、评价实际物流成本水平的依据。物流成本标准应包括物流成本计划中规定的各项指标。但物流成本计划中规定的一些指标通常都比较综合,不能满足具体控制的要求,这就必须规定一系列具体的标准。确定这些标准可以采用计划指标分解法、预算法、定额法等。在采用这些方法确定物流成本控制标准时,一定要进行充分的调查研究和科学计算,同时还要正确处理物流成本指标与其他技术经济指标的关系,从完成企业的总体目标出发,经过综合平衡,防止片面性,必要时还应进行多种方案的择优选用。

2. 监督物流成本的形成

根据控制标准,对物流成本形成的各个项目,经常地进行检查、评比和监督。不仅要检查指标本身的执行情况,而且要检查和监督影响指标的各项条件,如物流设施设备、工具、工人技术水平、工作环境等,所以物流成本日常控制要与企业整体作业控制等结合起来进行。物流相关费用的日常控制,不仅要有专人负责和监督,而且要使费用发生的执行者实行自我控制,还应当在责任制中加以规定。只有这样,才能调动全体职工的积极性,使成本的日常控制有群众基础。

3. 及时揭示并纠正不利偏差

揭示物流成本差异即核算确定实际物流成本脱离标准的差异,分析差异的成因,明确责任的归属。针对物流成本差异发生的原因,分析情况,分清轻重缓急,提出改进措施,加以贯彻执行。

对于可以由物流活动责任人克服困难并加以解决的小偏差,提请当事人解决即可;而对于重大偏差,特别是由外部原因引起的偏差纠正,要采取相应的系统措施。

4. 评价和激励

评价物流成本目标的执行结果,根据物流成本业绩实施奖惩。

三、物流成本控制方法

物流成本控制的技术方法有很多,主要有目标成本法、标准成本法和责任成本法。

(一)目标成本法

目标成本法是20世纪60年代由丰田公司创立的成本管理方法,目标成本法以给定的竞争价格为基础决定产品的成本,来保证实现预期的利润,即首先确定客户会为产品/服务付多少钱,然后再回过头来设计能够产生期望利润水平的产品/服务和运营流程。

目标成本法使成本管理模式从"客户收入＝成本价格＋平均利润贡献"转变到"客户收入－目标利润贡献＝目标成本"。在日本，目标成本计算与适时生产系统(JIT)密切相关，它包括成本企划和成本改善两个阶段。

1. 目标成本法的核心工作

目标成本法的核心工作是制定目标成本，并通过各种方法不断地改进产品与工序(服务流程)设计，确保新成本小于或等于目标成本。这一工作需要包括营销、开发与设计、采购、工程、财务与会计，甚至供应商与顾客在内的设计小组或工作团队来进行。

➤拓展链接

预测目标成本的工作原则

(1)可行性原则——目标成本必须是要经过主观努力可以达到的，应立足于企业现有的资源条件和生产技术水平，符合国内外市场竞争的需要。

(2)先进性原则——目标成本必须能够反映企业在现有条件下通过挖掘内部潜力，加强企业管理，应该能够达到的成本水平。

(3)群众性原则——目标成本要反映广大职工的意愿和信心。

(4)科学性原则——目标成本必须广泛收集和整理一切必要的资料，以可靠的数据作为依据，运用科学方法加以测定。

(5)灵活性原则——目标成本要有一定的弹性，能随客观条件的变化而随时调整。同时目标成本要便于分解，以利于开展成本指标归口分级管理。

2. 目标成本法的应用

企业根据市场调查得到的价格，扣除所要获得的利润以及为继续开发产品所需的研究经费，计算出产品在制造、分销和产品加工处理过程中所允许的最大成本，即目标成本，用公式表示为：

$$C = P - S$$

式中：

C——目标成本；

P——目标销售价格；

S——目标利润。

(1)目标销售价格。

目标销售价格是指客户所能接受的价格。在确定目标销售价格的过程中，必须考虑顾客的接受程度，顾客是不会买超出他们接受能力的商品的。

(2)目标利润。

目标利润是企业期望达到的利润水平。利润是企业生存和发展的基础。企业目标利润的确定首先要考虑本企业或整个集团的利润目标计划，每个产品或服务都对本企业的利润目标计划负有责任；其次要结合现实情况，在竞争激烈的市场中，产品的利润就会低一些，相反就高一些，为了使企业制定的目标利润具有可实施性，企业可以参照之前的同种产品,也可参照其他企业的同类产品,切忌把目标定得过高。

(3)目标成本。

一旦确立了目标销售价格和目标利润,企业就能够计算出目标成本并进行目标成本规划。企业在设计、开发、生产产品的过程中依据目标成本进行。

【例3-3】在做过市场研究后,某公司决定生产一种新的照明器材以弥补它户外照明产品线的不足。根据估计,这种新的照明器材能以目标售价20元售出,估计的年目标销售量为100000个照明器材。该公司的目标销售回报率为20%。

目标成本的计算公式如下:

目标销售额＝100000×20＝2000000(元)

目标利润＝20%×20×100000＝400000(元)

目标成本＝2000000－400000＝1600000(元)

单位器材的目标成本＝(目标销售额－目标利润)/销售量＝1600000/100000＝16(元)

3. 目标成本法的特点

(1)目标成本法是一种全过程、全方位、全人员的成本管理方法。

全过程是指从供应链产品生产到售后服务的一切活动,包括供应商、制造商、分销商在内的各个环节;全方位是指从生产过程管理到后勤保障、质量控制、企业战略、员工培训、财务监督等企业内部各职能部门的各方面工作以及企业竞争环境的评估、供应链管理、知识管理等;全人员是指从高层经理人员到中层管理人员、基层服务人员、一线生产员工。目标成本法在作业成本法的基础上来考察物流作业的效率、人员的业绩、物流的成本,弄清楚每一项资源的来龙去脉、每一项物流作业对整体目标的贡献。

(2)侧重事前控制。

目标成本法改变了传统的"为降低成本而降低成本"的观念,取而代之的是战略性成本管理的观念,追求的是在不损害企业竞争地位的前提下降低成本的途径。一方面,如果成本降低的同时削弱了企业的竞争地位,这种成本降低的策略就是不可取的;另一方面,如果成本的增加有助于增强企业的竞争实力,则这种成本的增加就是值得的。目标成本管理旨在确定各个层次的目标成本,表明该方法或技术的落脚点是事前控制的。

(3)企业物流成本实施系统化管理。

传统成本管理的范围只局限于事中、事后的成本管理;目标成本法的范围是将企业的全部经营活动作为一个系统,从事前的成本预测到成本的形成及事后的成本分析,实行全面的、全过程的管理,将全部经营活动中的一切耗费都置于成本控制之下,并把工作重点放在事前控制和事中控制,及时分析差异,采取措施消除不利因素,加强了成本的控制地位。

➤拓展链接

Boeing 飞机公司应用目标成本和价值工程节约成本

Boeing 在应用目标成本法方面被认为是相当成功的。下面是 Boeing 的项目应用目标成本法所得结果的一个列表。

项　　目	结　　果
737 飞行驾驶舱电子管	90%经常成本的减少
	79%零件数量的减少
737/757 边壁面板的组装	每架飞机节约 $14700
	45%零件数量的减少
737#1 窗户更换	所有时间从 12 小时减少到 4 小时
737 登机门操作杆	改进门杆
737—X 储存箱支撑	50%成本的减少
	每个储存装置减轻 12 磅

在美国,目标成本法被认为是一种管理方法,而不仅仅是一种成本控制的方法,更是一种利润计划和成本管理综合的方法。一些公司如 Boeing 、Eastman Kodak 和 Daimler Chrysler ,已经在部分公司业务中应用目标成本法,而实际上,Texas Instruments 对目标成本法的应用已相当成功。

目标成本法建立在企业内部和外部环境结合的基础之上,用系统的理论把影响企业经营运行的各种因素考虑到企业的产品生产过程中。因此,目标成本法较之传统成本方法来说,是一个开放系统的方法。传统成本法是一个基于企业内部的封闭系统的方法,忽视了企业与其所处环境之间的相互作用。目标成本法强调企业适应外部环境的重要性,把价格、利润和成本三个关系紧密又互相影响的因素结合在一起,提高了企业产品的服务质量,适应了环境、顾客的需要。

（二）标准成本法

标准成本法,又称标准成本会计,是西方管理会计的重要组成部分。它是指以预先制定的标准成本为基础,用标准成本与实际成本进行比较,核算和分析成本差异的一种产品成本计算方法,也是加强成本控制、评价经济业绩的一种成本控制制度。它的核心是按标准成本记录和反映产品成本的形成过程和结果,并借以实现对成本的控制。

标准成本法的核心是按标准成本记录和反映产品成本的形成过程和结果,并借以实现对成本的控制。标准成本法包括制定标准成本、计算和分析成本差异、处理成本差异三个环节。其中标准成本的制定是采用标准成本法的前提和关键,据此可以达到成本事前控制的目的;成本差异计算和分析是标准成本法的重点,借此可以促成成本控制目标的实现,并据以进行经营业绩考评。

1. 物流标准成本的含义

标准成本有理想标准成本和可行标准成本。理想标准成本是企业的理想状态,一般是难以达到的,企业一般把理想标准作为衡量实际成本水平的基准,使实际成本水平一步步接近理想标准成本。可行标准是企业在现有条件下经过一定努力有可能达到的成本标准,具有可行性。

所谓物流标准成本是指以调查分析和运用一定的预测方法为基础,根据物流服务水平的要求所估算出的物流成本。选择物流标准水平是一件很困难但非常重要的决策,因为成本水平过高或过低都会影响职工的工作积极性,不能充分挖掘职工的潜力。所以,我们选取可行标准成本作为物流成本控制的依据。

2. 物流标准成本的制定

制定标准成本,通常首先确定直接材料和人工的标准成本;其次确定制造费用的标准成本;最后确定单位产品的标准成本。

(1)物流直接材料标准成本的确定。

物流直接材料标准成本应根据物流直接材料的用量标准和物流直接材料的价格标准来确定,其计算公式为:

$$物流直接材料标准成本 = 价格标准 \times 用量标准$$

其中,用量标准即标准耗用量,由统计的方法、工业工程法和其他技术方法确定的,包括理想耗用和正常损失两部分。价格标准是预计下一年度实际需要支付的进料单位成本,包括发票价格、运费、检验费和正常损耗等。直接材料标准成本的例子如表 3-5所示。

表 3-5　直接材料标准成本

标　准	材料 A	材料 B
价格标准:		
发票单价	5 元	10 元
运输费	0.5 元	0.8 元
每千克标准价格	5.5 元	10.8 元
用量标准:		
生产用量	5.0 千克	3.0 千克
损耗量	0.5 千克	0.4 千克
单位标准用量	5.5 千克	3.4 千克
成本标准	30.25 元/千克	36.72 元/千克
单位产品标准成本	66.97 元/千克	

(2)物流直接人工标准成本的确定。

物流直接人工标准成本应根据物流直接人工的用量标准和物流直接人工的工资率标准确定,其计算公式为:

物流直接人工标准成本＝标准工资率×工时标准

在确定物流直接人工标准成本时,如果是计件工资,则标准工资率就是计件工资单价;如果是计时工资,则标准工资率是单位工时工资,可由标准工资总额除以标准总工时得到。工时标准需要根据现有物流运作技术条件,测算提供某项物流服务所需的时间,包括调整设备时间、直接服务操作时间、工间休息时间等。直接人工标准成本的例子如表 3-6 所示。

表 3-6 直接人工标准成本

小时工资率	工序一	工序二
基本生产工人人数	30 人	40 人
每人每月工时	166.64 小时	166.64 小时
出勤率	95％	95％
每人平均可用工时	158.308 小时	158.308 小时
每月工时总额	4749.24 元	6323.2 元
每月工资总额	27000 元	35000 元
每小时工资	5.69 元	5.54 元
单位产品工时:		
理想作业时间	1.5 小时	1.0 小时
调整设备时间	0.5 小时	0 小时
工间休息	0.3 小时	0.3 小时
其他	0.2 小时	0.2 小时
单位产品工时合计	2.5 小时	1.5 小时
直接人工标准成本	14.225 元	8.31 元
合计	22.535 元	

（3）变动物流间接费用标准成本的确定。

变动物流间接费用标准成本可根据变动物流作业用量标准和变动物流作业价格标准确定。物流作业用量标准可采用单位物流作业人工工时标准、机械设备工时标准或其他标准,但需与变动物流间接费用之间存在较好的线性关系。价格标准即每小时变动物流间接费用标准分配率,可根据变动物流间接费用预算除以直接人工工时总额得到。

变动物流间接费用标准成本的计算公式为:

变动物流间接费用标准成本＝单位物流作业直接人工标准工时

×每小时变动物流间接费用标准分配率

（4）固定物流间接费用标准成本的确定。

固定物流间接费用标准成本可根据固定物流作业用量标准和固定物流作业价格标准确定。物流作业用量和价格标准的确定与变动物流间接费用相同。

固定物流间接费用标准成本的计算公式为:

$$固定物流间接费用标准成本＝单位物流作业直接人工标准工时$$
$$×每小时固定物流间接费用标准分配率$$

其中：每小时固定物流间接费用标准分配率＝固定物流间接费用预算总额/物流作业直接人工标准总工时

将以上确定的物流直接材料、物流直接人工和物流间接费用的标准成本按物流作业加以汇总，就可以确定有关物流作业全部的标准成本。

3. 物流成本差异分析

(1)物流成本差异。

物流成本差异是指企业物流的实际成本与标准成本之差。物流标准成本是由物流直接材料、物流直接人工和物流间接费用三部分组成的。物流成本差异也相应可分为物流直接材料成本差异、物流直接人工成本差异和物流间接费用成本差异三部分。

$$
\begin{aligned}
成本差异 &＝实际成本－标准成本\\
&＝实际用量×实际价格－标准用量×标准价格\\
&＝实际用量×实际价格－实际用量×标准价格\\
&\quad＋实际用量×标准价格－标准用量×标准价格\\
&＝实际用量×(实际价格－标准价格)\\
&\quad＋(实际用量－标准用量)×标准价格\\
&＝价格差异＋用量差异
\end{aligned}
$$

即：

$$价格差异＝实际用量×(实际价格－标准价格)$$
$$用量差异＝标准价格×(实际用量－标准用量)$$

➤拓展链接

差额分析法

差额分析法是连环替代分析法的一种。各因素替换时排序的原则是：如果既有数量因素又有价值量因素，先计算数量因素变动的影响，后计算价值量因素变动的影响，即先数量后质量的原则。

(2)物流直接材料成本差异分析。

物流直接材料成本差异是物流直接材料实际成本与标准成本之间的差额。该差异形成原因一是价格脱离标准，二是用量脱离标准。前者按实际用量计算，称为价格差异；后者按标准价格计算，称为用量差异。其计算公式为：

$$物流直接材料价格差异＝材料实际用量×(材料实际价格－材料标准价格)$$
$$物流直接材料用量差异＝(材料实际用量－材料标准用量)×材料标准价格$$

【例3-4】某物流企业某月加工产品900件，其中使用原材料5000千克，材料单价为0.9元/千克；直接材料的单位产品标准成本为4元，即每件产品耗用5千克直接材料，每千克材料的标准价格为0.8元。则有：

物流直接材料价格差异＝5000×(0.9－0.8)＝500(元)

物流直接材料用量差异＝0.8×(5000－5×900)＝400(元)

物流直接材料价格差异和用量差异之和,应当等于材料成本的总差异,即500＋400＝900(元)。

物流直接材料成本差异＝实际成本－标准成本

$$＝5000×0.9－900×5×0.8$$

$$＝900(元)$$

直接材料价格差异发生的原因很多,如材料市场价格的变动、材料供应商的变动、订货数量的大小和订货批次的多少、运输方式与线路的不同、对材料进行的紧急订货等,任何一项脱离制定标准成本的预定要求都将形成价格差异。因此,对直接材料价格差异的形成和责任,应当根据具体情况做具体的分析,有的属于外部原因,有的则属于企业本身的责任。只有明确原因,分清责任,才能发挥价格差异计算分析的作用。

材料数量差异形成的原因有多种,比如采用了新的包装或流通加工技术、设备、工人技术操作水平和责任心的变化及材料的质量、材料的保管等一般都会影响材料耗费的数量。通过分析直接材料用量差异的形成原因,明确有关部门的责任,控制材料的耗费数量。

(3)物流直接人工成本差异分析。

物流直接人工成本差异是指物流直接人工实际成本与标准成本之间的差额,它可以分为价差和量差两部分。价差是指实际工资率脱离标准工资率的差额,按实际工时计算确定,又称工资率差异。量差是指实际工时脱离标准工时,其差额按标准工资率计算确定的金额,又称人工效率差异。其计算公式为:

物流直接人工工资率差异＝实际工时×(实际工资率－标准工资率)

物流直接人工效率差异＝(实际工时－标准工时)×标准工资率

【例3-5】某物流企业加工产品1200件,实际使用工时2000小时,支付工资12000元;直接人工标准成本是5元/件,即每件产品标准工时为1小时,标准工资率为5元/小时。

工资率差异＝2000×(12000/2000－5)＝2000(元)

人工效率差异＝(2000－1200×1)×5＝4000(元)

即

人工成本差异＝工资率差异＋人工效率差异＝2000＋4000＝6000(元)

人工成本差异＝实际人工成本－标准人工成本

$$＝12000－1200×5$$

$$＝6000(元)$$

计算出工资率差异和人工效率差异之后,应对此进行分析。一般来说,工资率差异形成的原因包括直接操作工人升级或降级使用、对工人安排和使用的变化、奖励制度未产生实效、工资率调整、出勤率变化等因素,原因较复杂。

产生人工效率差异的原因主要有:工人的责任心及技术的熟练程度、机器设备的运转情况、企业劳动组织和人员配备是否合理、企业对员工的激励、工作环境等。其应主要由操作部门负责。但在实践中的情况比较复杂，不能死板教条，要准确分析产生差异的主要原因，然后找到解决问题的办法。

(4)变动物流间接费用成本差异分析。

变动物流间接费用成本差异是指实际变动物流间接费用与标准变动物流间接费用之间的差额，它也可以分解为"价差"和"量差"两部分。价差是指变动物流间接费用的实际分配率脱离标准，按实际工时计算的差额，它反映耗费水平的高低，故称为变动物流间接费用耗费差异。量差是指实际工时脱离标准工时，按标准分配率计算确定的差额，它反映工作效率变化引起的费用节约或超支，故称为变动物流间接费用效率差异。其计算公式为：

变动物流间接费用耗费差异＝(变动物流间接费用实际分配率－变动物流间接费用标准分配率)×实际工时

变动物流间接费用效率差异＝(实际工时－标准工时)×变动物流间接费用标准分配率

【例 3-6】某物流企业加工产品 1200 件，实际使用工时 2000 小时，发生变动制造费用 12000 元；变动制造费用标准成本是 4 元/件，即每件产品标准工时为 1 小时，标准的变动制造费用分配率为 4 元/小时。则有

变动制造费用耗费差异＝2000×(12000/2000－4)＝4000(元)

变动制造费用效率差异＝(2000－1200×1)×4＝3200(元)

变动制造费用成本差异＝变动制造费用耗费差异＋变动制造费用效率差异

$$＝4000＋3200$$

$$＝7200(元)$$

变动制造费用成本差异＝12000－1200×4＝7200(元)

变动物流间接费用耗费差异的形成往往是因为变动物流间接费用开支或工时耗费发生变化，责任一般在物流操作部门。

引起变动物流间接费用效率差异的原因与引起物流直接人工效率差异的原因基本相同。

(5)固定物流间接费用成本差异分析。

固定物流间接费用差异分析与变动物流成本差异分析不同，其分析方法有二因素分析法和三因素分析法。

①二因素分析法。

二因素分析法是将固定物流间接费用差异分为耗费差异和能量差异。

耗费差异是指固定制造费用的实际金额与固定制造费用预算金额之间的差异。固定费用与变动费用不同，其不因业务量而变，故差异分析有别于变动费用。在考核时不考虑业务量的变动，以原来的预算数作为标准，实际数超过预算数即视为耗费过多。其计算公式为：

固定制造费用耗费差异＝固定制造费用实际数－固定制造费用预算数

　　能量差异是指固定制造费用预算与固定制造费用标准成本的差异,或者说是实际业务量的标准工时与生产能量的差额用标准分配率计算的金额。它反映实际产量标准工时未能达到生产能量而造成的损失。其计算公式为:

固定制造费用能量差异＝固定制造费用预算数－固定制造费用标准成本
　　　　　　　　　　＝固定制造费用标准分配率×生产能量
　　　　　　　　　　　－固定制造费用标准分配率×实际产量标准工时
　　　　　　　　　　＝(生产能量－实际产量标准工时)×固定制造费用标准分配率

　　【例 3-7】某物流企业本月实际产量 1200 件,发生固定制造成本 4272 元,实际工时2670 小时;企业加工能力为 1500 件,即 3000 小时;每件产品固定制造费用标准成本为3 元/件,即每件产品标准工时为 2 小时,标准分配率为 1.50 元/小时。则有:

　　固定制造费用耗费差异＝4272－3000×1.5＝－228(元)

　　固定制造费用能量差异＝3000×1.5－1200×2×1.5＝4500－3600＝900(元)

　　验算:

　　固定制造费用成本差异＝实际固定制造费用－标准固定制造费用
　　　　　　　　　　　　＝4272－1200×3＝672(元)

　　固定制造费用成本差异＝耗费差异＋能量差异＝－228＋900＝672(元)

　　②三因素分析法。

　　固定物流间接费用成本差异由固定物流间接费用耗费差异、闲置能量差异和效率差异组成,其计算公式为:

　　固定物流间接费用耗费差异＝固定物流间接费用实际成本－固定物流间接费用标准成本

　　固定物流间接费用闲置能量差异＝(计划物流作业量标准工时－实际物流作业量实际工时)×标准费用分配率

　　固定物流间接费用效率差异＝(实际物流作业量实际工时－实际物流作业量标准工时)×标准费用分配率

　　依上例分析可得:

　　固定物流间接费用闲置能量差异＝(3000－2670)×1.5＝495(元)

　　固定物流间接费用效率差异＝(2670－1200×2)×1.5＝(2670－2400)×1.5＝270×1.5＝405(元)

　　固定物流间接费用效率差异产生的原因与人工效率差异产生的原因大致相同。导致闲置能量差异的原因往往是开工不足、车辆开动率和仓库利用率低,责任往往在管理部门。导致耗费差异的原因比较复杂,如成本指定的不切实际、实际物流服务量少于计划等。对这类差异要进行深入分析,才能分清责任部门。通过分析标准成本差异产生的原因,找到责任部门,就可以采取经济、有效的措施,控制不恰当差异,降低物流成本。

　　(三)责任成本法

　　1.责任成本法的含义

　　责任成本是指责任单位能对其进行预测、计量和控制的各项可控成本之和。责任成本是按照谁负责谁承担的原则,以责任单位为计算对象来归集的,所反映的是责任单位与各种成本费用之间的关系。

2. 责任成本法的意义

责任成本法是根据不同级别的物流管理人员和管理部门应负的责任,收集、汇总和报告其有关的会计资料,对企业物流成本进行控制的有效方法。责任成本控制在各类企业中应用广泛,也是物流成本控制的有力措施。

(1)从总体上有效控制成本。

采用责任成本法,对于合理确定与划分各部门的责任成本,明确各部门的成本控制责任范围,进而从总体上有效地控制成本,具有重要的意义。

(2)使物流成本的控制有确切保障。

建立了责任成本制,由于将各责任部门、责任人的责任成本与其自身的经济效益密切结合,可将降低成本的目标落实至各个具体的物流或本部门及个人,使其自觉地把成本管理纳入本部门或个人的本职工作范围,使其成本管理落到实处。

(3)使物流成本的控制有了主动性。

建立责任成本制,可显示出企业内部各物流部门及个人主动寻找降低成本的方法,积极采取新材料、新工艺、新能源、新设备,充分依靠科学技术来降低物流成本。

3. 物流责任中心

所谓物流责任中心是指由一个主管人员负责,承担着规定责任并具有相应权利的内部物流单位。作为物流活动中心,必须有十分明确的、由其控制的物流活动范围。企业物流责任中心通常可分为三大类,包括物流成本中心、物流利润中心和物流投资中心。

(1)物流成本中心。

物流成本中心也称物流费用中心,是指对物流费用进行归集、分配,对物流成本能加以控制、考核的责任单位,亦即对物流成本具有可控制性的责任单位。这里的"可控制",是与具体的责任中心相联系的,而不是某一个成本项目所固有的性质。物流成本中心的成本项目一般可分为直接成本和间接成本两种。前者是可以直接计入物流成本的成本项目;后者则是需要通过一定的方法、根据一定的标准分配后才能计入物流成本。一般来说,直接成本是变动的、可控制的,间接成本是固定的、不可控制的,但并不是所有直接成本都是变动的、可控制的。例如,运输队各车组的折旧费是车组的直接成本和固定成本(在直线折旧法下),但却不是可控制成本,因为该车组及其上属运输队无权决定购入或出售车辆,无法控制车辆折旧的发生。又如,仓库保管人员的工资是直接的、可控制的,但却不是变动的。

此外,应予以注意的是,可控制成本与不可控制成本在一定条件下是可以互相转化的,两者的划分不是绝对的。例如,材料仓库将材料仓储费按比例分配给其他责任中心,那么对责任中心来说是一种不可控制成本,因为他们无法控制仓储费用的多少。如果按责任中心领用材料,按价值多少收取仓储费,那么对各责任中心来说是可控制成本,因为多领材料、领用高档材料要多负担仓储费用,反之则少负担仓储费用;与此同时,也促进各责任中心努力降低材料消耗,在保证物流质量的前提下,降低物流成本。

　　由此可见,物流成本按可控制性所进行的分类,对于控制成本中心的物流成本、考核成本中心的工作业绩是十分重要的。可控制成本对成本中心来说是相关成本,进行成本决策时必须予以考虑;不可控制成本则是无关成本,可以略而不计,这也是编制成本中心责任预算时必须注意的。

　　(2)物流利润中心。

　　物流利润中心既要对物流成本负责又要对收入负责,但没有责任或没有权力决定该中心资产投资的水平,因而可以根据其利润的多少来评价该中心的业绩。作为物流利润中心,其领导者必须具有控制物流服务价格、物流业务和所有相关费用的权力。物流利润中心可以分为两种:一种是自然的利润中心,它直接向企业外部提供服务;另一种是人为的利润中心,它主要在企业内部按照内部转移价格提供服务。

　　(3)物流投资中心。

　　物流投资中心是指既要对成本、利润负责,又要对投资效果负责的物流责任单位,它是比利润中心更高层次的责任中心,它不但要计算利润,还要计算投资回收率。典型投资中心的业绩计量标准是投资报酬率和经济附加值。但试图使投资报酬率指标扩大的管理者有可能会有拒绝那些投资报酬率低于部门目前投资报酬率,却高于部门资本成本的投资机会的倾向。这个问题可以通过经济附加值来克服。经济附加值通过从部门净收益中减除部门平均投资的资本成本而得到。

　　4. 责任成本法的应用过程

　　(1)合理划分物流责任中心。

　　根据企业管理体制和经营管理的需要,划分若干责任中心,对各自的物流成本负责,并明确各中心应承担的经济责任和拥有的经济权利。

　　(2)确定物流责任目标。

　　把物流成本目标分解到每一个责任中心,确定其相应的责任目标。各责任中心只对各自的可控成本负责,以此既明确了责任中心的工作任务,也为其提供了业绩考核标准。

　　(3)建立物流责任计算系统。

　　为考核物流成本的履行情况,需要建立一套完整的日常记录,计算和考核有关责任预算的执行情况,借以评价和考核各有关责任中心的工作,并及时反映存在的问题。

　　(4)建立内部协调制度。

　　各责任中心都有自己的部门利益,并为此必须建立监督与协调机制来规范各责任中心的运作。

　　(5)定期编制物流业绩报告。

　　物流业绩报告是有关责任中心在一定期间内经营情况的集中反映,是责任中心预算执行结果的概括说明。

　　(6)考核物流工作业绩。

　　物流工作业绩的考评也是物流责任控制的重要一环,对于只发生物流费用的责任中心,由于其只需对范围内的可控成本负责,其考评指标是成本节约额和成本节约率。

5. 责任成本法的应用

(1)物流成本中心的成本管理。

对于一个物流系统来说,可以划分为各个物流成本中心。物流成本中心可以是货主企业的整个物流系统,可以是物流系统中的每个部门,也可以进一步划分成物流作业班组,甚至是每个作业人员。通过将物流成本总预算按照每个成本费用中心的一步步细化,并明确责任,使得每个责任中心和责任人明确自身的成本管理职责,并对其进行相应的绩效考核。

(2)物流利润中心的成本管理。

物流利润中心不仅要考核该中心的成本,还要考核其收入。对于物流系统内部的某一部门来说,本来可能是一个成本中心,通过内部的结算价格确定,将其确定为一个内部人为利润中心,这对于责任中心的成本控制来说也具有一定的促进作用。这样做可以提高每个部门的经营意识,了解物流成本的节约对自己部门业绩的重要性,从而促使他们改善自己的管理和物流技术,降低自身的物流成本。当然,在利用人为利润中心管理来进行物流成本控制的过程中,应注意解决以下几个问题:第一,对于几个责任中心共同负担的费用,应根据一定标准,按照谁受益谁负担、受益多的多负担、受益少的少负担的原则分配。一定要避免由于共同费用分配不合理而挫伤各个责任中心的积极性。第二,内部转移价格的制定要合理。这是合理评定各物流责任中心工作成绩,促进各单位努力提高物流效率、降低物流成本的重要保证。合理确定内部结算价格,是加强物流系统内部资金、成本、利润管理的有效措施。

第三节　物流成本控制途径

一、物流成本理论控制途径

(一)从流通全过程的视点来降低物流成本

对于一个企业来讲,控制物流成本不单是本企业的事,即追求本企业物流的效率化,而应该考虑从产品制成到最终用户整个供应链过程的物流成本效率化,也就是物流设施的投资或扩建与否要视整个流通渠道的发展和要求而定。

例如,原来有些厂商是直接面对批发商经营的,因此,很多物流中心是与批发商物流中心相吻合,从事大批量的商品输送。然而,随着零售业中便民店、折扣店的迅猛发展,客观上要求厂商必须适应这种新型的业态形式,展开直接面向零售店铺的物流活动。在这种情况下,原来的投资就有可能沉淀,同时又要求建立新型的符合现代流通发展要求的物流中心或自动化设施。这些投资尽管从本企业来看,增加了物流成本,但从整个流通过程来看,却大大提高了物流绩效。

在控制企业物流成本时,还有一个问题是值得注意的,即针对每个用户成本削减的幅度有多大。特别是当今零售业的价格竞争异常激烈时,零售业纷纷要求发货方降低商品的价格,因此,作为发货方的厂商或批发商都在努力提高针对不同用户的物流活动绩效,例如将原来一日一次的商品配送,集约成一周两次的配送等。

(二)通过实现供应链管理,提高对顾客的物流服务来削减成本

在供应链物流管理体制下,仅仅本企业的物流具有效率化是不够的,它需要企业协调与其他企业(如部件供应商等)以及顾客、运输业者之间的关系,实现整个供应链活动的效率化。正因为如此,追求成本的效率化不仅仅是企业中物流部门或生产部门的事,同时也是经营部门以及采购部门的事,也就是将降低物流成本的目标贯彻到企业所有职能部门之中。

提高对顾客的物流服务是企业确保利益的最重要手段,从某种意义上讲,提高对顾客的服务是降低物流成本的有效方法之一,但是,超过必要量的物流服务不仅不能带来物流成本的下降,反而有碍于物流效益的实现。例如,随着多频度、少量化经营的扩大,对配送的要求越来越高,而在这种状况下,如果企业不充分考虑用户的产业特性和运送商品的特性,一味地开展商品的翌日配送或发货的小单位化,无疑将大大增加发货方的物流成本。所以,在正常情况下,既为了保证提高对顾客的物流服务,又防止出现过剩的物流服务,企业应当在考虑用户产业特性和商品特性的基础上,与顾客方充分协调、探讨有关配送、降低成本等问题。如果能够实现一周2~3次的配送,可以商讨将由此而产生的利益与顾客方分享,从而相互促进,在提高物流服务的前提下,寻求降低物流成本的途径。

(三)借助于现代信息系统的构筑降低物流成本

各企业内部的物流效率化仍然难以使企业在不断激化的竞争中取得成本上的竞争优势,为此,企业必须与其他交易企业之间形成一种效率化的交易关系。即借助于现代信息系统的构筑,一方面使各种物流作业或业务处理能准确、迅速地进行;另一方面,能由此建立起物流经营战略系统。具体来讲,通过将企业定购的意向、数量、价格等信息在网络上进行传输,从而使生产、流通全过程的企业或部门分享由此带来的利益,充分对应可能发生的各种需求,进而调整不同企业间的经营行为和计划,这无疑从整体上控制了物流成本发生的可能性。也就是说,现代信息系统的构筑为彻底实现物流成本的降低,而不是向其他企业或部门转嫁成本奠定了基础。

(四)通过效率化的配送降低物流成本

对应于客户的订货要求建立短时期、正确的进货体制是企业物流发展的客观要求,但是,伴随配送产生的成本费用要尽可能降低,特别是多频度、小单位配送的发展,更要求企业采用效率化的配送方法。通常,企业要实现效率化的配送,就必须重视配车计划管理、提高装载率以及车辆运行管理。

所谓配车计划,是指与客户的订货相吻合,将生产或购入的商品按客户指定的时间进行配送的计划。对于生产商而言,如果不能按客户指定的时间进行生产,也就不可能在客户规定的时间配送商品,所以,生产商配车计划的制订必须与生产计划相联系来进行。同样,批发商也必须将配车计划与商品进货计划相联系开展。要做到配车计划与生产计划或商品进货计划相匹配,就必须构筑最为有效的配送计划信息系统。这种系统不仅仅是处理配送业务,而是在订货信息的基础上,管理从生产到发货全过程的业务

系统,特别是制造商为缩短对用户的商品配送,同时降低成本,必须通过这种信息系统制作配送计划,商品生产出来后,装载在车辆中进行配送。对于发货量较多的企业,需要综合考虑并组合车辆的装载量和运行路线,也就是说,当车辆有限时,在提高单车装载量的同时,事先设计好行车路线以及不同路线的行车数量等,以求在配送活动有序开展的同时,追求综合成本的最小化。另外,在制订配车计划的过程中,还需要将用户的进货条件考虑在内。例如,进货时间、驾驶员在客户作业现场搬运的必要性、客户附近道路的情况等都需要关注和综合分析,还有用户的货物配送量也对配车计划具有影响,货物输送量少,相应的成本就高,配车应当优先倾向于输送量较多的地域。

为了提高装载率,企业可以将自己的商品名称、容积、重量等数据输入到信息系统中,再根据客户的订货要求计算出最佳装载率。实践看来,对于需求比较集中的地区,可以较容易地实现高装载率运输,而对于需求相对较小的地区,可以通过共同配送来提高装载率。

削减配送成本的另一方面是追求车辆运行的效率化。提高车辆运行的一个有效方法是建立有效的货车追踪系统,即在车辆上搭载一个全球定位系统,通过这种终端与物流中心进行通信,一方面,对货物在途情况进行控制;另一方面,有效地利用空车信息,合理配车。

(五)削减退货成本

退货成本也是企业物流成本中一个重要的组成部分,它往往占有相当大的比例。退货成本之所以成为某些企业主要的物流成本,是因为随着退货会产生一系列的物流费、退货商品损伤或滞销而产生的费用以及处理退货商品所需的人员费等各种事务性费用。特别是出现退货的情况,一般是由商品提供者承担退货所发生的各种费用,而退货方因为不承担商品退货而产生的损失,很容易随意地退回商品,并且由于这类商品大多数量较小,配送费用有增高的趋向。不仅如此,由于这类商品规模较小,也很分散,商品入库、账单处理等业务也都非常复杂。例如,销售额 100 万元的企业,退货比率为 3%,即 3 万元的退货,由此而产生的物流费用和企业内处理费用一般占到销售物流的 9%~10%,因此,伴随着退货将会产生 3000 元的物流费。进一步地,由于退货商品物理性、经济性的损伤,可能的销售价格只为原来的 50%,因此,由于退货而产生的机会成本为 15000 元。综合上述费用,退货所引起的物流成本为 18000 元,占销售额的 1.8%。以上仅假定退货率为 3%,如果为 5% 时,物流费用将达到 30000 元,占销售额的 3%。由此可以看出,削减退货成本十分重要,它是物流成本控制活动中需要特别关注的问题。

控制退货成本首先要分析退货产生的原因。一般地,退货可以分为由于客户的原因产生的退货和本企业的原因产生的退货两种情况。通常认为由客户的原因所产生的退货是不可控的。对于零售商或批发商而言,为了防止商品断货而产生机会成本是其过量进货的主要原因,虽然利用 POS 系统可以根据不同商品过去的经营绩效来加以调整,但是,对于季节性或流行性商品,却无法合理地进行控制,在这种状况下,一旦出现商品滞销,必然会存在退货问题。要杜绝此类情况发生,就必须不断掌握本企业产品在店的销售状况,对于销售不振的商品应及时制定促销策略。而对于季节性产品或新产品,应在销售预测的基础上,根据掌握的当天的销售额来确定以后的生产量,也就是说,利用单品管理建立起实需型销售体制。从方法上来讲,建立起实需型销售体制,需要在客户店铺设置本企业的POS系统,这样企业就能及时掌握客户的经营情况,进而不断调整企业的产品生产量和产品种类,真正从根本上减少退货现象发生。造成退货现象的一个根本原因是生产方为了片面追求自身的经济利益,采取推进式销售方式而引起的负效应,亦即很多企业为了追求最大销售目标,一味地将商品推销给最终用户,而不管商品实际销售的状况和销售中可能出现的问题,结果造成流通库存增加、销售不振、退货成本高昂。要有效降低退货成本,重要的是改变企业片面追求销售额的目标战略,在追踪最终需求动向和流通库存的同时,为实现最终需求增加而实施销售促进策略。

与上述问题相关联,要根本防止退货成本,作为企业还必须改变营业员绩效评价制度。即,不是以营业员每月的销售额作为奖惩的依据,而是在考察用户在库状况的同时,以营业员年度月平均销售额作为激励的标准,这样才能在防止退货出现的情况下,提高经营效率。当然,在制度上还必须明确划分产生退货的责任,诸如,发货业务人员因为商品数量、品种与顾客要求不一致而造成的退货,就应该由发货业务人员承担相应的损失;由于错误配送而造成的退货,就应当由运输业者承担。

(六)利用一贯制运输和物流外包降低成本

降低物流成本从运输手段上讲,可以通过一贯制运输来实现,即将从制造商到最终消费者之间的商品搬运,利用各种运输工具的有机衔接来实现,运用运输工具的标准化以及运输管理的统一化,来减少商品周转、转载过程中的费用和损失,并大大缩短商品在途时间。

在控制物流成本方面,还有一种行为是值得注意的,那就是物流的外包,或称第三方物流或合同制物流。它是利用企业外部的分销公司、运输公司、仓库或第三方物流公司执行本企业的物流管理或产品分销职能的全部或部分。其范围可以是对传统运输或仓储服务的有限的简单购买,或者是广泛的,包括对整个供应链管理的复杂的合同。它可以是常规的,即将先前内部开展的工作外包;或者是创新的,有选择地补充物流管理手段,以提高物流效益。一个物流外包服务提供者可以使一个公司从规模经济、更多的"门到门"运输等方面实现运输费用的节约,并体现出利用这些专业人员与技术的优势。另外,一些突发事件、额外费用如空运和租车等问题的减少增加了工作的有序性和供应链的可预测性。实际上,外包的利益不仅局限于降低物流成本上,企业也能在服务和效率上得到许多其他改进,如增强战略行动的一致性,提高顾客反应能力、降低投资需求、带来创新的物流管理技术和有效的渠道管理信息系统,等等。

➤拓展链接

斯美特物流成本的控制

斯美特作为制面行业的一颗新星,已走过了漫长的岁月,如今,物流成本的控制已促使其快速地向前发展。

在实际工作中,物流成本的控制可以按照不同的对象进行。其一,就是以物流成本的形成过程为控制对象,即从物流系统(或企业)投资建立、产品设计(包括包装设计)、物资采购存储和销售,直到售后服务,凡是发生物流成本费用的环节,都要通过各种物流技术和物流管理方法,实施有效的成本控制。这种成本控制就是物流成本的纵向控制。

一、投资阶段的物流成本控制

投资阶段的物流成本控制主要是指企业在厂址选择、物流系统布局规划、设备购置等过程中对物流成本进行的控制。其内容如下:

(一)合理选择厂址

厂址选择合理与否,往往在很大程度上决定了以后物流成本的高低。长春斯美特把廉价的土地使用费、廉价的劳动力和良好的外部环境作为选择厂址的第一要素,在远离原料(面粉、纸箱、棕榈油、蔬菜食品等)地点选点建厂(德惠),这造成物流(配送、运输、采购、设备维护等)成本的增加。同时,其竞争对手(榆树的锦丰、四平的白象、双城的华丰及未来长春的康师傅)的同一竞争要素的存在,使长春斯美特在此方面物流成本上的优势显得很黯淡。

(二)合理设计物流系统格局

如何选择物流中心和配送中心(分公司)的位置、如何规划运输和配送系统、如何设计物流运营流程等,对于整个系统投入运营后的成本耗费有着决定性的影响。长春斯美特公司既是物流中心又是配送中心,配送运输辐射东北三省及内蒙古,公司设计出了较完备的运营流程,已走出了过去的投资性怪圈,逐渐形成了自己独特的以资本为纽带的第三方运输配送和以业务推进为基础的流程机制。

(三)优化物流设备的购置

物流设备投资是为了提高物流工作效率和降低物流成本。企业发展到一定阶段往往需要购置一些物流设备,采用一些机械化、自动化的措施(叉车、自动流程传送、托盘等)。但在进行设备投资时,一定要注意投资的经济性,要研究机械化、自动化的经济临界点。长春斯美特在成立初期,因其规模和生产能力的限制,没有购进必要的物流设备,随着企业的进一步发展,公司配置了与其规模和生产能力相匹配的叉车、托盘、网络仓库等物流设备,这避免了设备的持有成本,降低了物流成本。

二、产品设计阶段的物流成本控制

物流过程中发生的成本大小,与物流系统中所服务产品的形状、体积和重量等密切相关,同时还与这些产品的组合、包装形式、重量及大小有关。特别是对于制造业来说,产品设计对物流成本的重要性尤为明显。具体地说,产品设计阶段的物流成本控制主要包括如下几方面的内容：

（一）产品体积和形态的优化组合

产品体积和形态对物流成本有着直接的影响,如方便面规格和包数的不同,直接影响了纸箱成本的核算,改变了生产的批量,同时对运输工具也提出了较大的要求,进而影响物流成本控制。因此,我们在设计产品的形态和体积的时候,还必须考虑如何降低纸箱的成本,如何扩大生产批量,如何减小运输成本等后续影响。

（二）产品批量的合理化

当把数个产品集合成一个批量保管或发货时,就要考虑到物流过程中比较优化的容器容量,例如长春斯美特根据产品的批量化要求,设计出适合公司要求的托盘(1.2米×1.2米),组织了适合公司要求的集装货车(7.2米、9.6米的高栏车和12米集装箱车等)。企业在设计产品时,还必须考虑产品的包装材料、耐压力、搬运、装卸、运输途中的损耗对产品设计的影响。

三、供应阶段的成本控制

供应与销售阶段是物流费用发生的直接阶段,这也是物流成本控制的重要环节。供应阶段的物流成本控制主要包括以下内容:

（一）优选供应商

企业进货和采购的对象很多,每个供应商的供货价格、服务水平、供货地点、运输距离等都会有所区别,其物流成本也就会受到影响。企业应该在多个供应商中考虑供货质量、服务水平和供货价格的基础上,充分考虑其供货方式、运输距离等对企业物流成本的综合影响,从多个供货对象中选取综合成本较低的供货厂家,以有效地降低企业的物流成本。

（二）运用现代化的采购管理方式

JIT(及时制)采购和供应是一种能有效降低物流成本的物流管理方式,它可以减少供应库存量,降低库存的持有成本,而库存持有成本是供应物流成本的一个重要组成部分。另外,MRP采购、供应链采购、招标采购、全球采购等采购管理方式的运用,也可以有效地加强采购供应管理工作。对于斯美特来说,集中采购也是一种有效的采购管理模式。例如,有些体积小重量小的物品可以通过总公司的规模化批量采购来降低成本,进而实现分公司的批量低成本调拨。

（三）控制采购批量和再订货点

每次采购批量的大小,对订货成本与库存持有成本有着重要的影响。采购批量大,则采购次数减少,总的订货成本就可以降低,但会引起库存持有成本的增加;反之亦然。因此,在采购管理中,对订货批量的控制是很重要的。我们可以通过相关数据分析,计算其主要采购物资的最佳经济订货批量点和再订货点,从而使得订货成本与库存持有成本之和最小。

（四）供应物流作业的效率化

企业进货采购对象及其品种很多,接货设施和业务处理讲求效率。例如,斯美特公司的各分公司需购多种不同物料时,可以分别购买、各自订货,也可由总公司根据各分公司进货要求,由总公司统一负责采购和仓储的集中管理,在各分公司有用料需要时,由总公司仓储部门按照固定的线路,把货物集中配送到各分公司。这种有组织的采购、库存管理和配送管理,可使公司物流批量化,减少繁杂的采购流程,提高配送车辆和各分公司进货的工作效率。

（五）采购损耗的最小化

供应采购过程中往往会发生一些途中损耗,运输途耗也是构成企业供应物流成本的一个组成部分。运输中应采取严格的预防保护措施尽量减少途耗,避免损失、浪费,降低物流成本。销售、供应物流互补化。销售和供应物流经常发生交叉,这样可以采取共同装货、集中发货的方式,把销售商品的运输与外地采购的物流结合起来,利用回程车辆运输的方法,提高货物运输车辆的使用效率,降低运输成本。同时,还有利于解决交通混乱,促使发货、订货业务集中化、简单化,促进搬运工具、物流设施和物流业务的效率化。

四、生产时的物流成本控制

生产物流的组织与企业生产的产品类型、生产业务流程以及生产组织方式等密切相关,因此生产物流成本的控制是与企业的生产管理方式不可分割的。在生产过程中,有效控制物流成本的方法主要包括以下内容:

（一）生产工艺流程的合理布局

企业生产工艺流程的合理布局对生产起着非常重要的作用,布局的合理与否直接关系着产品成本的高低,同时对减少工作环节、提高工作效率、增强员工的责任心等方面有重要的作用,对于斯美特公司制面来说,就必须按照制面的工艺流程来工作。

（二）合理安排生产进度

企业的生产进度与采购、销售、仓库、消费、成品率等息息相关,生产进度的加快,原材料的采购进度就要提速,成品率就会降低,仓库持有成本就会上升,同时预示着销售周期的缩短,消费数量的增加。应减少半成品和产品库存。产品库存量的大小直接影响着库存持有成本的高低,同时影响产品的销售风险。

（三）实施物料领用控制

对于斯美特公司制面来说,必须严格地实施物料领用的控制,生产的批量与领用物料的批量相对称,多领用的原材料必须在第一时间内回归仓库,这样降低了原料的损耗,使生产与采购、调拨、销售的信息对称,减少了库存,盘活了公司的流动资金。

（四）节约物料使用

勤俭节约是中华民族的传统美德,也是我们每一个人的优良作风。勤俭节约不仅是斯美特公司的企业文化,更是斯美特人的立家之本。

五、销售物流阶段的成本控制

销售物流活动作为企业市场销售战略的重要组成部分,不仅要考虑提高物流效率、降低物流成本,而且还要考虑企业销售政策和服务水平。在保证客户服务质量的前提下,通过有效的措施,推行销售物流的合理化,以降低销售阶段的物流成本,主要的措施如下:

（一）加强订单管理，与物流相协调

订单的重要特征表现在订单的大小、订单的完成效率等要素上。订单的大小和完成效率往往会有很大的区别，在有的企业中，很多小批量、多次数订单（自提订单）往往会在数量上占了订单总数的大部分，它们对物流和整个物流系统的影响有时会很大。因此，为了提高物流效率、降低物流成本，在订单上必须充分考虑商品的特征和订单周期及其他经营管理要素的需要。

（二）销售物流的大量化

这主要通过延长备货时间，以增加运输量，提高运输效率，减少运输总成本。例如，公司把产品销售配送从"一日配送"改为"三日配送"或"周指定配送"就属于这一类。这样可以更好地掌握货物配送数量，大幅度提高配货满载率。为了鼓励运输大量化，在满足可续货物需求的前提下，我们可以采取一种增大一次订购批量折扣或给予更多的促销的办法，促进销售，降低小批量手续费，节约的成本由双方分享。

（三）商流与物流相分离

现在，商流与物流分离的做法已经被越来越多的企业所采纳。其具体做法是订货活动与配送活动相分离，由销售系统负责订单的签约，而由物流系统负责货物的运输和配送。运输和配送的具体作业，可以由自备车队完成，也可以通过委托运输的方式来实现，这样可以提高运输效率，节省运输费用。此外，还可以把销售设施与物流设施分离开来，如把企业所属的各销售网点（分公司）的库存实行集中统一管理，在最理想的物流地点设立仓库，集中发货，以压缩物流库存，解决交叉运输，减少中转环节。这种"商物分流"的做法，把企业的商品交易从大量的物流活动中分离出来，有利于销售部门集中精力搞销售。而物流部门也可以实现专业化的物流管理，甚至面向社会提供物流服务，以提高物流的整体效率。

（四）增强销售物流的计划性

以销售计划为基础，通过一定的渠道把一定量的货物送到指定地点。方便面属季节性消费品，随着季节的变化可能会出现运输车辆过剩或不足，或装载效率下降等因素。为了调整这种波动性，可事先同客户商定时间和数量，制订运输和配送计划，使公司按计划供货。

（五）物流共同化

物流已是一个社会化的行业，它的规模效应已初见端倪，企业的单个物流必须融入社会物流之中，从而享受社会物流带来的规模效益。

二、物流成本控制的过程途径

以物流成本形成过程为对象的物流成本控制，就是从物流系统（或企业）投资建立、产品设计（包括包装设计）、材料物资采购和存储、产品制成入库和销售，一直到售后服务等发生物流成本费用的各个环节，实施有效的成本控制。

（一）投资阶段的物流成本控制

投资阶段的物流成本控制主要是指企业在厂址选择、设备购置、物流系统布局规划等过程中对物流成本所进行的控制。其内容如下：

1. 合理选择厂址

厂址选择合理与否，往往从很大程度上决定了以后物流成本的高低。例如，把廉价的土地使用费和人工费作为选择厂址的第一要素时，可能会在远离原料地和消费地的地点选点建厂，这对物流成本的高低会造成很大的影响。除了运输距离长以外，还需要在消费地点设置大型仓库，而且运输工具的选择也受到了限制。如果在消费地附近有同行业的企业存在，在物流成本上就很难与之竞争，即使考虑到人工费和土地使用费的因素在内，也很难断定是否有利。所以，工厂选址时应该重视物流这一因素，事先要搞好可行性研究，谋求物流成本的降低。

2. 合理设计物流系统布局

物流系统布局的设计对物流成本的影响是非常大的，特别是对全国性甚至全球性的物流网络设计而言，如何选择物流中心和配送中心的位置、运输和配送系统的规划、物流运营流程的设计等，对于整个系统投入运营后的成本耗费有着决定性的影响。在物流系统布局规划时，应通过各种可行性论证，比较、选择多种方案，确定最佳的物流系统结构和业务流程。

3. 优化物流设备的购置

优化物流设备投资是为了提高物流工作效率和降低物流成本。企业往往需要购置一些物流设备，采用一些机械化、自动化的措施。但在进行设备投资时，一定要注意投资的经济性，要研究机械化、自动化的经济临界点。对于一定的物流设备投资来说，其业务量所要求的条件必须适当。一般来说，业务量增加时，采用机械化和自动化有利，而依靠人工作业则成本提高。相反，如果超过限度搞自动化，那么将不可避免地会增大资金成本，同样是不可取的。

(二)产品设计阶段的物流成本控制

物流过程中发生的成本大小与物流系统中所服务产品的形状、大小和重量等密切相关，而且不仅局限于某一种产品的形态，同时还与这些产品的组合、包装形式、重量及大小有关。因此，实施物流成本控制有必要从设计阶段抓起，特别是对于制造企业来说，产品设计对物流成本的重要性尤为明显。具体而言，设计阶段的物流成本控制主要包括如下几方面的内容：

1. 产品体积和形态的优化组合

产品体积和形态对物流成本有着直接的影响。如方便面规格和包数的不同，直接影响了纸箱成本的核算，改变了生产的批量，同时对运输工具也提出了较大的要求，进而影响到物流成本控制。因此，在设计产品的形态和体积的时候，还必须考虑如何降低纸箱的成本、如何扩大生产批量、如何减小运输成本等后续影响。

2. 产品批量的合理化

当把数个产品集合成一个批量保管或发货时，就要考虑到物流过程中比较优化的容器容量，如一个箱子装多少件产品？箱子设计成多大？每个托盘上堆码多少个箱子？等等。

3. 产品损耗率

企业在设计产品时,还必须考虑产品的包装材料、耐压力、搬运、装卸、运输途中的损耗对产品设计的影响。

(三)供应阶段的物流成本控制

供应与销售阶段是物流成本发生的直接阶段,这也是物流成本控制的重要环节。供应阶段的物流成本控制,主要包括以下内容:

1. 优选供应商

企业应该在多个供应商中考虑供货质量、服务水平和供货价格的基础上,充分考虑其供货方式、运输距离等对企业物流成本的综合影响,从多个供应商中选取综合成本较低的供货商,以有效降低企业的物流成本。

2. 运用现代化的采购管理方式

JIT 采购和供应可以减少供应库存量,降低库存成本。另外,供应链采购、招标采购、全球采购、集中采购等采购管理方式的运用,特别对于集团企业或连锁经营企业来说,是非常重要的降低供应物流成本的管理模式。

3. 控制采购批量的再订货点

每次采购批量的大小,对订货成本与库存持有成本有着重要的影响。采购批量大,则采购次数减少,总的订货成本就可以降低,但会引起库存持有成本的增加;反之亦然。因此,企业在采购管理中,对订货批量的控制是很重要的。企业可以通过相关数据分析,计算其主要采购物资的最佳经济订货批量点和再订货点,从而使得订货成本与库存持有成本之和最小。

4. 供应物流作业的效率化

企业进货采购对象及其品种很多,接货设施和业务处理要讲求效率。例如,总公司的各分公司需购多种不同物料时,可以分别购买、各自订货;也可由总公司根据各分公司进货要求,由总公司统一负责采购和仓储的集中管理,在各分公司有用料需要时,由总公司仓储部门按照固定的线路,把货物集中配送到各分公司。这种有组织的采购、库存管理和配送管理,可使企业物流批量化,减少繁杂的采购流程,提高配送车辆和各公司的进货工作效率。

5. 采购途耗的最省化

供应采购过程中往往会发生一些途中损耗,运输途耗也是构成企业供应物流成本的一个组成部分。运输中应采取严格的预防保护措施,尽量减少途耗,避免损失、浪费,降低物流成本。

6. 供销物流互补化

销售和供应物流经常发生交叉,这样可以采取共同装货、集中发货的方式,把销售商品的运输与外地采购的物流结合起来,利用回程车辆运输的方法,提高货物运输车辆的使用效率,从而降低运输成本。同时,还有利于解决交通混乱现象,促使发货、进货业务集中化、简单化,促进搬运工具、物流设施和物流业务的效率化。

(四)生产物流阶段的成本控制

生产物流成本也是物流成本的一个重要组成部分。生产物流的组织与企业生产的产品类型、生产业务流程以及生产组织方式等密切相关,因此,生产物流成本的控制是与企业的生产管理方式不可分割的。在生产过程中有效控制物流成本的方法主要包括生产工艺流程的合理布局,合理安排生产进度,减少半成品和在制品库存,实施物料领用控制,节约物流使用等。

(五)销售物流阶段的成本控制

销售物流活动作为企业市场销售战略的重要组成部分,不仅要考虑提高物流效率,降低物流成本,而且还要考虑企业销售政策和服务水平。在保证客户服务质量的前提下,通过有效的措施,推行销售物流的合理化,以降低销售阶段的物流成本,主要的措施包括以下几点:

1. 加强订单管理,与物流相协调

订单的重要特征表现在订单的大小、订单的完成效率等要素上。订单的大小和完成效率往往会有很大的区别,有的企业,很多小批量、多次数订单往往会在数量上占了订单总数的大部分,它们对物流和整个物流系统的影响有时会很大。因此,为了提高物流效率、降低物流成本,在订单上必须充分考虑商品的特征和订单周期及其他经营管理要素的需要。

2. 销售物流的运输大量化

这是通过延长备货时间,以增加运输量,提高运输效率,减少运输总成本。例如,公司把产品销售配送从"当日配送"改为"三日配送"或"周指定配送"就属于这一类。这样可以更好地掌握货物配送数量,大幅度提高配货满载率。为了鼓励运输大量化,日本采取一种增大一次物流批量折扣办法,促进销售,降低小批量手续费,节约的成本由双方分享。现在,这种以延长备货时间来加大运输或减少配送数量的做法已经被许多企业所采用。需要指出的是,这种做法必须在能够满足客户对送货时间及服务质量的前提下进行。

3. 商流与物流相分离

现在商流与物流分离的做法已经被越来越多的企业所采纳。其具体做法是订货活动与配送活动相分离,由销售系统负责订单的签约,而由物流系统负责货物的运输和配送。运输和配送的具体作业,可以由自备车完成,也可以通过委托运输的方式来实现,这样可以提高运输效率,节省运输费用。此外,还可以把销售设施与物流设施分离开来,如把企业所属的各销售网点(分公司)的库存实行集中统一管理,在最理想的物流地点设立仓库,集中发货,以压缩物流库存,解决交叉运输,减少中转环节。这种"商物分流"的做法,把企业的商品交易从大量的物流活动中分离出来,有利于销售部门集中精力搞销售。而物流部门也可以实现专业化的物流管理,甚至面向社会提供物流服务,以提高物流的整体效率。

4. 增强销售物流的计划性

以销售计划为基础,通过一定的渠道把一定量的货物送到指定地点。如某些季节性消费品,随着季节的变化可能会出现运输车辆过剩或不足,或装载效率下降等因素。为了调整这种波动性,可事先同客户商定时间和数量,制订运输和配送计划,使公司按计划供货。在日本啤酒行业,这种方法被称为"定期、定量直接配送系统"的计划性物流。

5. 实现差别化管理

随着中国履行加入 WTO 后对外开放服务领域的承诺,物流服务这一市场的竞争激烈程度势必会大大地加强。面对日益增长和日益竞争激烈的物流市场,一些物流企业所表现出来的现状,主要特征是同质化服务和低价格竞争。各个物流企业所提供的服务内容基本雷同,缺乏本质性的区别,各个企业都以降低服务价格为核心的促销手段展开竞争。迈克尔·波特在《竞争战略》中指出有三种基本竞争战略,即总成本领先战略、差异化战略、目标集聚战略。其中,差异化战略的含义即是企业提供在行业范围内具有独特性的产品和服务。物流企业差异化战略指的是,各个物流企业结合自身的实力和市场的需求,提供和其他物流企业与众不同的、具有独特性的产品和服务。物流企业差异化战略,以价值创造为逻辑思路,以提高顾客满意度为核心要求,这样不仅有利于提高物流企业的服务水平,提高顾客的满意度和忠诚度,而且可以避免物流企业无序竞争和盲目发展,从而使物流企业在经济发展中发挥更大的作用。

6. 物流共同化

物流共同化是指通过建立企业间的结合共同组建物流体系,来处理企业营运中有关物品流动的相关作业,解决单一企业对物流系统投资的不经济或低效率等问题。共同化物流与社会化物流不同,它是通过签订合同,为一家或数家企业（客户）提供长期服务。这种配送中心由社会化配送中心来进行管理,也有由企业自行管理的,但主要是提供服务。共同化物流系统对企业的好处是可以最大限度地利用有限资源,降低风险和运营成本,维持一定的物流服务水准,共同进货以获取规模效益,并尽快实现物流管理现代化。因此,物流的共同化也是物流发展的一个新趋势。

➤**本章小结**

为了控制物流成本,使物流成本保持在一定的水平上,需要在物流活动发生前进行预算控制,从而为今后物流成本的管理提供一定的参考依据和评价准则。本章第一节介绍了物流成本预算的含义和作用,讲述了物流成本预算的常用方法:弹性预算法、零基预算法和滚动预算法。

每一个企业所拥有的物流资源,包括人员、设备和资金都是有限的。企业进行物流管理的目的就是要使用有限的物流资源尽可能实现较好的物流效益。对物流资源的使用进行控制是防止物流资源浪费的根本途径。本章第二节介绍了物流成本控制的含义、物流成本控制的程序和原则,着重讲述了物流成本的技术控制方法:目标成本法和标准成本法。

➢**课后练习思考题**

1. 以下（   ）选项是通过计算实际发生成本与标准成本的差异,找出产生差异的原因,并采取措施,消除不利差异,使物流过程中的各项资源的消耗和费用开支限制在规定的范围之内,从而保证目标实现的过程。

A. 物流成本预算   B. 物流成本控制 C. 物流成本分析 D. 物流成本计算

2. 物流成本预算的作用有（   ）。

A. 规划作用   B. 资源分配   C. 经营控制   D. 绩效评价

3. 什么是物流成本预算？物流成本预算有什么作用？

4. 物流成本预算的方法有哪些？

5. 什么是物流成本控制？物流成本控制的程序是什么？

6. 物流成本控制的方法有哪些？

7. 计算题：

(1)某生产企业在运输甲产品的过程中,对甲产品进行了包装,其中材料耗用定额为 5 千克,每千克 A 材料标准价格为 2 元,本月投入生产甲产品 1000 件,实际消耗 A 材料 5500 千克,A 材料实际每千克 2.1 元。试对甲产品的包装成本差异进行分析。

(2)某生产企业加工 B 产品,本期包装量为 150 件,实际耗用工时为 4500 小时,平均每件 30 小时,平均每小时工资率为 20 元,标准工资率为 19.2 元,单位产品耗用工时标准为 32 小时。试对企业 B 产品进行成本差异分析。

案例学习

武钢物流创新的思考

现代物流作为"第三利润源泉",最突出的表现就是能为社会创造新的财富,这种新财富的创造途径:一是不断地改变自己,大幅度地降低社会物流成本;二是为相关企业提供更多的增值服务。

物流在国民经济中的重要性日益凸显,国家对物流发展给予了极大的政策扶持,加大了物流基础设施的建设投入,改善了我国物流产业发展的硬件条件和软环境。与此同时,随着人们对物流认识的逐步深入,越来越多的企业开始重视物流,大批的物流企业如雨后春笋般涌现,我国物流产业呈现出快速发展的态势。

然而,不少物流企业却感到赢利越来越困难。影响物流企业赢利的因素有很多,如在利润最大化的预期下,供应链上企业加剧对供应链上利润的竞争;物流行业进入门槛相对较低,大批企业进入物流行业,加剧了竞争,等等。还有一个很重要的深层次因素,就是有些物流企业对"第三利润源泉"缺乏足够的认知,以致未能树立正确的物流赢利观,从而影响了物流企业的发展。为此,我们有必要对物流企业应该树立何种赢利观进行深入的探讨,努力提升企业的获利能力,实现物流第三利润源泉的预期。

1. 以创新破解"零和"获利模式

创新是一个企业，乃至一个社会发展的不竭动力。"物流"最初是一个军事后勤保障概念，现在，"物流"被单独当成一个产业进行强化，增强了人类社会经济活动的服务功能，又减少了社会物资流动过程中的物耗，同时还降低了社会物流成本，使得社会财富得以增加，因此，物流又被冠以"第三利润源泉"。

传统的物资流动服务行业包括仓储、运输等，多半是各自分离，按部就班，几十年不变，周而复始地守着自己的那份活路，在整个物流链上不知疲惫地进行着相互之间的价格博弈，以获取各自更多的利润回报。

实际上，在传统物流服务模式下，供应链上的社会总财富并没有增加，各环节的利益增量之和为"零"。因此，我们把传统的物流服务模式称为"零和"获利模式，即：非此即彼的分配模式，一方的获得是另一方的让渡，制造企业或商贸企业获得的利润多，物流企业获得的利润就少，或者物流企业获得的利润多，制造企业或商贸企业获得的利润就少，两方利益相加，对社会总贡献的增量为"零"。现实中的大部分物流企业参与的就是这种利润分配模式。这种物流服务模式，对社会总财富无新的贡献。

现代物流作为"第三利润源泉"，其最突出的表现就是能为社会创造新的财富，其中的途径大致有两条：一是不断地改变自己，大幅度地降低社会物流成本；二是在社会物流成本不变的前提下提供更多的增值服务。在这种模式下，物流企业不是简单地对供应链上的利润进行分配，而是通过对物流活动的持续改进，创造新价值，增加社会总利润，并在此基础上参与利润分配。这种模式下的赢利观，是以社会创造新的财富为基础，这是现代物流企业应重点发展的物流赢利观。

但要实现这些，仅靠在传统的、一般性的原状态下节约开支、降低成本是不够的，物流企业必须打破传统定势思维，挑战自我，进行颠覆性的革命，走出一条全新道路才行。那就是物流创新，这种创新，既可以是物流技术方面的创新，也可以是物流管理方面的创新。

2. 武钢的物流创新实践

多年来，武钢物流始终以创新促发展，围绕降低社会物流成本，提高物流服务能力，坚持不懈地开展自主创新活动。公司围绕客户和市场的需求，有步骤地进行技术攻关和技术研发，满足客户需求，并及时将研发成果转化为企业效益。

为了降低物流辅材消耗，提高运输过程中的质量防护能力，公司研发了"铁路运输标准化托盘"装载技术（获铁道部批准的唯一企业研发成果）、可伸缩式厢式汽车（获国家物流协会宝供物流奖）、船舶快速封舱技术等，这能使运输过程中的冷硅产品得到高质量的防护，每年减少辅材消耗、降低加固成本约 2000 多万元。

为提升库区作业效率，降低作业差错率，公司研发与应用了信息化库区管理系统，使公司人均钢材发货量提高了 52.7%。劳动效率的提升，使公司精简了 100 多名工人，在提升在职职工收入的同时，降低人工成本 1800 多万元。

为管控运输过程风险，实现可视化运输，公司研发应用了 GPS 车船管控系统，实现了公司物流网络内车船运输的全过程监管。凡是途中出现不按规定线路行驶、擅自开箱、不到合同指定目的地卸货、途中超速等情况，系统都会自动报警。此举不仅有效地控制住了物流运输过程中的风险，还能为客户及时准确地提供货物动态查询信息服务。

为提升钢帘线产品运输途中的防护质量，解决钢帘线产品在运输途中易破损的问题，公司推进完成了"钢帘线产品周转箱"的研发；为提升冷轧产品运输过程中的防护质量，降低成本，公司推进完成了"冷轧产品周转箱"的研发。

此外，公司还在持续加大科技创新的投入与力度，如：为提升物流信息的一体化管理水平，公司推进了"武钢物流一体化信息平台的研发"；为提高仓储管理工作的效率，降低钢帘线产品发货的差错率，公司推进了"RFID技术在钢帘线仓储信息化管理中的应用研究"；等等。持续的创新，在提升公司服务能力的同时，也为社会、为客户、为企业创造了更多的效益。

3. 如何将创新成果转化为企业效益

怎样才能将创新成果转化为企业效益？我认为企业要重视以下几个方面：

一是要关注客户的物流诉求。这包含两层意思：客户的物流需求；客户面临的物流问题。对任何一个企业来说，谁能够更好地满足客户的需求，解决客户面临的问题，谁就会得到更多客户的支持，因此，企业必须关注客户的各类诉求，并以此为出发点，围绕物流服务全过程，对物流活动敢于进行颠覆性的革新研究。

二是公司高层要给予足够的重视。虽然创新工作是全员参与，但是就创新工作本身而言，公司高层，特别是公司最高领导对创新工作的认识程度和重视程度，直接影响到公司员工对创新工作的认识程度和重视程度，因此，企业的创新需要公司高层给予足够的重视。

三是企业的物流创新会受到社会技术进步的影响，因此，物流企业要时刻关注社会技术的进步与发展。此外，创新不是任何时候一定能取得成功，企业还需要有宽容的态度，对待创新过程中可能出现的失败，为创新者营造一个良好的环境。

四是要有相应的激励机制鼓励创新、鼓励创新成果的推广应用。我们的做法就是将创新工作制度化，纳入到公司每一个部门和单位领导的年终绩效考评中，有创新项目的给予加分，取得创新成果的给予重奖，同时，鼓励创新成果的推广应用，对推广的情况设定考核指标，纳入考核。

实事求是地说，物流企业创新成果的推广应用面临很多困难，因为这不仅仅涉及企业自身，还涉及外部的诸多环节，创新成果的应用会遇到不同程度的阻力，但我们认为，降低社会物流成本是社会的需求，是大势，不论有什么样的阻力，物流创新的成果，迟早还是会得到社会的认同并被广泛应用。

4. 物流创新需思想先行

物流企业要想通过创新来实现物流第三利润源泉的预期，还需在思想上有所改变。

首先，物流企业必须具备社会责任意识。物流是一种社会化的活动，物流企业必须立足于社会的整体角度去思考物流问题。因为某些物流活动会带来负外部性的影响，缺乏社会责任意识的物流企业是不会去关注这种影响，更不会思考如何去消除这种影响，但是往往存在负外部性影响的领域是物流企业可以挖掘利润源泉的潜在领域。

其次,物流企业要以增加社会总贡献为己任。在传统的"零和"式的利润分配模式下,物流企业是在参与供应链上利润的分配,供应链上的企业之间相互夺利。而在现代物流作为第三利润源泉的共赢分配模式下,物流企业是在参与供应链上增加后的社会总利润的分配,供应链上的企业共同增加收益。在这种模式下,物流企业对社会的贡献更大,获取的利润更多,因此物流企业要以增加社会总贡献为己任。

再次,物流企业要认识到创新的重要性。对于物流企业来说,通过对物流活动进行颠覆性的技术创新和管理创新,不仅可以提升自身的获利能力,使企业获得更大的竞争优势,而且还可以为社会创造更多的财富,增加社会总利润。

综上所述,物流企业不能仅仅满足于从"零和"式的利润分配模式中获取物流收益,而是必须在降低社会物流总成本、减少社会物耗、增加社会总效益的前提下,获取物流收益,使降成本成为真正的利润源泉。要实现这些,物流企业必须不断挑战传统的物流运作模式,围绕物流活动开展持续不断的技术创新和管理创新。

——摘自《中国物流与采购》

案例思考题

1. 物流创新与物流成本控制之间存在什么样的关系?

2. 武钢是如何开展物流创新的?

第四章　仓储成本管理

物流更具有战略性,是企业发展的战略而不是一项具体操作性任务。应该说这种看法把物流放在了很高的位置,企业战略是什么呢? 是生存和发展。

——物流战略说

学习目的与任务

- 了解仓储成本的含义与特点
- 掌握仓储成本的构成和核算方法
- 正确进行仓储成本分析
- 掌握仓储成本控制的方法
- 掌握仓储成本的优化途径

本章要点

- 仓储成本的核算方法
- 仓储成本的优化途径

案例导入

D公司的仓储策略

D公司是一个多部门的企业,主要生产和销售高利润的药物产品以及包装物。这个公司在许多地方都拥有现场仓库,由员工管理。这些带有温控的仓库是专为药品设计的,所要求的安全和管理技术超过了包装物产品的储存要求。为了充分利用这些仓库设备,公司鼓励非药品部门将他们的产品储存在这些仓库里。运营这些仓库的费用大部分是固定的,但如果产量增加就需要增加额外的工作人员或加班。这个公司的策略是把成本按照所储存产品在仓库中的占地面积来分摊,药品仓储的要求使这个费用相对很高。此外,公司各个部门是在分散的利润中心的基础上管理的。

一个经营相对笨重、价值较低的消费品的部门副总裁认识到,类似的服务能够以更便宜的价格在公共仓储服务中获得。他将本地区的产品从公司的仓库中撤出,开始采用公共仓库来储存产品。尽管公司配送中心仓库处理和储存的货物量大大减少了,但节约的成本却很少,这是因为这些设施的固定成本比例太高了,几乎同样的成本额被分摊到了更少的使用者头上,使得其他部门也开始使用公共仓库来降低成本。结果,整个公司的仓储成本不是减少了,而是增高了。

公司的仓储成本是固定的,所以无论仓库是空的还是满的,都不能大幅度改变成本。当非药物产品转移到公共仓库时,公司为其建设的仓库设施依旧要承受几乎一样的成本总额,而且还额外增加了公共仓库的成本。实际上,这个成本系统促使部门物流经理的行为以本部门利润的最大化为原则,而不是以整个公司利润的最大化为原则。因而,整个公司成本增加了,而利润减少了。

物流启示:通过这个案例,可以看出,绝大多数的物流成本核算系统还处于初期阶段,并且严重依赖于成本分摊来决定每部分(包括产品、客户、区域、部门或岗位)的绩效。D公司所使用的分摊方法导致了错误的决策,并使公司的利润遭受损失。因此,了解仓储成本的构成,明确仓储成本的核算项目及核算方法,掌握降低仓储成本的途径,显得尤为重要。

第一节　仓储成本计算

仓储成本是指仓储企业在开展仓储业务活动中各种要素投入的以货币计算的总和。仓储成本是物流成本的重要组成部分,对物流成本的高低有直接影响。企业的管理水平越高,仓储设施设备利用得越合理、越充分,则仓储成本越低;反之,仓储成本越高。

仓储成本包括仓库租金、仓库折旧、设备折旧、装卸费用、货物包装材料费用和管理费等。

一、仓储成本的特点

仓储成本有以下几个方面的特点:

(一)重要性

仓储成本是物流总成本的重要组成部分,而物流成本又占国民经济总产值的很大比例。据2007年中国重点企业物流统计调查报告显示,在物流费用构成中,保管费用约占16.7%,如果将其比重降到15%,每年将为全社会直接节约2400多亿元,将会给社会和企业带来可观的经济效益。因此,仓储成本的管理成为"第三利润源泉"的重要源泉之一。

(二)效益背反性

效益背反是指物流的各功能要素之间存在损益矛盾,即某一功能要素的优化和利益发生的同时,必然会导致另一个或几个功能要素的利益损失,反之也是如此。

为了增加客户满意度,提高物流水平,就会引起仓库建设、管理、仓库工作人员工资、存货等费用开支增高,从而加大仓储成本。而为了消减仓储成本而减少物流网络中仓库的数目并减少存货,就会增加运输成本。

由于效益背反现象的存在,对物流各项活动必须从整体出发,不能只见"树木"而不见"森林"。

(三)复杂性

在现行的财务会计制度下,对物流成本的核算缺乏统一的标准。企业把生产经营费用大致分为生产成本、营业费用、管理费用、财务费用等,营业费用又是按照成本的支付形态来进行分类。如仓储成本中的仓储保管费用、仓储办公费用、仓储物资的合理损耗等一般计入企业的经营管理费用,而不是仓储成本。此外,对于内部所发生的仓储成本,有时因涉及面广、环节多而无法划归相应科目,因此,增加了仓储成本的复杂性。

二、仓储成本的构成

货物的仓储成本主要是指货物保管的各种支出,其中一部分为仓储设施和设备的投资,另一部分则为仓储保管作业中的活劳动或者物化劳动的消耗,主要包括工资和能源消耗等。根据货物在保管过程中的支出,可以将仓储成本分成以下几类:

(一)保管费

保管费为存储货物所开支的货物养护、保管等费用,它包括:用于货物保管的货架、货柜的费用开支、仓库场地的房地产税等。

(二)仓库管理人员的工资和福利费

仓库管理人员的工资一般包括固定工资、奖金和各种生活补贴。福利费可按标准提取,一般包括住房基金、医疗以及退休养老支出等。

(三)折旧费或租赁费

仓储企业有的是以自己拥有所有权的仓库以及设备对外承接仓储业务,有的是以向社会承包租赁的仓库及设备对外承接业务。自营仓库的固定资产每年需要提取折旧费,对外承包租赁的固定资产每年需要支付租赁费。仓储费或租赁费是仓储企业的一项重要的固定成本,构成仓储企业的成本之一。对仓库固定资产按折旧期分年提取,主要包括:库房、堆场等基础设施的折旧和机械设备的折旧等。

企业仓库设施的折旧方法有:

1. 直线法:每个单位的折旧额是相等的

(1)平均年限法。

年折旧率=(1-预计净残值率)/预计使用年限×100%

月折旧率=年折旧率/12

月折旧额=固定资产原值×月折旧率

(2)工作量法。

单位工作量折旧率=(1-预计净残值率)/预计总工作量×100%

仓库设施月折旧额＝固定资产原值×仓库当月工作量×单位工作量折旧率

2.加速折旧法:资产使用的第一年折旧额度最大,逐年减少

(1)双倍余额递减法。

年折旧率＝2/预计使用年限×100%

月折旧率＝年折旧率/12

月折旧额＝固定资产账面净值×月折旧率

【例4-1】某仓库有一台机器设备原价为600000元,预计使用寿命为5年,预计净残值24000元。要求计算第三年的折旧额是多少?

年折旧率＝2/5×100%＝40%

第一年应提的折旧额＝600000×40%＝240000(元)

第二年应提的折旧额＝(600000－240000)×40%＝144000(元)

第三年应提的折旧额＝(600000－240000－144000)×40%＝86400(元)

(2)年数总和法。

年数总和法,又称年限合计法,将固定资产的原价减去预计净残值的余额乘以一个固定资产尚可使用寿命为分子、以预计使用寿命之年数字之和为分母的逐年递减的分数计算每年的折旧额。其计算公式如下:

年折旧率＝尚可使用年限/预计使用寿命的年数总和×100%

月折旧率＝年折旧率/12

月折旧额＝(固定资产原价－预计净残值)×月折旧率

(四)修理费

修理费主要用于设备、设施和运输工具的定期大修理,每年可以按设备、设施和运输工具投资额的一定比率提取。

(五)装卸搬运费

装卸搬运费是指货物入库、堆码和出库等环节发生的装卸搬运费用,包括搬运设备的运行费用和搬运工人的成本。

(六)管理费用

管理费用是指仓储企业或部门为管理仓储活动或开展仓储业务而发生的各种间接费用,主要包括仓库设备的保险费、办公费、人员培训费、差旅费、招待费、营销费、水电费等。

(七)仓储损失

仓储损失是指保管过程中货物损坏而需要仓储企业赔付的费用。造成货物损失的原因一般包括仓库本身的保管条件,管理人员的人为因素,货物本身的物理、化学性能,搬运过程中的机械损坏等。在实际中,应根据具体情况,按照企业的制度标准,分清责任合理计入成本。

(八)能源费、水、耗损材料费

该费用包括动力、电力、燃料、生产设备原料等,仓库用水,装卸搬运生产使用的工具、绑扎、衬垫、苫盖材料的损耗等。

（九）外部协作费

外部协作费指仓储企业在提供仓储服务时使用外部服务所支付的费用,包括业务外包以及与其他相关单位合作发生的成本,如铁路线、码头等设施和设备的租赁费。

（十）流通加工成本

流通加工成本指货物包装、选择、整理和成组等业务所发生的费用。

➢拓展链接

如何让仓储业"担保存货管理"成熟起来

长期以来,仓储业一直是我国的投资热点,特别是金融危机前,仓储业发展迅速,固定资产投资额曾经连续 10 年保持 30％以上的增幅,最高达到了 51％。据相关数据测算,截至 2013 年年底,全国共有仓储企业 2.5 万多家,从业人员超过 70 万人;全行业的总资产约在 1.5 万亿元,全行业的平均资产负债率在 50％左右,净资产收益率在 4％以上。

近年来,仓储业发展呈现两个方面的趋势:

一方面,公共仓储服务的内涵与外延得到发展,仓储企业由管理仓库、保管商品发展到库存管理、加工包装、分拣配送等一体化服务。

另一方面,仓储业的新兴经营业态不断涌现,并逐步形成成熟的商业模式。自2008 年以来,主要为动产融资服务的金融仓储业进入快速发展期,在越来越多的传统仓储企业开展担保存货管理的同时,目前全国有近百家专门从事担保存货管理的"金融仓储"或"仓储管理"企业。

可以说,在我国现代仓储业是一个投资回报相对稳定的朝阳产业。但在其蓬勃发展的背后,一直隐于行业背后的问题逐渐暴露出来,特别是近期发生的"青岛港有色金融骗贷案",再次引发了业内人士对仓储业健康发展的思考。该案件中,青岛德诚矿业有限公司将存放在青岛港的金属库存通过开具虚假仓单并重复质押骗取银行贷款,这折射出仓储业和担保品管理的漏洞。当前,有必要追根溯源地理性剖析业内存在的问题,深入探讨仓储业未来健康发展的对策,以引导行业走上成熟、可持续发展的道路。

1. 担保存货管理经历的三个发展阶段

我国担保存货管理的发展,大致可以划分为三个阶段:

第一阶段,1999—2007 年,属于尝试与探索阶段。

这一阶段主要是中国物资储运总公司、中外运、南储仓储等大型国有物流企业先后逐步开展此类业务,当时主要是依托企业自有仓库实施监管。到 2005 年逐步展开派员到货主企业仓库监管的工作,同时,越来越多的大中型仓储物流企业涉足这项业务。这个时期出现的主要问题是,对担保存货的验收责任不明确,导致经济纠纷。

第二阶段,2008—2012 年,是快速发展阶段。

2007 年《物权法》的颁布实施促进了存货担保融资与担保存货管理的大发展,与之相伴,出现了三个新情况:

一是 2008 年浙江涌金仓储股份有限公司的成立,标志着我国第一家专业性的内资金融仓储企业诞生,此后,相关模式在浙江复制很快,并传播到四川、江西、山东等地区。

二是传统仓储物流企业派员到货主企业仓库监管担保存货的规模大幅增加,成为业务主体。

三是一批生产资料流通企业参与投资,或直接投资组建仓储企业,并开展担保存货管理业务,其中包括监管其母公司或股东的担保存货。据中国仓储协会不完全统计,到2012年,全国从事担保存货管理的企业超过1000家,中国外运长航集团、中国物资储运、南储集团每年监管担保存货的贷款发生额分别在1000亿元左右。据有关专家估算,全国经由第三方管理的担保存货融资额达到了3万亿元。但此阶段也出现了较多问题,除了第一阶段的类似问题之外,还出现了两个方面的严重问题:一方面监管企业在货主仓库难以履行对担保存货的安保责任,发生货主强行出货的问题;另一方面是虚开仓单、重复质押的问题,突出的案件是"上海钢贸案"。

第三阶段,2013年以来,是调整与规范发展阶段。

受"上海钢贸案"的影响,金融机构与仓储物流企业都调整了策略,存货担保融资与担保存货管理的业务规模大幅减少。

在大银行与大型物流企业收缩这项业务的同时,一些地区的中小银行、地方银行、信用社等方面仍然采取了积极的态度,一些民营仓储公司迅速发展,一些担保公司、期货公司、资产管理公司等也尝试进入这一领域。仅四川省,2013年就成立了11家专业性的金融仓储公司,江西省一个县就有10多家金融仓储企业,但这些仓储公司业务经营规模普遍较小,全年监管担保存货的授信额一般在10亿~30亿元不等,也有个别民营仓储公司因为业务突破困难,已经放弃此类业务。

此阶段的特点是问题集中暴露,已引起相关政府部门、行业协会、业内广大企业的重视,中国仓储协会期间召开过两次国际研讨会,促进业界就问题产生的原因与应该采取的对策进行了探讨,并形成了广泛的共识,然而普遍存在的问题仍然没有得到解决,风险没有得到彻底清理与防范。

2."上海钢贸案"与"青岛港事件"值得反思

2011年发生的"上海钢贸案"目前还没有审结,但案件的性质与基本事实已经披露。前不久刚发生的青岛港德正系企业"有色金属案",官方机构尚未正式披露案件性质与相关事实。但从媒体已报道的信息分析,两个案件有不同点:比如存货,上海钢贸是黑色金属,青岛港是有色金属;地点,上海钢贸是钢材市场的配套仓库,青岛港是港区内仓库;货主主体,上海钢贸是相互联保的钢贸企业群体,青岛港是同一老板主导下的多家下属企业;仓储主体,上海钢贸主要是与钢贸企业之间存在资产或股权关联的仓储企业,青岛港主要是有外资背景的独立仓储企业;问题爆发点,上海钢贸是受行业形势的影响,青岛港是因企业老板涉及其他案件。

但经过深入分析,两者有两个根本的相同点:

一是基本事实相同。同一批存货开具多个仓单、在多家银行重复质押融资,而多家银行之间相互不知情。

二是涉案企业的性质类似。这些企业都是大宗物资的工商企业,涉案金额很大,都是因不能按期归还贷款才暴露，如果归还了贷款，其中的问题仍然会继续被掩盖、没有人发现与重视。

从上述分析可看出，货主企业、相关银行与仓储企业三方都有相应责任，核心问题是重复质押，问题的焦点是重复质押情况下各家银行相互不知情。据我们了解，在国外，同一批存货是可以重复担保融资的，但仓单只有一个，并且存货担保融资的信息是公开的。

所以，问题的关键不在于重复质押，而在于同一批存货有多张仓单，存货担保融资没有登记公示。前者的责任在企业（货主企业与仓储企业都有责任），后者的责任则在于缺少政府"有形之手"的规范。

从前述存货担保融资与担保存货管理的发展过程看，这两个重大案件暴露出的问题，不是个案而是比较普遍。对此，我们应当有一个客观、公正、全面的认识。相关企业在利益驱动下的违规行为必须承担责任，但产生这些问题的深层次原因必须更加正视。我们认为，深层原因有以下三个方面：

第一，法律法规不完善。

一方面，《物权法》只明确存货可作为担保融资，但没有规定存货担保融资应当登记公示以及由谁建立登记公示平台；工商局只负责对抵押品进行登记，但到目前为止并没有公示平台，有的地区甚至不允许查询；另一方面，《合同法》没有对担保存货管理合同做出专门要求，担保存货管理协议与现行的仓储合同、保管合同如何衔接、适用，也没有明确的规定。监管担保存货是否承担存货保管责任？什么企业可以开具仓单？存货验收的责任是外观验收还是内在质量验收？《合同法》中相关问题均有待明确。

第二，缺乏专业性的统一标准。

担保存货管理与一般仓储管理相比较，有其特殊性，比一般仓储管理更复杂、风险更大、要求更高，现行的仓库技术、仓储作业、仓储服务与仓储从业人员资质等方面的标准，还不能完全满足管理担保存货的要求。但到目前为止，相关国家标准还没有颁布。

第三，行业监管缺失。

由于人们对担保存货管理这样一个特殊仓储业态的风险性缺乏全面认识，到目前为止，国家既没有相关的行政许可制度，也没有企业备案制度，对现有从事担保存货管理的企业情况也不清楚，而且对开展担保存货管理的企业尚无明确的资质条件要求，对这种特殊仓储的管理权是属于商务部门还是属于金融监管部门，此前也没有明确的说法。2010年，浙江省金融办曾给涌金仓储公司颁发过"创新奖"，四川省金融办对"金融仓储"企业实行过前置审批，商务部在《关于促进仓储业转型升级的指导意见》中也将"金融仓储"作为一个仓储业新的经营业态，鼓励传统仓储企业创新开展"质押监管"等增值服务。但两个部门如何分工、如何衔接配合，目前尚无明确的规定。

3. 规范发展担保存货管理的对策建议

金融与仓储两个行业需要就担保存货管理的产业定位、商业模式、发展意义与管理规则进行统一认识，具体内容如下：

一是关于担保存货管理的内涵与外延。

我国习惯的称谓"动产质押监管"、"仓单质押监管"是不准确的。"动产质押"是一种融资方式,是一种动态行为,仓储企业监管的对象不可能是这种方式或行为,而只能是被质押的动产;"动产"的概念很宽泛,在实际工作中,仓储企业监管的只是"存货",没有管理其他动产。动产既可以质押,也可以抵押,按我国《物权法》与国际惯例,质押与抵押都属于担保,质押品与抵押品都属于担保品。在实际工作中,仓储企业既管理被质押的存货,也管理被抵押的存货,即管理"担保存货"。也就是说,我们习惯说法"动产质押监管"应该科学界定为"担保存货第三方管理",所谓"仓单质押监管"也是管理仓单项下的担保存货。

按发达国家的惯例,担保存货管理可区分为"监管"与"监控"两种方式,在我国,虽然通称为"监管",但其中有许多行为属于国外界定的"监控"行为(派员在货主企业仓库管理担保存货)。在实际中,由于质押品与抵押品的性质不同、担保品存放仓库的权属不同,使第三方管理企业的"监管"责任很难统一、很难实施,从而在借款人与第三方管理企业之间造成许多纠纷。发达国家的通行做法、世界银行国际金融公司为我们提供的"监管协议"与"监控协议"两个范本,正好解决了这个问题。按发达国家的通行做法,"监控"只负责"对担保存货进行核实与报告",对仓库与存货保管不承担责任;而"监管"则要对担保存货的仓储保管承担全面责任。按我国现行法律规定,监管方式适用于仓储合同的规定,监控方式适用于委托合同的规定。

在实际操作中,有采取"一元钱"租赁货主仓库、实施第三方监管,其本质是为了满足质物交付、占有的法律要求,但其质权设立与监管的法律风险并没有得到有效解决。储存在货主仓库的担保存货走抵押程序、贷款人委托第三方企业按监控方式管理更为合适。

二是关于担保存货管理的产业定位。

国际上,担保品管理经历了100多年的发展历史,已经成为一个专门的行业。国内外专家指出:担保存货第三方管理的出现是社会分工的产物,是银行业专业化经营的必然结果,不仅仅是我国现阶段信用水平不高情况下出现的权宜之计。在现代经济条件下,担保存货第三方管理具有巨大的市场空间。不论是仓储企业还是专业管理企业,都是依托仓储设施从事担保存货管理,都属于仓储行业,既是仓储企业的增值服务创新,也可以说是仓储业的一个新业态。担保存货第三方管理的健康发展,不仅对于进一步扩大存货担保融资规模、保障存货担保融资安全有着直接的积极作用,而且对我国仓储业转型升级与创新发展有着重要意义。

三是关于担保存货管理的行业监管。

国际上担保存货第三方管理业务已经有成熟的商业模式与严格的监管制度。目前,法国有《仓单法》、日本有《仓库法》、比利时等国家对担保品管理行业实施经营许可制度(持牌经营),并对担保存货管理行业制定了不同程度的监督管理机制。比如,美国有《仓库法》且有发达的保险业,通过保险业对担保存货管理企业进行监督制约,使担保存货管理行业得到规范发展。

鉴于担保存货管理的特殊性、复杂性、风险性,为了规范发展我国担保存货管理,我

们应当借鉴发达国家的经验,建立以下三个方面的监管制度:

一是制定专门的管理标准,对第三方管理企业进行资质认证管理;

二是建立健全存货担保融资的登记公示制度及其相应的信息平台;

三是应当对担保存货管理企业实行备案管理,并对担保存货管理企业及其活动实施动态监管制度。

第一,建议银监会与商务部加强合作,在深入调研的基础上尽快联合出台治理措施。建议两部门对浙江、四川、上海、青岛等地进行联合调查,总结这些地区担保存货管理发展的经验、出现的问题、采取的措施。同时,在联合调研的基础上,就规范发展担保存货管理联合发布通知或者指导意见,明确担保存货管理的产业定位、发展意义,明确金融监管部门与商务主管部门的管理责任,对相关银行、管理企业提出要求。

第二,支持最高人民法院就仓储业法律法规进行"司法解释",重点明确担保存货管理活动的适用法律,同时建议国家有关部门组织制定《仓储法》或《仓单法》。针对我国实际情况,有如下建议:

一是明确存货担保融资登记公示的优先权;

二是明确"担保存货监管协议"适用"仓储合同"的规定,"担保存货监控协议"适用"委托合同"的规定;

三是明确"仓储保管人"对仓储物的验收责任;

四是明确可流转仓单与不可流转仓单的法律属性,并明确开具可流转仓单的条件与责任,确认电子仓单的法律地位;

五是明确仓库租赁企业与承租企业之间的安全责任。

关于仓储业的立法工作,也应该提上日程。主要发达国家都有《仓储法》或《仓单法》。目前,我国仓储方面的法律只有《合同法》中的"仓储合同"。作为市场经济条件下的一个基础性产业、朝阳产业、问题比较多的产业,仓储业迫切需要一部专门的法律。2012年以来,商务部为组织制定《仓储业管理办法》做了大量工作,但由于缺乏上位法,目前工作进度较慢。

第三,建议多部门联手,建立全国统一的存货担保融资登记公示平台。目前,中国人民银行征信中心正在以应收款担保融资的登记公示平台为基础,建立存货担保融资的登记公示平台。另外,由中国银行业协会、中国物流与采购联合会共同支持的"中国物流金融服务平台"已经上线。目前中国仓储协会与"物流金融服务平台"进行了战略合作,以担保存货为纽带,建立全国担保存货管理公共信息平台。但鉴于登记公示的重要性、权威性,希望国家有关部门加强协调、尽快明确相关登记公示平台的权利。

第四,加快颁布《担保存货第三方管理规范》国家标准,开展担保存货管理企业的资质认证。其由商务部委托中国仓储协会与中国银行业协会共同组织起草,目前已经上报国家标准委审批。可以说,这项国标基本理清与解决了目前困扰担保存货管理所涉及的借款人、贷款人与第三方管理企业之间的所有责任划分问题。下一步,中国仓储协会与中国银行业协会将共同组织制定《担保存货第三方管理企业资质评定办法》,面向全国组织开展相关企业的资质评价工作。

第五,建立全国担保存货管理公共信息平台,加强对担保存货的动态监控,监制可流转仓单,实现仓单电子化。对于这项工作,中国仓储协会已经考虑较长时间。要保障存货担保融资的安全,仅仅实行登记公示是不够的,必须加强担保存货管理的全过程监管。我们计划借鉴上海期货交易所的经验,组织开发担保存货的网上仓储管理系统与电子仓单系统,实现存货信息、储位信息与仓单信息的对接,确保仓单的准确性与唯一性。这项工作将会非常复杂与艰难,担保存货的仓库不同于期交所的交割仓库,如何实现与要求担保存货管理企业运用这个公共平台上的仓储管理系统,既需要相应的商业模式,也需要国家相关部门的指导与支持。

三、仓储成本核算的目的

仓储成本是客观存在的,但是在对仓储成本的计算内容和范围没有一个统一的计算标准之前,不同的企业有不同的计算方法,企业之间千差万别,这给仓储成本计算和仓储成本管理带来很大困难。随着仓储成本管理重要性的提高,企业出现统一物流计算标准的要求。在这种背景下,有关部门开始致力于仓储成本计算标准的制定。

从企业经营的总体上看,仓储成本的计算有以下目的:

(一)仓储成本的核算是仓储费用预算编制的需要

企业核算仓储管理费用的一个主要目的在于了解和掌握库存费用成本的状况,以及企业仓储管理的绩效,据此合理地编制仓储成本预算。运用单位仓储费用,预测计划期间内的保管数量及其相关成本费用,计划预算总库存费用,从而合理地调度企业的物流资源,评价和管理库管绩效,控制和管理物流成本。

(二)仓储成本的核算是收益性分析的需要

企业能否合理有效地分析仓储库存费用对企业的物流收益性分析至关重要。仓储库存费用的详细测算,能够帮助企业正确地分析不同出货、不同产品、不同顾客以及不同配送线路的经济收益。此外,仓库库存费用的合理计算对企业内不同部门的收益性分析也具有积极的作用,如果企业在全面细致地反映各种活动所产生的仓储库存成本,那么利用转账价格,就能将库存费用分摊到企业的不同领域或部门,从而更好地分析判断企业各部门的运作效率以及对成本费用的影响。

(三)有利于确立配送计划

库存成本的计算可以作为制订配送计划的工具,利用库存仓储费用的成本信息,可以帮助企业合理规划配送线路或网络,确立自建仓库的依据和范围,以及合理规划各仓库对应的配送地区和半径。

四、仓储成本的计算项目

仓储成本在财务会计中没有直接对应的科目,而是与其他部门发生的费用混合在一起。因此,计算仓储成本既要分析其构成,也要考虑仓储成本与其他费用分离的方式。计算仓储成本可从以下六方面着手:

（一）材料费计算

仓储成本中的材料主要是仓储过程中使用的衬垫、苫盖材料等。材料费根据材料出入库记录中各种材料的领用数量乘以单价后的数额计入仓储成本。

（二）人工费计算

仓储成本中人工费包括仓库管理人员和仓库作业工人的工资、奖金和福利费等。人工费根据工资和福利费分配表中有关仓储人员的部分计入仓储成本。

（三）物业管理费计算

物业管理费包括水、电、气等费用，可以从安装在仓库设施上的用量记录装置获得相关数据，也可以按其他比例推算，如仓库建筑设施的比例、仓库工作人员的比例等。

（四）管理费计算

对于差旅费、邮资费等使用目的明确的费用，直接计入物流成本；对于无法从财务会计方面直接得到相关数据的费用，可按仓库工作人员比例推算。

（五）营业外费用计算

仓储成本营业外费用包括折旧、利息等。折旧根据仓库中设施设备确定的折旧方法计算，利息根据购置相关资产的贷款利率计算。

（六）对外支付保管费用核算

对外支付的保管费用应全额计入仓储成本。

总之，仓储成本主要包括上述六个方面的内容。此外，还包括仓库内的装卸搬运成本，这部分内容将在其他章节介绍，这里不再赘述。计算仓储成本时，将各项成本分离出来，汇总后就可得到总仓储成本。如果采取一定的分配方法，还可计算出单位仓储成本。

▶拓展链接

美国仓储成本计算方法

美国的仓储成本核算，主要是将仓储成本分为两部分，即固定成本和变动成本。

1. 固定成本的核算

仓储成本中的固定成本是相对固定的，与库存数量无直接关系，其成本项目主要包括租赁费、照明费、设备折旧费等。

2. 变动成本的核算

计算一种单一库存商品的仓储变动成本的步骤如下：

(1)确定库存商品的成本。

(2)估算每一项仓储成本占库存商品价值的比例。其中，仓库租金、仓库折旧和税金、保险费所占的比例是3%～10%；搬运装卸费、设备折旧费、能源消耗和人工费所占的比例是1%～5%；资金占用成本、库存商品损坏变质损失所占的比例是5%～25%。

(3)用全部存储成本占库存商品价值的比例乘以商品价值，就可估算出保管一定数量商品的年仓储成本。

五、仓储成本核算的方法

一般来说，仓储成本的核算可以采用以下三种方法：

（一）按支付形态计算仓储成本

把仓储成本分别按仓储搬运费、仓储保管费、材料费、人工费、仓储管理费、仓储占用资金利息等支付形态分类，就可以计算出仓储成本的总额。这种计算方法是从月度损益表中"管理费用、财务费用、营业费用"等各个科目中，取出一定数值乘以一定的比率（物流部门比率，分别按人数平均、台数平均、面积平均、时间平均等计算出来）算出仓储部门的费用，再将算出的成本总额与上一年度的数值做比较，分析增减的原因，最后制定修改方案。

【例4-1】远航物流公司2014年12月的按支付形态划分的仓储成本核算见表4-1。

表4-1 远航物流公司2014年12月的仓储成本核算表

项目	管理等费用（元）	仓储成本（元）	计算基础（％）	备注
1.仓储租赁费	50040	50040	100	金额
2.材料消耗费	15092	15092	100	金额
3.工资津贴费	315668	94700.4	30	人数比率
4.燃料动力费	6322	3287.44	52	面积比率
5.保险费	5124	2664.48	52	面积比率
6.修缮维护费	9798	5094.96	52	面积比率
7.仓储搬运费	14057	7309.64	52	面积比率
8.仓储保管费	19902	10349.04	52	面积比率
9.仓储管理费	9638	4047.96	42	仓储费比率
10.易耗品费	10658	4476.36	42	仓储费比率
11.资金占用利息	11930	5010.60	42	仓储费比率
12.税金等	16553	6952.26	42	仓储费比率
合计	484782	209025.14	43	仓储费占费用总额比率

核算基准的计算如下：

人数比例＝（物流工作人员数/全公司人数）×100％＝（21/70）×100％＝30％

面积比率＝（物流设施面积/全公司的面积）×100％＝（1600/3077）×100％＝52％

仓储费用比率＝（用1～8项的仓储费之和/1～8项的管理等费用之和）×100％＝（50040＋15092＋94700.4＋3287.44＋2664.48＋5094.96＋7309.64＋10349.04）/（50040＋15092＋315668＋6322＋5124＋9798＋14057＋19902）×100％＝188537.96/436003×100％＝43％

（二）按仓储项目核算仓储成本

按上述的支付形态进行仓储成本分析，虽然可以得出总额，但是不能充分说明仓储的重要性。若要了解仓储的实际形态,了解在哪些功能环节上有浪费,就应按仓储项目核算仓储成本。

与按支付形态进行仓储成本计算相比,这种方法更能进一步找出妨碍实施仓储合理化的症结,而且可以核算出标准仓储成本,以便确定合理化目标,见表 4-2。

表 4-2　远航物流公司 2014 年 12 月的仓储成本核算表

单位:元

项目	管理等费用	项目				
		仓储租赁费	仓储保管费	仓储管理费	材料消耗费	搬运费等
1. 仓储租赁费	50040	50040	—	—	—	—
2. 材料消耗费	15092	4037	6202	2445	2408	—
3. 工资津贴费	315667	1652	219015	45000	—	50000
4. 燃料动力费	6322	1350	—	3622	1350	—
5. 保险费	5174	2567	2582	25	—	—
6. 修缮维护费	9798	3704	—	2390	3704	—
7. 仓储搬运费	14056	—	—	—	3558	10498
8. 仓储保管费	19902	—	19902	—	—	—
9. 仓储管理费	9640	1496	1496	1496	5152	—
10. 易耗品费	10658	—	—	—	10658	—
11. 资金占用利息	11930	5022	6908	—	—	—
12. 税金等	8574	1666	6908	—	—	—
合计	476853	71534	263013	54978	26830	60498
物流成本构成%	100	15.00	55.16	11.53	5.63	12.69

（三）按适用对象核算仓储成本

按适用对象核算仓储成本,即分别按商品、地区、客户等的不同而计算成本,由此可以分析不同的对象对仓储成本的影响。如按商品核算仓储成本就是指把按项目计算得出的仓储费,以不同的基准分配给各类商品,以此计算仓储成本,并可以分析各类商品的盈亏。

第二节　仓储成本优化控制

仓储成本优化是用最经济的办法实现储存的功能。储存的功能是对需要的满足,实现被储物的"时间价值",这就"必须有一定储量"。这是合理化的前提或本质,如果不能保证储存功能的实现,其他问题便无从谈起了。但是,储存的不合理又往往表现在对储存功能实现的过分强调,因而是过分投入储存力量和其他储存劳动所造成的。所以,仓储成本优化的实质是,在保证储存功能实现前提下的尽量少的投入,也是一个投入产出的关系问题。

一、仓储成本分析

(一)仓储成本分析的意义

仓储成本是物流成本的重要组成部分,对物流成本的高低有直接影响。仓储成本分析是以会计核算资料为基础,结合业务核算和统计核算资料,采用多种分析计算方法,对仓储成本的静态结构和动态变化进行分析研究,揭示其降耗增效的机会和规律。通过仓储成本分析开发出的信息资料,是正确核算仓储成本、制定仓储服务收费价格等策略的依据。仓储成本分析对于物流企业来说,意义重大。

1. 仓储成本分析为企业制订仓储经营管理计划提供依据

仓储经营管理计划是仓储企业为适应经营环境变化,通过决策程序和方案选择,对仓储经营活动的内容、方法和步骤进行明确化、具体化的设想和安排。在制订经营管理计划时,必须考虑自身的经营能力,仓储成本正是仓储经营能力的重要指标,因此通过仓储成本的分析,能帮助企业对不同经营方案进行比较,选择成本最低、收益最大的方案制订经营计划,开展经营。

2. 仓储成本分析为仓储产品定价提供依据

仓储企业的根本目的依然是追求利润最大化。仓储企业在为社会提供仓储产品(服务)时,需要有明确的产品价格,即仓储费。从长远看,必须保证仓储费高于仓储成本,才能保证仓储企业的生存与发展。因此,仓储成本是制定仓储费的主要依据。

3. 仓储成本分析有利于加速仓储企业的现代化建设

仓储成本分析有利于推动仓储技术革新,充分挖掘仓库的潜力,为仓储设施设备改造提供依据。仓储企业要提高仓储能力和仓储效率,必然要进行技术革新,并改造设施和设备,但是设施设备的投入要获得相应的产出回报,必须建立在准确的成本核算和预测的基础上才能得以保证。

4. 仓储成本分析为仓储企业的劳动管理提供依据

劳动力成本本身就是仓储成本的重要组成部分,但是劳动力成本与其他成本之间可能存在着替代关系,也可能有互补关系,因此确定劳动量使用的决定性因素是收益,即以能够获得总成本最低或者总收入增加为原则确定劳动力的使用量。同时,成本因素也是劳动考核、岗位设置的依据和决定劳动报酬的参考依据。

总之,通过仓储成本分析,有利于提高仓储企业的经济效益,降低仓储生产经营中的各种浪费。同时,也可以将企业的经济利益与职工的经济利益紧密地联系起来,以提高企业经营者的自觉性,从而提高企业仓储经营管理水平和经济效益。

(二)仓储成本的分析

对于物流仓储企业来说,仓储成本(C)是因储存货物而产生的成本,可以分为固定成本(C_f)和变动成本(C_v),即

$$C = C_f + C_v$$

仓储成本需要在每单位仓储货物的仓储收费中得到补偿,要将总成本分摊到每一单位仓储货物上,只需要确定每项货物在某一时期内的平均成本,就可以确定仓储费用。仓储总成本是指发生在仓储期间整体成本的总和。简单计算公式如下:

仓储总成本=固定资产折旧+资本费用+工资+能源水费+管理业务费+耗损费+保险费+税费

单位仓储成本=仓储总成本/库存总量

预测存量=仓库面积×单位面积存量×保险系数×统计天数

一般来说,定价期的确定需要考虑货物存期,存期短、周转快的仓库应以日价确定价格,存期较长的货物可以选较长期的价格。

(三)仓储成本分析指标

关键业绩指标(Key Performance Indication),是通过对组织内部某一流程的输入端、输出端的关键参数进行设置、取样、计算、分析,衡量流程绩效的一种目标式量化管理指标,是企业绩效管理系统的基础。

最常见的关键业绩指标有三种:一是效益类指标,如资产盈利效率、盈利水平等;二是营运类指标,如部门管理费用控制、市场份额等;三是组织类指标,如满意度水平、服务效率等。

1. 商品储存量指标

表征商品储存量的指标是仓库单位面积货物储存量,其计算公式为。

仓库单位面积货物储存量=核定储存量(吨)/仓库有效面积(米^2)

2. 商品储存质量指标

(1)账物相符率。

账物相符率是指仓库账册上的货物储存量与实际仓库中保存的货物数量之间的相符合程度,其计算公式为

账物相符率(%)=账物相符笔数/库存货物总笔数×100%

账货相符率指标反映仓库的管理水平,是避免企业财产损失的重要手段。

(2)收发货差错率。

收发货差错率(‰)=收发货差错累计数/收发货累计总笔数×1000‰

账货相符率指标反映仓库的管理水平,是避免企业财产损失的重要手段。

(3)货物保管损失。

保管损失(元/吨)=保管损失金额(元)/平均储存(吨)

(4)货物自然损耗率。

货物损耗率(‰)=货物损耗量/货物报关量×1000‰

3. 仓储费用指标

(1)平均储存费用。

平均储存费用=每月储存费用总额(元)/月平均储存量(吨)

(2)成本指标。

保管成本=当月保管费用(元)/当月平均货物储存量(吨)

4. 劳动效率指标

(1)平均收发货时间。

平均收发货时间是指仓库收发每一票货所用平均时间。

收发货时间的界定:收货时间自单证和货物到齐开始计算,经验收入库,至将入库单交保管会计登账为止;发货时间自仓库接到发货单开始计算,经备货、包装、填单,直至办妥出库手续为止。

(2)人均劳动生产率。

人均劳动生产率＝保管(装卸)货物数量/保管(装卸)人员数

5. 资金使用指标

表明资金使用的指标是资金利用率,是指仓库企业所得利润总额与全部资金占用之比,它反映了仓库资金使用效果。

6. 利润指标

(1)利润总额。

利润总额是经济核算的重要指标,反映了企业利润的实现情况,是企业经济效益的综合指标。

利润总额＝报告期仓储总收入额－周期仓储总支出额

利润总额＝仓库营业收入－储存成本和费用－税金＋其他业务利润＋营业外收支净额

(2)收入利润率。

收入利润率是仓储企业实现的利润与实现的收入之比。

(3)人均实现利润。

人均实现利润是指报告期内实现的利润总额与企业仓储全员人数之比,它反映了企业生产效果。

➤拓展链接

为美丽加分:化妆品仓储物流管理

根据一项网购调查显示,在消费者最缺乏安全感的商品品类中,除了日常最为常见的食品类别外,另一大品类就是化妆品。与食品相类似,化妆品对于品质的要求极高,因此对于化妆品在生产加工、仓储物流等方面都有严格要求,稍有不慎或监管不当,则美容成"毁容"。

1. 保存要求高,检查手段多

与食品一样,化妆品首先就会遭遇保存温度、湿度的难题。一般来说,化妆品主要采用恒温恒湿的条件保存,但部分品类如防晒霜、眼霜等则需要冷藏,无论是恒温恒湿还是冷藏,对于仓库的要求都是非同小可。除此以外,有些商品需要避光、防虫,因此,在产品入库的管理上,更需要分批号、分批次、分类别管理。比如,精油等易挥发产品和其他需防冻的产品要放置在恒温库,贵重产品放置在高值库;比如,产品货架附加盖子可以解决防尘问题,消费者收到产品时外观就很干净。

对于非生产型企业,如电商企业,其产品主要采购自生产商或品牌商,对于化妆品的入库管理显得更加具有先导性。规范的电商会对供货商送达的产品进行品名、包装、附加物等的检查,核对无误后方可入库。此外,像乐蜂网会定期将抽检商品送质监局进行检测,这是一个比较立体的管理手段,可确保不给不合格产品留下任何进入机会。乐蜂网在这方面做得比较严格,比如倘若一周之内有两个客户对同一商品的同一问题进行投诉,则客服有权直接将产品下架,乐蜂网会进行核查,如无问题方可重新上架,有问题则直接撤销。

以上关于保存或者检查等手段,只是从常规角度探讨化妆品的仓储物流管理,随着化妆品行业出现诸如自动化需求以及销售模式变动的新情况,仓储物流管理也需要从新的视角进行探索。

2. 选用新型设备,助力仓储自动化

在化妆品仓储设备的选用上,由于日化生产企业与第三方物流承担不同的环节,所需要的仓储设备也是不一样的。化妆品生产企业少样多量,批次进、出货,货架主要用于存放原料或成品,另外因化妆日化行业的产品必须考虑期限管理问题,在货架的规划上如能搭配先进先出的设计,那么在管理上将会减少许多困扰。在这类仓库中,货架选择较为单一,早期应用比较适合的有驶入式货架、后推式货架,它们的特点是存储量比较大。目前比较新颖、先进的穿梭式货架,其储存量、空间利用率以及作业效率相对最优,它已经属于半自动化设备。与生产企业分散管理不同的是,第三方物流主要承接的都是化妆成品,无论是洗发水、沐浴露等大件洗护用品,还是唇膏、眼影等小件商品,都需要进行集中管理,其库房主要用于配送,针对产品包装、进出货频率、作业模式、配送形态等条件,必须选择不同的货架,如横梁式(整托盘进出)、阁楼式、层板式、流利式货架(人工拣取)都是重点选择对象。除了货架,另外还需搭配分拣、输送、电子标签、RFID 等设备,才能保证作业效率及正确率。

更进一步地说,化妆品行业需要满足不同层次消费者的需求,其产品线较长,并且还会有新产品被不断研发出来,反映到仓储环节便是有成千上万种产品需要存放和拣选,如何提高拣选效率就成为仓储环节的主要挑战。在化妆品仓储中,电子标签拣选系统设备应用广泛,它主要解决的是传统人工纸单作业出现的诸如速度慢、效率低、出错高等弊端。通过每个投单口上方的显示屏,仓库管理人员可以随时了解每张订单的进度和单个库位库存,做到拣货又快又准,补货正确及时,全仓库实现高效、统一、协调。

从整体趋势上看,从事化妆品第三方物流的深圳新科安达以及化妆品企业玫琳凯(中国)等都认为,伴随着新型机械设备的不断运用,化妆品仓储物流的自动化程度将得到提升——尽管自动化代替人工的这个过程可能需要数年甚至更长时间。

3. 直销模式下的物流管理

当然还有一种区别于传统批发零售方式的销售模式——直销模式,它由于省略中间诸多经销商环节而直接面对消费者市场,其所配套的仓储物流模式也与传统销售采用的仓储物流差异明显。

第一,对物流速度要求高。在传统模式中,从下订单到商品,再到柜台,会有一个时间差,同时每个柜台也都会有库存量来满足销售;但对于直销来说,它所依靠的一线销售人员——美容顾问要求当时下了订单,马上就能有产品送到,面对几十万个美容顾问的订单,在三五天之内都要满足,是一件难度很大的事情。

第二,订单小,产品少。在传统的化妆品物流中,即使面临着大范围的拆零拣选和小额订单配送,也比直销订单要大得多,品种要丰富得多。而在直销模式下,它所依靠的是更加单个的销售人员去面对更加狭小的市场,由此带来的销售份额是无法与传统模式相比拟的。

第三,直销的物流终端在地理位置上更加接近乡镇。传统模式中的物流终点都集中于大城市的繁华地带,或者在二、三线城市中心,很少会出现在城镇和乡村。但在今天的直销模式下,很多大型城市的直销美容顾问已经深入到了乡镇,这对于直销物流也是一个很大的考验。

在这种情况下,怎样才能有效地满足直销终端的物流需求呢? 以一直采用直销模式的玫琳凯(中国)为例,其在2003年建设了自己的信息平台,每个美容顾问可以在网络平台上了解产品信息,下订单,并通过网上转账交付货款,到2004年,做到了100%的网上下单和网上支付,在现实物流中,公司不收取一分钱现金。2010年,玫琳凯(中国)又启用了移动电子商务平台,使每个美容顾问通过手机即可完成信息浏览、下单支付等一系列操作。

搭建了完善的信息平台后,随后的问题是如何在现实的物流过程中设计物流网络。直销企业早期都是建立分类城市提货处,由美容顾问上门取货,这种方式主要得益于美容顾问具有自由时间可以支配。随着业务量的增加,也伴随着快递物流的发展,企业也逐渐地灵活选择快递的方式为美容顾问进行配货。在偏远地区或者快递暂时无法覆盖的区域,则与邮政合作,建立小型发货处。简要过程为:产品从工厂出来后先运送到仓库储存,再配送到各地的配送中心,最后从配送中心分发到终端的美容顾问手里。

二、降低仓储成本的措施

仓储成本管理是仓储企业管理的基础,对提高整体管理水平、提高经济效益有重大影响,但是由于仓储成本与物流成本的其他构成要素,如运输成本、配送成本,以及服务质量和目标水平之间存在二律背反的现象,因此,降低仓储成本要在保证物流总成本最低和不降低企业的总体服务质量和目标水平的前提下进行,常见的措施如下:

(一)采用"先进先出"方式,减少仓储物的保管风险

"先进先出"是储存管理的准则之一,它能保证每个被储物的储存期不至过长,减少仓储物的保管风险。有效的先进先出方式主要有如下几种:

1. 贯通式(重力式)货架系统

利用货架的每层形成贯通的通道,从一端存入物品,另一端取出物品,物品在通道中自行按先后顺序排队,不会出现越位等现象。贯通式(重力式)货架系统能非常有效地保证先进先出。

2."双仓法"储存

给每种被储物都准备两个仓位或货位,轮换进行存取,再配以必须在一个货位中出清后才可以补充的规定,则可以保证实现"先进先出"。

3.计算机存取系统

采用计算机管理,在存货时向计算机输入时间记录,编入一个简单的按时间顺序输出的程序,取货时计算机就能按时间给予指示,以保证"先进先出"。这种计算机存取系统还能将"先进先出"保证不做超长时间的储存和"快进快出"结合起来,即在保证一定先进先出的前提下,将周转快的物资随机存放在便于存储之处,以加快周转,减少劳动消耗。

(二)提高储存密度,提高仓容利用率

这样做的主要目的是减少储存设施的投资,提高单位存储面积的利用率,以降低成本、减少土地占用。具体有下列三种方法:

1.采取高垛的方法,增加储存的高度

具体方法有采用高层货架仓库、集装箱等都可比一般堆存方法大大增加储存高度。

2.缩小库内通道宽度以增加储存有效面积

具体方法有采用窄巷道式通道,配以轨道式装卸车辆,以减少车辆运行宽度要求,采用侧叉车、推拉式叉车,以减少叉车转弯所需的宽度。

3.减少库内通道数量以增加有效储存面积

具体方法有采用密集型货架,采用不依靠通道可进车的可卸式货架,采用各种贯通式货架,采用不依靠通道的桥式起重机装卸技术,等等。

(三)采用有效的储存定位系统,提高仓储作业效率

储存定位的含义是被储存物位置的确定。如果定位系统有效,能大大节约寻找、存放、取出的时间,节约不少物化劳动及活劳动,而且能防止差错,便于清点及实行订货点等的管理方式。储存定位系统可采取先进的计算机管理,也可采取一般人工管理。行之有效的方式主要有如下几种:

1."四号定位"方式

"四号定位"是用一组四位数字来确定存取位置的固定货位方法,是我国手工管理中采用的科学方法。这四个号码是:库号、架号、层号、位号。这就使每一个货位都有一个组号,在物资入库时,按规划要求,对物资编号,记录在账卡上,提货时按四位数字的指示,很容易将货物拣选出来。这种定位方式可对仓库存货区事先做出规划,并能很快地存取货物,有利于提高速度,减少差错。

2.电子计算机定位系统

电子计算机定位系统是利用电子计算机储存容量大、检索迅速的优势,在入库时,将存放货位输入计算机。出库时向计算机发出指令,并按计算机的指示人工或自动寻址,找到存放货,拣选取货的方式。一般采取自由货位方式,计算机指示入库货物存放在就近易于存取之处,或根据入库货物的存放时间和特点,指示合适的货位,取货时也可就近就便。这种方式可以充分利用每一个货位,而不需要专位待货,有利于提高仓库

的储存能力,当吞吐量相同时,可比一般仓库减少建筑面积。

（四）采用有效的监测清点方式,提高仓储作业的准确程度

对储存物资数量和质量的监测有利于掌握仓储的基本情况,也有利于科学控制库存。在实际工作中稍有差错,就会使账物不符,所以,必须及时且准确地掌握实际储存情况,经常与账卡核对,确保仓储物资的完好无损,这是人工管理或计算机管理必不可少的。此外,经常的监测也是掌握被存物资数量状况的重要工作。监测清点的有效方式主要有如下几种:

1．"五五化"堆码

"五五化"堆码是我国手工管理中采用的一种科学方法。在储存物堆垛时,以"五"为基本计数单位,堆成总量为"五"的倍数的垛形,如梅花五、重叠五等。堆码后,有经验者可过目成数,大大加快了人工点数的速度,而且很少出现差错。

2．光电识别系统

在货位上设置光电识别装置,通过该装置对被存物的条形码或其他识别装置（如芯片等）进行扫描,将准确数目自动显示出来。这种方式不需人工清点就能准确掌握库存的实有数量。

3．电子计算机监控系统

用电子计算机指示存取,可以避免人工存取容易出现差错的弊端,如果在储存物上采用条形码技术,使识别计数和计算机联结,每次存、取一件物品时,识别装置自动将条形码识别并将其输入计算机,计算机就会自动做出存取记录。这样只需向计算机查询,就可了解所存物品的准确情况,而无须再建立一套对仓储物实有数进行监测的系统,能减少查货、清点的工作量。

（五）加速周转,提高单位仓容产出

储存现代化作为一项重要课题是将静态储存变为动态储存,加快周转速度,这会带来一系列好处:资金周转快,资本效益高,货损货差小,仓库吞吐能力增强,成本下降,等等。具体做法诸如采用单元集装存储,建立快速分拣系统,都有利于实现快进快出、大进大出。

（六）采取多种经营方式,盘活资产

仓储设施和设备的巨大投入,只有在充分利用的情况下才能获得收益,如果不能投入使用或者只是低效率使用,都会造成成本的加大。仓储企业应及时决策,采取出租、借用、出售等多种经营方式盘活这些资产,提高资产设备的利用率。

（七）加强劳动管理

工资是仓储成本的重要组成部分,劳动力的合理使用,是控制人员工资的基本原则。我国是具有劳动力优势的国家,工资较为低廉,较多使用劳动力是合理的选择。但是对劳动进行有效管理,避免人浮于事、出工不出力或者效率低下也是成本管理的重要方面。

（八）降低经营管理成本

经营管理成本是企业经营活动和管理活动的费用和成本支出,包括管理费、业务

费、交易成本等。加强该类成本管理,减少不必要支出,也能实现成本降低。当然,经营管理成本费用的支出时常不能产生直接的收益和回报,但也不能完全取消,但是加强管理是很有必要的。

三、仓储成本的优化

仓储成本的优化是用最经济的办法实现储存的功能。储存的功能是对需求的满足,实现存货的"时间价值",这就必须有一定的仓储量,这是仓储成本优化的前提与本质。但是仓储的不合理又往往表现为对储存功能的过分强调,过分投入储存力量和其他的储存劳动。所以,仓储成本优化的实质是在保证储存功能实现前提下的尽量少投入,这是一个投入与产出的关系问题。

(一)选择合适的仓储类型

企业可以通过建造自有仓储、租赁仓储或采用合同制仓储来获得仓储空间。三种仓储类型的优缺点见表4-3。企业应根据自身条件,在对成本和客户服务要求进行对比分析的基础上来选择合理的仓储类型。

表 4-3　三种仓储类型的优缺点比较

仓储类型	优点	缺点
自有仓储	1. 可以很大程度地控制仓储活动 2. 期限长、利用率高的自由仓储,等于形成一种规模经济,其成本可能低于租赁仓库和合同制仓库 3. 可以为企业树立良好形象,增强客户信任感	1. 位置固定,难以适应变化的市场需求 2. 容量固定、占用大量资金,造成企业一部分资源浪费 3. 前期建设资金规模大,资金难以筹集,机会成本较高
租赁仓储	1. 企业不需要自建仓库的巨大投资,可避免财务风险 2. 满足企业库存高峰时的大量额外需求 3. 使用租赁仓库,企业可以灵活改变库存策略	在一定租赁期内,租赁的仓储空间是一定的,不会因企业库存量的改变而改变,容易造成浪费
合同制仓储	1. 企业不需要自建仓库的巨大投资,可避免财务风险 2. 合同制仓库与自有仓库结合形成仓储设施网络,扩大企业的市场覆盖范围,增强企业经营的灵活性 3. 设施设备的利用效率高,具有规模效应,可以降低企业的成本 4. 可以得到全方位的专业化仓储服务,避免管理上的麻烦与困难	1. 可能存储不同的商品,需要保护性的包装,增加了企业包装成本 2. 企业容易对物流活动失去直接控制

(二)制定正确的混合仓储空间策略

当企业对仓储空间的需求不稳定,具有季节波动时,如企业根据高峰时期的需求量来确定自有仓库或长期租赁仓库的存储空间,那么在库存水平较低时便会出现仓库空间利用率低的情况,增加企业物流成本。解决的方案是采用混合仓储空间策略,也就是将多种仓储空间获取方式相结合,既利用公共仓储的灵活性,又利用自有仓储的成本效益,有效地适应需求的变化,优化仓储成本。

由于自有仓储空间或长期租赁仓储空间的仓储成本既包括固定成本又包括可变成本,短期使用合同制仓储的成本都属于可变成本,因此当自有仓储空间或长期租赁仓储空间的规模在一定范围时,随着自有仓储空间或长期租赁仓储空间的规模扩大,组合的总成本会不断下降;当自有仓储空间或长期租赁仓储空间的规模超过该范围之后,随着自有仓储空间或长期租赁仓储空间的规模扩大,组合的总成本会不断上升,因此成本曲线上会出现一个低点,该点所代表的组合成本是所有组合中最低的。

(三)合理选择不同吞吐量的仓储类型和作业模式

当企业通过自有仓库进行仓储活动时,仓储成本是企业自有仓库内部产生的成本;当企业通过租赁仓库或合同制仓库的形式实施仓储活动时,仓储成本是外部提供仓储服务收取的费用。不同仓储系统表现出不同水平的固定成本和变动成本,所以不同吞吐量下,采用不同的仓储类型与作业模式会带来不同的仓储成本,见图 4-1。

由图 4-1 可知:OA 为合同制仓库的经济范围,OB 为租赁仓库手工搬运的经济范围,OC 为自有仓库托盘叉车搬运的经济范围,OC 以上的部分为自有仓库全自动搬运的经济范围。

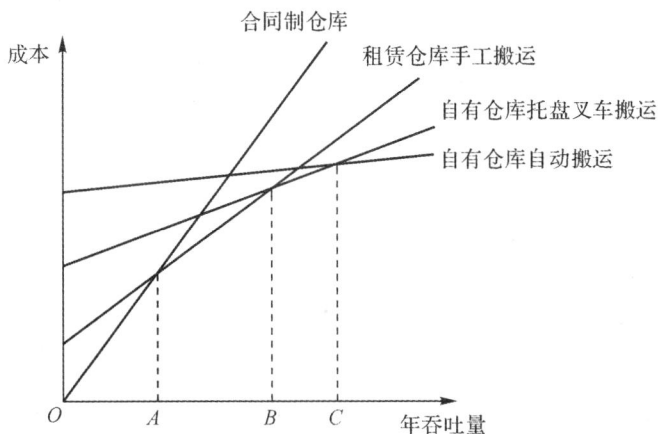

图 4-1　不同仓储类型与作业模式下的仓储成本

(四)降低各项仓储作业成本

1. 降低装卸搬运成本

经济合理地选择装卸搬运设备;在高峰期间可以使用租赁的方式获取装卸搬运设备,以减少设备的投资;合理规划仓库的布局,优化搬运顺序和路线,提高装卸搬运作业的组织调度工作水平,尽量减少装卸搬运的次数和距离;选择适当的作业方式和作业方法,根据货物种类、形状等决定散装还是以托盘、集装箱进行作业。

2. 降低备货作业成本

进行合理分区,选择合理的备货作业方式,加强场地管理,提高作业效率。

3. 运用技术手段,简化验货与出入库作业计算机扫描仪的使用可以提高准确度和检查速度,此外,条形码和计算机信息管理系统的使用还可以大大提高出入库作业的效率。

4. 降低流通加工成本

通过采取备货—贴价格标签—验货的程序提高作业效率,具体步骤是在分拣出库产品前预先印刷好产品价格标签,然后在分拣产品时就把预先印好的标签贴在出库产品上,并进行产品检验。

➤拓展链接

仓储物流合理化的主要标志

仓储合理化的含义是用最经济的办法实现仓储的功能。仓库社区分析合理仓储的实质是,在保证仓储功能实现前提下的尽量少的投入,也是一个投入产出的关系问题。

仓储合理化的标志包括如下内容:

(1)质量标志。保证被仓储物的质量,是完成仓储功能的根本要求,只有这样,商品的使用价值才能通过物流之后得以最终实现。在仓储中增加了多少时间价值或是得到了多少利润,都是以保证质量为前提的。所以,在仓储合理化的主要标志中,为首的应是反映使用价值的质量。现代物流系统已经拥有很有效的维护货物质量、保证货物价值的技术手段和管理手段,也正在探索物流系统的全面质量管理问题,即通过物流过程的控制,通过工作质量来保证仓储物的质量。

(2)数量标志。在保证功能实现前提下有一个合理的数量范围。

(3)时间标志。在保证功能实现前提下,寻求一个合理的仓储时间,这是和数量有关的问题,仓储量越大而消耗速率越慢。

(4)结构标志。这是从被储物不同品种、不同规格、不同花色的仓储数量的比例关系对仓储合理性的判断,尤其是相关性很强的各种货物之间的比例关系更能反映仓储合理与否。

(5)分布标志。指不同地区仓储的数量比例关系,以此判断当地需求比,以及对需求的保障程度,也可以此判断对整个物流的影响。

(6)费用标志。考虑仓租费、维护费、保管费、损失费、资金占用、利息支出等,才能从实际费用上判断仓储的合理与否。

➤本章小结

仓储成本是物流总成本的重要组成部分,仓储成本的优化控制对于整个物流总成本的节约起到举足轻重的作用。仓储成本的构成项目较多,如保管费、仓库管理人员的工资和福利费、折旧费或租赁费、能源费、水、耗损材料费等,因此,在进行仓储成本的核算时,不能有遗漏或重复。本章从支付形态、适用对象和仓储项目三个角度介绍了仓储成本的核算方法;讲述了降低仓储成本的措施,并详细论述了如何进行仓储成本的优化。

> **课后练习思考题**

1. 企业由于缺货带来的损失属于(　　)。

A. 订货成本　　　　B. 生产准备成本　C. 缺货成本　　　　D. 库存持有成本

2. 降低仓储成本的措施有(　　)。

A. 采用"先进先出"方式,减少仓储物的保管风险

B. 提高储存密度,提高仓容利用率

C. 采用有效的储存定位系统,提高仓储作业效率

D. 采用有效的盘点方式,提高仓储作业的准确程度

3. 仓储成本的含义是什么?有哪些特点?

4. 仓储成本的核算方法有哪些?

5. 仓储成本的优化途径有哪些?

6. 某企业生产 P1 和 P2 两种产品,需要消耗主要原材料甲、乙,以及辅助材料丙、丁、戊、己。根据销售部门预测 2015 年可生产两种产品分别为 1600 件、24000 件。需要仓库提供的原材料的数量和价值如下表所示:

材料种类	数量(件)	数量比重(%)	价值(元)	价值比重(%)
甲材料	20000	7.27	240000	31.11
乙材料	168900	61.37	36000	4.67
丙材料	52000	18.9	78000	10.11
丁材料	21300	7.74	21300	2.76
戊材料	8400	3.05	235200	30.49
己材料	4600	1.67	161000	20.87
合计	275200	100	771500	100

利用 ABC 分类法对仓储成本进行分类,能够找出影响企业仓储成本的关键因素,从而对重点存货进行重点管理,找到控制企业仓储成本的关键点。

ABC 库存管理分类方法:

A 类商品的品种数所占比例为 5%～10%,而库存资金所占比例为 70%～80%;

B 类商品的品种数所占比例为 20%～30%,而库存资金所占比例为 15%～20%;

C 类商品的品种数所占比例为 50%～70%,而库存资金所占比例为 5%～10%;

要求:请根据以上数据,分析说明如何对甲、乙、丙、丁、戊、己进行仓储成本控制。

案例学习

达摩克利斯之剑指向服装库存

近几年受到整个经济大环境震荡的影响,许多服装企业开始调整商业战略,不再以

"利润最大化"而以"销售最大化"为导向,增强快速响应市场变化的能力,降低库存风险。随着人力成本、原材料价格上涨以及贸易环境变化,近两年制造业企业的经营环境"风云突变",消费相对疲弱又造成了大量库存积压。这其中,以服装、家电等快消品制造企业最为突出。如果要问国内传统制造企业在供应链管控上最头痛的问题是什么,或许很多企业都会回答"高库存"。对于制造企业来说,高库存俨然已成为其供应链条上的"堰塞湖",对企业的发展乃至生存都构成极大的威胁与挑战。

1. 库存之高

从服装行业本身固有的特性——流行性和季节性来看,服装制造企业存在一定的库存是不可避免的。按照服装企业的惯例,一般品牌正常销售(指的是最低零售折扣在5折以上)库存率在35%~45%,这些库存一般分为三部分:一是品牌厂家,库存占15%~20%(按照执行15%退货率,外加备货);二是区域总代理,库存占5%~10%;三是加盟商,库存占10%~15%。

但以这样的库存标准衡量,我国服装行业能保证平均水平库存的企业并不多,反而普遍呈现出一路上扬态势。从2011年开始,服装纺织类企业的高库存问题开始显现。而到了2012年,这一问题表现尤甚,甚至被业内视为服装、鞋类企业的"达摩克利斯之剑"。

截至2012年8月,80家纺织服装业上市公司已公布的上市报表中显示,上半年的库存合计高达671.66亿元人民币,其中66家公司的库存超亿元人民币。有11家公司的库存超过10亿元人民币,雅戈尔、红豆股份、际华集团、美邦服饰和森马服饰这样的知名企业库存皆超过10亿元人民币。

在高库存压力下,各服装企业使尽浑身解数,近两年来采取了关闭门店、打折促销、尝试多品牌战略等措施,以消化"高库存"。然而实际情况是,纺织服装公司的存货至今仍然持续攀升,不见下降。

据统计数据显示,截至2013年10月,纺织服装业有81家上市公司公布了今年前三个季度的存货数值,合计达768.16亿元人民币,相比2012年前三个季度的725.44亿元人民币,上述81家公司存货合计同比增长6%。在81家上市公司中,有14家上市公司存货超过10亿元人民币。其中,存货榜上排名前10的上市公司,其存货合计近500亿元人民币。其中,雅戈尔存货最高,为239.53亿元人民币;黑牡丹次之,为59.68亿元人民币;红豆股份位居第三,为45.01亿元人民币。

用鞋服市场分析师马岗的话概括:"如果把目前全国库存的服装拿出来卖,只怕三年都卖不完。"这一说法虽然被鞋服行业集体否认,但消化周期需要达到一至两年的预期已经在业内得到认可。库存之高,不免令人咋舌。

2. 库存之痛

"高库存"意味着高成本和高风险,它就像一座"堰塞湖",挡住了制造企业与供应链条上下游企业的有效衔接,并且随时都有决堤的风险,令广大企业受伤、头痛。

对于广大制造企业来说,如果过季库存超过3年,减去其货损值、仓储成本等,不仅很难给企业带来利润,还会成为公司未来发展的包袱。大量的产品库存占用了企业的流动资金,资金的周转率和使用率下降,导致企业无法大量更新产品,进而使销售下滑,资金问题加剧,以致很多纺织服装企业陷入亏损的泥潭。

以九牧王为例。据了解,2012年起九牧王已出现销售疲态,本应完成27.5亿元人民币的销售额,同比增长21.8%,但实际上仅增长15.24%,远不及2011年的增速(34.78%)。而其业绩下滑的背后,正是九牧王居高不下的存货水平。数据显示,截至2013年第三季度末,九牧王仍有7.01亿元人民币存货压顶,几乎逼近历史最高水平。

行业老大李宁更是因为高库存问题付出了高昂的代价。其2012年财报显示,存货周转天数由上一年的72天增加至90天,存货达9.2亿元人民币。这导致全年营收同比减少24.5%,毛利大跌36.9%,利润亏损达19.79亿元人民币,2013年仍然亏损近3亿元人民币。此外,为了消化库存,李宁公司以减少库存、提升新品比例以及回购等方式来帮助经销商清理存货,这项被称作"渠道复兴"的计划让李宁付出14亿元人民币以上的代价。

另外,当国内多家服装企业申请IPO时,过高的库存也成为一道难以逾越的障碍。这是因为陷入高库存泥潭的企业,资金链断裂的风险更高,会引发市场对企业经营实力的质疑。以素有"男人衣柜"之称的海澜之家来说,2012年5月申请IPO被拒,正是因为高库存所致。其2011年年底存货合计38.7亿元人民币,占资产总额的56.94%,其中库存商品达到15.2亿元人民币。而淑女屋、舒朗服饰等IPO被拒的服装企业,库存率同样居于高位,大都超过资产的四五成。

3. 库存之思

事实上,库存问题一直是近年来国内传统服装行业发展的痛点所在。目前,国内服装纺织商更多的还是依靠传统的管理模式,在整个供应链上,纺织服装发展受到"牛鞭效应"的制约。该效应主要反映在零售商管理库存模式上,即自行订货、补货、消化库存,传统RMI模式注定了其高库存率。

目前商家库存量较大,降价促销是迫不得已的手段。现在无论是国内的美特斯邦威、森马,还是国外的ZARA、H&M,许多服装品牌都开始打折促销,而且打折的时间一再提前,打折的幅度越来越大。此外,各式各样种类繁多的节日,也成了服装品牌的"救命稻草"。如今,国内的大部分品牌服装逢节打折,已经成了习惯。不可否认,服装品牌打折在市场发展初期是有效果的。然而,随着品牌竞争的加强和消费者消费观念的成熟,打折对于促销的作用也越来越有限。适度的打折活动对于促进服装销售有一定作用,但过于频繁推出打折活动反而得不偿失,容易使消费者产生消费疲劳,同时会损毁品牌形象,影响后续销售。服装企业利用打折吸引大多数追求物美价廉的消费者的同时,也要注意控制好打折的频次、规模、场合。除此之外,新品频频打折促销很可能会引发服装销售的恶性循环:新品降价,使消费者在下季新款服装上市后不再急于购买,而会选择观望,等待价格优惠,从而导致新品滞销,甚至出现新品打折也卖不动的情况。这对本来就需面对高库存压力的服装企业来说,无疑是雪上加霜。

与其他行业不同,服装行业是个货物更新速度相当快的行业,很难做到"零库存",品牌商如果没有良好的退换货机制很容易出现大量的货物累积,疯狂打折带来短期销售高峰的背后,服装品牌的边际效应却在递减,品牌形象一再被损害。服装企业应根据自身行业的特点,加强自身产品的创新力和竞争力。其实,无论是生产环节还是店面销售环节导致的高库存,都是服装企业在品牌、设计、营销、渠道管理上问题的综合反映,是企业快速反应能力不足和资源整合能力欠缺的集中体现,企业应在这些方面寻找突破口,建立长效机制,避免落入"不打折卖不动"的怪圈。

——资料来源:http://www.qikan.com.cn/article/shqy20140816.html

案例思考题

1. 国内服装行业的库存问题体现在哪些方面?
2. 应该从哪些方面去做好库存成本的控制?

第五章　运输成本管理

　　物流在整个企业战略中,是企业成本的重要产生点。因而,解决物流的问题,并不主要是搞合理化、现代化,不主要在于支持保障其他活动,而主要是能通过物流管理和物流的一系列活动降低成本。所以,成本中心既是指主要成本产生点,又是指降低成本的关注点。物流是"降低成本的宝库"。

——成本中心说

学习目的与任务

- 了解运输成本的影响因素
- 理解各种运输方式的成本特征
- 学会进行运输成本的计算
- 掌握运输成本控制的策略
- 掌握运输成本的优化措施

本章要点

- 运输成本的计算
- 运输成本的优化

案例导入

摩托罗拉公司优化运输成本的管理措施

　　摩托罗拉是一家跨国公司,供应商遍及全球各地,实行统一采购,根据订单的需求以及成本因素统一安排生产。因此,物流管理在其生产经营过程中起着举足轻重的作用。

　　摩托罗拉专门设有一个管理团队从事物流管理,负责摩托罗拉物流、运输工作的协调和管理以及物流服务商的选择和管理,团队的主要成员由摩托罗拉各个事业部的物流骨干人员以及总公司骨干人员组成。

一、"从大处着眼,从小处着手"的运输成本管理

在生产制造业的物流管理中,运输成本的管理是最重要的一个环节。摩托罗拉物流业务负责人曾说,摩托罗拉对运输成本管理有自己独到的做法,那就是"从大处着眼,从小处着手"。

1. 在国内端的业务方面

尽管受到燃油价格上涨、航班航线等因素的影响,但是摩托罗拉的运输成本每年仍有15%的下降幅度。之所以如此,出自于下述三个原因:

(1)摩托罗拉不是一味地压低运价,而是与物流服务商共同研究如何整合资源来降低生产成本和运输成本。比如,通过改变产品包装模数与包装方式,提高包装内的货物量,降低了单位产品的运输成本。

(2)根据国内业务发展的需要,改变运输方式。以前送往上海的货物,一般采取空运方式,现在由于高速公路的发展相对比较完善,因此在满足时限和保证服务的前提下改为公路运输。手机充电器、PCB板等零部件的供应商多数在南方地区,这些产品对运输条件要求不太严格,通常采用铁路运输,从而有效地降低了运输成本。

(3)随着我国社会经济的发展,货源比较充足。比如,在上海地区负责摩托罗拉零部件、产品运输的物流服务公司,他们可以做到即使摩托罗拉的产品没有满载,他们也可以协调众多货主的货源,并开辟班车运输,将过去的零担运输改为整车运输,从而大大降低了运输成本。

2. 在国际端的业务方面

由于手机产品更新换代比较快,不适合海运方式,摩托罗拉主要采用空运方式。在美国的得克萨斯,摩托罗拉建有自己的配送中心,天津工厂生产的产品(如裸机、电池、充电器等)都是通过空运进行,但是由于从美洲地区回程的货物较少,造成整个航运业运力不平衡。为了解决这个问题,摩托罗拉与航空公司、物流服务公司三方签订了运输合作协议:摩托罗拉提供货源,航空公司提供舱位,物流服务公司保证运输正常以及运价稳定,这样,不仅满足了摩托罗拉的业务发展需要,也使合作各方都能获得稳定的收益,从而达到"多赢"的目的。

二、实行全球运输管理的百分考核制

IT电子产品的价值相当高,一箱电路板可能价值上百万美元。在运输过程中,这些产品、零部件又不包含保险费,因此,物流服务商的招标选择以及管理工作非常重要。为此,摩托罗拉还成立了一个全球性的物流资源公司,通过多种方式对备选的物流服务企业的资信、网络、业务能力等方面进行周密的调查,并给初选合格的企业以少量业务进行试运行,实际考察这些企业的服务能力与质量。对不合格者,则取消其对摩托罗拉的服务资格;对获得物流服务资格的企业则进行严格的月度作业考评。主要考核内容包括:运输周期、信息反馈、单证资料准确率、财务结算、货物安全、客户投诉等,考核标准是按照各项的完成率加权,考核结果按百分制评定。摩托罗拉根据这些考核分数值确定其服务质量,并与合同以及业务量挂钩,如果分数值在 98 分以上,属于优秀服务商,增加其业务量;如果分数值在 94～98 分,属于合格服务商,需进一步改进;如果分数值在 93 分以下,会自动解除合同。同时,针对生产线和客户的不同需求情况,摩托罗拉还要求物流服务商提供多种服务。对运输周期的考评,有两种最典型的方式:一种是标准服务,满足标准时限;另一种是应急快速服务,满足生产线和客户的紧急需求。在对服务商的考评过程中,物流服务商的急货处理能力也是摩托罗拉重要的考核指标。

在日常工作决策中,运输的成本、速度和一致性是最有可能影响运输合理化的三个因素。因为最低的运输费用并不意味着最低的运输成本,最低的运输总成本也并不意味着合理化的运输。例如,使用卡车来运输商品,通常使运费降低的最好做法是使包租的卡车满载,使积载于卡车上的商品一次装运量(即批量)尽可能大,而运输次数尽量少一些。与小批量、高频次的运输,即所谓小批量混装运输相比,大批量运输的运费更为经济。但是,大批量运输又会带来另外的问题,即收货地的商品库存量将高于小批量的运输。其库存商品的保管费用将有所增加。这就是说,虽然大批量的包车运输可以使运费降低,但却使收货地的保管费用增加。一方面,增加的保管费用可能高于降低的运费;另一方面,大量的库存将不利于仓储管理的合理化。所以,这种情况很可能属于不合理运输。

物流启示:该案例中摩托罗拉实现运输合理化的途径就是多渠道、多环节的优化:
(1)整合资源,降低成本;
(2)选择最适合的运输方式;
(3)与多方经营实体进行联合合作。

这些都是统筹全局、探索适合企业的运输优化的合理方法。运输的合理化关系着其他物流环节设计的合理化,因此,应首先站在整个物流系统一体化的高度,纵观全局,再对运输的各个具体环节进行优化,以最终达到合理化。

第一节 运输成本概述

运输是实现人和物空间位置变化的活动,与人类的生产、生活息息相关。因此,可以说运输的历史和人类的历史同样悠久。

物流的运输则专指"物"的载运及输送。它是在不同地域范围之间(如两个城市、两个工厂之间,或一大企业内相距较远的两车之间),以改变"物"的空间位置为目的的活动,是对"物"进行的空间位移。

一、运输与运输方式

运输是物流不可或缺的环节,是物流系统中的核心功能,是使用运输工具对物品进行运送,以实现物流的空间效用。物流系统就是通过运输完成对客户所需要的原材料、在制品和制成品库存(Inventory)地理上的定位。

常见的运输方式有五种:公路、铁路、水路、航空和管道。

公路运输主要承担近距离、小批量的货运,以及水路、铁路运输难以到达地区的长途、大批量货运。由于公路运输具有灵活性,近年来,在有铁路、水运的地区,长途大批量运输也开始使用公路运输。公路运输的主要优点是灵活性强,公路建设期短,易于因地制宜,对收货设施要求不高,可采取"门到门"运输形式。公路运输也可作为其他运输方式的衔接手段。

➤拓展链接

公路运输企业承担农业物流的发展

农业物流是指农业生产资料的采购、农业生产的组织到农产品加工、储运、分销等,从生产地到消费地、生产者到消费者过程中所形成的物质产品流动。公路运输机动、灵活,受自然条件限制小,公路运输企业与农业经济发展最密切,是农业物流的最直接参与者,为"三农"实现"门到门"的服务。

广州都市型农业经济的特点:进入 21 世纪以来,为了建设与国际大都市相匹配的农业,广州市将广州农业区分为内环、中环、外环进行三环布局。内环为休闲观光区,以花卉、水果等种植为主,既是优质花果生产基地,又是市民休闲、观光、旅游的场所。中环为农业主产区,以粮食、荔枝、龙眼、蔬菜、畜牧、塘鱼生产为主。外环为特色农业区,发展畜牧业及特迟或特早熟荔枝、落叶果、温带花卉、反季节蔬菜、咸淡水优质鱼等。2008 年广州都市农业总收入 1375 亿元,增长 10%。都市农业总产值 1080 亿元,增长 5%。其中,加工本地农产品产值 790 亿元,增长 8%。农业产值和高新技术农产品产值分别达到 129 亿元和 25 亿元,分别增长 3.2% 和 4.3%。与广州都市型农业匹配的物流体系,其主要依靠各种公路运输企业,围绕都市型农业的建设和发展,提供运输、仓储、装卸、包装、流通加工和配送等服务,满足广州都市型农业发展的需要,增加农民收入,缩小城乡之间差别,完成广州城乡一体化建设,推动广州都市型农业经济的和谐及可持续发展。

铁路运输是一种适宜于担负远距离的大宗客、货运输的重要运输方式。铁路运输的优点是运输速度较快,不受自然条件限制,载运量大,运输成本较低。主要缺点是灵活性差,受轨道线路限制,需要与其他运输方式配合和衔接。运输总成本中固定费用所占的比重大(一般占 60%),大量资金、物资用于建筑工程,一旦停止运营,不宜转让或回收,损失较大。

水路运输是最古老的运输方式,具有点多、面广、线长的特点。水路运输的主要优点是能够运送数量极大的货物。其主要缺点是运行速度较低且营运范围受限,当起始地和目的地远离水道时,需要铁路和公路运输的协助。当需要较低的期望运费且运输速度是次要考虑的因素时,这种运输方式就比较合适承运大批量的货物。

航空运输是最新的但也是利用程度最低的运输方式。它的主要优点在于托运货物的运输速度上,通过航空运输大洋两岸的货物仅需几个小时,而用其他运输方式承运则需几天时间。使用航空货运能够以高成本换来高速度,当然,这种高成本也抑制了航空运输的使用范围。航空货运一般没有特定的商品。与其他运输方式最大的区别也许就在于大多数航空货运是在紧急的情况下,而不是在日常的基础上处理的。当证明高成本是划算的情况时,厂商们通常会利用定期的或不定期的航空服务来运输货物。高价值或易腐烂的产品最有可能成为正常空运的产品;而当一种产品的营销期极为有限时,例如,圣诞节产品、高级时装或鲜鱼之类的产品,航空运输也许是物流作业唯一最实际的运输方法;零部件或消费类的日常物流产品也可能成为航空货运的候选对象。

管道运输是运输体系中的一个重要组成部分。除石油外,通过管道运输的其他产品主要是天然气。此外,管道还被用来运输化学制品、粉末化的水泥类干散材料和通过液压悬浮的面粉,以及在城市内用作市政当局的下水道和供水道。与其他运输方式相比,管道运输具有独特的性质,不存在时间限制,仅受到完全更换运输商品和管道维修保养的限制。与其他运输方式不同,它不存在必须回程运输空的"集装箱"或"运输工具";其高额的固定费用产生于通行权、建设控制站的要求以及泵道能力等。既然管道运输是非劳动密集型的,那么,管道一旦建设完毕,其营运变动成本必然很低。管道运输明显的缺点是不灵活,在运输商品的范围方面,只运送气体、液体或浆状产品。

➢拓展链接

制造企业、流通企业、第三方物流企业的物流系统运输决策的比较

制造企业的运输决策主要体现在其原料来源和产品输出上,由于其产品的特定性,往往需要从某些固定区域运送,所以其在网络设计上大多采用少数大的集散地,对到达的原料运送至企业和把成型的产品运送至各销售地;而流通企业的货物仓库及配送中心一般较分散,而且数量较多,以便货物及时输送;第三方物流企业除了有自己固定的仓储配送中心外,还根据其长期提供服务的企业特点灵活安置一些仓库等,其分散度有较大的自由性。

在运输方式选择上,制造企业主要选择铁路或海运,因为这类企业的原料和商品都是以大批量的长途运输为主,这样可以节省运输费用,而且对时效性和直达性的要求一般都不高;流通企业则少量采用集装箱运输,主要采用送货车,但是各个企业的送货车会因其经营方向的不同而有差异,但其目的是为顾客最大限度地提供便利;第三方物流企业的运输比较多元化,根据其承接的工作不同可能采取公路、铁路、海运等多种运输方式,或者其中几种相结合的联合运输方式等,某些时候也需要"门到门"的运输。

在一般情况下,制造企业相比流通企业和第三方物流,对配送的要求较低,商品也比较单一,以满足原料输入和产品输出为原则;流通企业和第三方物流对配送有较高的要求,其配送中心的工作也比较复杂,流通企业的配送中心有时候还被当做销售中心,而第三方物流为了协调各种商品则需要使配送工作达到最优化,在配送时也考虑较多的其他因素以适应合约企业的要求。

总的来说,不管什么类型的企业,无论企业规模的大小,其运输决策的出发点都是为企业最大限度地节支增收服务的,而运输决策也必将在企业运营中扮演着越来越重要的角色。

二、运输成本的构成

运输成本是指完成运输活动所发生的一切相关费用,包括所支付的运输费用,以及与运输行政管理和维持运输工具有关的费用。运输成本包括以下几个方面:

(一)变动成本

变动成本是指与每一次运输直接相关的费用,通常指线路运输成本,包括人工成本、维修养护费用、燃油成本、装卸成本以及取货和送货成本。只有在进行运输、产生运输服务时,变动费用才存在。运输数量越多,运输路线越长,费用就越高。费用一般与运输里程和运输量成正比。承运人在确定运价时,不能让其低于变动成本,一般按运价确定的运费至少等于变动成本。

(二)固定成本

固定成本是指短期内不随运输水平的变化而变化的成本。这主要包括运输基础设施,如铁路、站台、通道、机器设备等的建造及设立的成本和管理系统费用。这些成本的大小不受运输里程和运量的直接影响,但必须通过营运而得到补偿,通过变动成本的贡献率来弥补。

➤拓展链接

区分运输工具成本是固定成本还是可变成本

所有各种运输工具都有自己的使用寿命,运输工具的价值在其使用期内会逐渐转化为运输成本,因此使用寿命决定着运输工具的折旧过程。有些运输工具的使用寿命是以年限计算的,在这种情况下,运输工具的折旧转移成本似乎与其使用中所提供的运输量没有直接关系,是每年或每月固定的成本。还有些运输工具的使用寿命是以行驶里程计算的,在这种情况下,运输工具的折旧转移成本就与其使用中提供的运输量直接有关,属于变动成本。

(三)联合成本

联合成本是指决定提供某种特定的运输服务而产生的不可避免的费用(如回程费用)。例如,当承运人决定用汽车运输货物从地点 A 运往地点 B 时,意味着这项决定已产生了从地点 B 至地点 A 的回程运输的"联合"成本。这种联合成本要么必须由最初从地点 A 至地点 B 的运输补偿来弥补,要么必须找一位有回程货的托运人以得到补偿。联合成本对运输费用有很大的影响,因为承运人收取的运费中必须包括隐含的联合成本,它的确定要考虑托运人有无适当的回程货,或者这种回程运输费用由原先的托运人来弥补。

(四)公共成本

公共成本是承运人代表所有的托运人或某个分市场的托运人支付的费用,如港站、路桥费或管理部门收取的费用,通常是按照装运数量分摊给托运人。

三、影响运输成本的因素

（一）输送距离

距离是影响运输成本的主要因素，因为它直接对劳动力、燃料和维修保养等变动成本发生作用。输送距离越长，城市间的输送距离所占的比例越高，则单位运输成本越低，因为承运人可以使用更高的速度，使城市间每千米单位费用相对较低，并且能行驶更远的距离但使用的燃料和劳务费用相同；而市内运输通常会频繁地停车，还要增加额外的装卸成本。

（二）运输量

大多数运输活动中存在着规模经济，运输量的大小也会影响运输成本。每单位重量的运输成本随运输量增加而减少，这是因为提取和交付活动的固定费用以及行政管理费用可以随运输量的增加而被分摊到更多的货物上。这种关系给管理部门的启示是，小批量的载货应该整合成更大的载货量，以期利用规模经济。

（三）货物的疏密度

货物的疏密度是指货物的重量和体积之比，它把重量和空间方面的因素结合起来考虑。因为运输成本通常表示为每吨千米所花费的金额，对运输车辆，通常受空间的限制比受重量的限制要大。若货物的疏密度小，车辆的容积充分使用后仍达不到车辆装载能力，单位重量所分摊的运输成本就高；若货物的疏密度大，能更好地利用装载车辆的容积，使车辆能装载更多数量的货物，使运输成本分摊到更多重量上去，降低了每单位重量的运输成本。所以，通常密度小的产品每单位重量的运输成本比密度大的产品要高。

（四）装载能力

装载能力是指货物的具体尺寸及其对运输工具的空间利用程度的能力。由于某些货物具有古怪的尺寸和形状，以及超重或超长等特征，因而通常不能很好地进行装载。例如，谷类、矿石及石油等可以完全地装满容器，能很好地利用空间；而机械设备等的空间利用程度则不高。装载能力还受到装运规模的影响，大批量货物往往能相互嵌套，便于装载，而小批量的产品则有可能难以装载或可能浪费装载能力。例如，整车的塑料桶可以相互嵌套，而一个个塑料桶单独的装载就会浪费装载能力。

（五）搬运的难易

同质的货物或使用通用装卸搬运设备搬运的货物比较容易搬运，需要使用特别的装卸搬运设备搬运的货物则会提高总的运输成本。此外，货物在运输和储存时所采用的包装方式（如用带子捆起来、装箱或装在托盘上等）也会影响运输成本。

（六）责任

在运输途中，有可能发生货物丢失、变质，甚至出现事故，承运人需要考虑货物的易损坏性、易腐性、易盗性、易自燃性或自爆性等。承运人的责任关系到货物损坏风险及运输事故导致的索赔。所以，承运人承担的责任越大，需要的运输费用也就越高。承运人必须通过向保险公司投保来预防可能发生的索赔，托运人可以通过改善保护性包装或通过减少货物丢失损坏的可能性来降低其风险,最终降低运输成本。

(七)市场

市场因素对运输成本也有重要影响。影响比较大的市场因素,一是竞争因素,即同种运输方式间的竞争以及不同种运输方式间的竞争,对运输成本产生影响;二是运输的季节性,旺季和淡季会导致运输费率及运输成本的变化;三是运输的方向性,运输流量的不平衡会导致运输成本增加。

四、各种运输方式的成本特性

(一)公路运输成本

汽车运输业的成本结构,包括较高的可变成本和较低的固定成本。70%~90%的成本是可变的,10%~30%的成本是固定的,对于公路系统的公共投资是形成这种低固定成本结构的主要原因。公路的平均吨千米运输成本也随运输距离的延长而逐渐降低,除了运距之外,最能影响公路运输成本的是装载率。一般而言,随着装载量增加,公路运输平均每吨运输成本会下降。在给定的距离上,汽车从半载到满载的总成本并不会增加很多,因为至少作为成本中两个重要的部分人工费和维修费几乎是不变的,虽然燃料费会增加,但并非成比例地增加。因此,装载率提高的边际成本将低于平均成本,以致引起平均成本下降。还有,车辆载重力即车辆额定载重的大小对运输成本也有影响。随着车辆载重吨位增加,公路运输的吨千米成本在降低,其原因是大型车辆的人工、燃油、检修和其他费用相对于小型车辆更为节省,有较高的设备产出率。近几十年来,随着车辆的大型化和专业化,汽车运输的能力和经济运距都已经大大增加。

(二)铁路运输成本

与公路运输的成本特征形成鲜明的对比,铁路运输的固定成本高,可变成本相对较低,这种成本结构使得铁路运输存在明显的规模经济,将高固定成本分摊到更大的运量和更远的运距上,将会明显地降低单位运输成本。铁路运输成本可以被分为运营成本、固定设施成本和移动载运工具的拥有成本三类。运营成本主要包括与运输量相关的变动成本,如燃料动力、配件等经常性支出以及维修配件、运营人员的工资等经常性支出;固定设施成本包括铁路运输需要的轨道、车站和编组场等,被认为是一种沉没成本,建成后不能移动,在一定程度上不能再被用于其他任何用途;移动载运工具的拥有成本包括机车车辆投资的费用、部分折旧费和维护费用等。

(三)水运成本

水运成本可大致分为三个部分,即航行成本、运营成本和资本成本。

航行成本是指仅与一次航行有关的费用,主要包括港口费、燃料和油料费用等,它们与轮船的大小、动力推进器的类型等有关。

运营成本是指与轮船是否处于应用状态有关的费用,主要包括工资、修理维护费、保险费以及管理费。如果船舶处于非运营状态,则这些费用可以减少或不发生。

资本成本主要是指折旧和利息,当然这部分费用的核算方式根据不同性质的企业和管理方式而有所区别。

在我国,航行成本和运营成本各占总成本的 40% 左右,资本成本占总成本的 11%～20%。水运最大的经济性是由船舶大小和航程远近决定的。吨位越大的船则每吨千米平均运输成本越低,但其条件是必须有足够大的运量和相应的港口吞吐能力。另外,航程越远,单位成本中所摊到的港口费用越低,水运的经济性也越好。

(四)航空运输成本

航空运输企业的成本核算一般是按飞行小时计算成本,但作为最终产品的经济分析,也必须将其成本换算为货物吨千米成本。航空运输成本受飞机类型、市场情况以及管理水平的影响。航空运输成本可分为直接飞行成本和间接飞行成本两部分。直接飞行成本主要包括飞行费用(空勤人员工资及津贴、航空燃料及润滑油消耗、飞机保险费等)、修理费用、折旧费及其他直接飞行费。间接飞行成本主要包括订舱费、行李及货物服务费、广告费和管理费等。航空运输存在着飞机容量经济和运距经济。飞机容量经济是指大型飞机的运输成本低于小型飞机。运距经济是指随着飞行距离的延长,单位运输成本下降,主要原因是随着飞行距离的延长,起降滑行、上升、降落时间在总飞行时间中的比重下降,相关的成本比重也在下降。在机型、飞行距离和其他费用不变的情况下,影响单位运输成本的最主要因素是装载系数,装载系数是实际吨千米与定额吨千米的比例,飞行的总成本与飞机是否满载关系不是太大,所以平均单位成本是装载系数的函数,它随装载系数的提高而下降。显然,在运量有限的情况下飞机容量经济和提高装载系数的目标可能会发生矛盾,选用大型飞机,装载系数将受到影响,为提高装载系数减少航班次数,又会增加货物等待时间成本。此外,机场或航线上的拥挤程度对飞行成本也有影响。当发生拥挤现象时,飞机会在排队等候起飞,或在空中盘旋等待着陆,时间的延误无疑会降低飞机的运营效率,使飞行成本增加。

(五)管道运输成本

管道运输最显著的特征是其规模经济特性。石油或天然气管道在运距不变的情况下,管道直径越大则平均成本越低。国外有研究表明,管道运输能力增加一倍,单位吨千米的运输成本可降低 30%。但为了充分发挥管道的规模经济特性,必须有足够的货源以保证管道能在多年内保持足量的运输。管道运输的固定成本大大高于变动成本,即使在很大的产出范围内都是这样,与其他运输方式相比,管道的这种特性最为明显。

各种运输方式成本比较见表 5-1。

表 5-1 各种运输方式成本比较

运输方式	固定成本	变动成本	技术速度	通常载重量	经济距离
公路运输	适中(车辆及修理)	适中(燃料、维修)	80～120 千米/小时	5～10 吨	500 千米以内
铁路运输	高(车辆及轨道)	低	80～160 千米/小时	3000 吨	500～1000 千米
水路运输	适中(船舶、设备等)	低	海运:10～25 海里/小时 河运:8～20 千米/小时	几千吨～几十万吨	1000 千米以上

续表

运输方式	固定成本	变动成本	技术速度	通常载重量	经济距离
航空运输	低 （飞机、机场）	高 （燃料、维修）	900～1000 千米/小时	大型货机 90 吨	
管道运输	最高 （铺设管道）	最低	气体 6 米/秒		成品油管道 7000 千米

➤拓展链接

中小物流车队如何破解融资难题

近些年,随着国际油价大幅攀升,劳动力成本不断上涨,客观上造成了我国物流成本的提高。与此同时,高昂的道路通行费、重复纳税和违规收费,进一步推高了我国社会物流成本,一方面,面临着成本的不断增加;另一方面,在资本市场中,同其他中小微企业一样,中小物流车队同样遭遇融资难的问题。融资难的问题直接制约着中国物流行业的发展。

1. 中小物流车队的困境

随着现代物流的不断发展,衡量一个物流企业是否现代化,是否符合现代物流发展需求,更多的不是"大而全"而是"小而精"。在这个转型期,车队的管理模式和设备更新将起到至关重要的作用。资金在转型过程中扮演着不可或缺的角色。

根据统计,中国货物运输总量 75％由公路承担。在公路运输中,油料成本占物流总成本的 40％左右,过桥过路费占 28％～30％,还要缴纳一定比例的各种税收。特别是物流业,是个充分竞争的市场,交通部数据显示,全国 1300 万辆货运汽车,经营主体632 万家,十几年来运费基本没有涨,反而不断下降。

中小物流企业在日常运营流动资金、应收账款账期、硬件设备资金投入等方面都面临着较大的资金压力。但由于中小物流企业经济效益较低、设备相对落后、整体规模较小、可供抵押资产少、信用较低等问题,中小物流企业面临的融资渠道十分狭窄,为了解决融资困境,需要在"物流"、"金融"条件下对中小物流企业融资模式进行创新。作为供应链金融中的一环,物流车队的金融服务显得更为基础和急切。

随着近年来物流需求爆发式的增长,我国社会的物流成本也呈现加速增长之势。在较长的一段时间里,中国的国民经济总量保持高速增长,在 1991—2011 年,国内GDP 平均增长 10％以上,伴随着 GDP 的增长,我国的物流成本也呈现加速增长的态势。

在社会物流成本居高不下的情况下,物流车队的利润率却在持续下滑。社会物流总费用与 GDP 的比率,是衡量一个国家物流行业运行效率和现代化程度的重要指标。近年来,我国社会物流总费用与 GDP 的比率一直在高位运行。与发达国家相比,这一比率仍高出 1 倍左右。

但是,社会物流总费用持续高位运行,并没有带来物流企业利润率的上升。据初步调查,物流企业平均毛利率已由 2002 年的 30% 左右降低到 2007 年的 10% 以下,仓储企业只有 3%～5%,运输企业只有 2%～3%。也就是说,制造企业和流通企业增长的物流费用,并没有变为物流企业的利润。

如果物流企业利润率越来越低,低到不足以支撑基本的运作,那么,许多企业和资本将会退出这个行业。由此带来的只能是产业化程度进一步降低,物流总费用继续走高。当前物流企业利润率的下降是其发展环境中的一个突出问题,主要原因是成本上升较快(如油价、用工等),而物流企业的分散、弱小现状,在市场上难以取得定价的话语权,同时,缺乏资本市场的有力支持也是重要原因。因此,形成物流产业良性互动的发展环境,还需要产业内外两个方面的努力。

中小物流车队在转型的过程中遇到的发展的最大瓶颈之一就是"融资难"!

由于缺乏担保资产和漂亮的财报,使得银行或其他正规金融机构面对中小企业的授信望而却步,破解难题只能成为纸上谈兵,很难付诸实施。若是寻求非常规金融机构进行借款,则将面临高昂的借款成本,致使中小企业难以承受,甚至最终使企业反受其害。

由于上游的货主或者货运企业掌握着运单,因此对车队的运费采取了赊销的方式,账期动辄 2～3 个月,下游的司机则需要及时兑付工资,一旦发生工资支付不及时就可能影响货物运输的及时性。同时,车队经营者还要提前支付码头押金、运输油款、过路过桥等费用,这些都占用着车队大量的流动资金。所以,如何有效获取低成本的资金成为中小物流车队健康发展的核心问题。

2. 破解融资难的和诚运盈模式

寻找细分行业并有效解决该行业经营者的融资、经营困难,是破解中小企业融资难的一个思路,既符合国家政策,也符合社会民情。为此,和诚智达成立了全资子公司和诚运盈金融技术服务有限公司,和诚运盈的成立旨在为中小物流企业打造一个公平、透明、低成本的融资服务平台。通过互联网信息技术,将有融资需求的借款人和有理财需求的投资人进行在线信息配对,为营运车队提供购车、加油、运费等融资服务。

和诚智达之所以能有别于其他营运车管理服务,就在于数据,在和诚智达开发的"智汇车管"系统中,我们可以查到营运车在营运过程中几乎所有的相关数据,这其中包括但不限于车辆的启停状态、车辆历史行驶线路、车辆历史行驶里程、车辆油耗、车辆实时画面、车辆违章情况、车辆安全状况等充分的数据。

正是基于一系列数据的采集,车队可以对自己营运的车辆的日常运作状况做到了如指掌。车队利用以上数据,可以分析司机在营运线路上的操作是否合乎规范、是否有违规驾驶、是否做到环保高效地驾驶,利用和诚智达的该套系统,为车队在营运过程中提供帮助,提高了车队的营运效率,降低了车队的营运车本。

同样依靠和诚智达的这套系统,基于庞大且系统的数据支撑,和诚运盈可以提炼有效关键数据,分析车队在历史营运过程中的成本、主营业务收入、利润率、运作效率及资信情况等,建立有别于传统金融行业的评级授信模型,根据和诚运盈建立的数据模型对车队进行评级授信,最终达到为中小物流车队提供融资服务、促进中小物流车队健康发展的目标。

有了数据,接下来就是搭建投融资平台了。有别于传统的 P2P 平台,和诚运盈定位自己的平台为 P2B 平台。我们不服务于个人,我们定位于服务中小物流车队,是以车队为服务主体。

在为投融资双方建立了方便快捷的投融资平台背后,为控制风险,平台建立了六大风险防控措施:

一是严格的客户筛选机制。

从和诚智达现有管理的车队中,根据车队的过往业务数据(燃油使用、营运线路、保险、过路过桥、运输合同等数据),择优筛选。也就是说,新增客户必须在和诚智达的智汇车管平台运作 3 个月以上,才能对其进行评估授信。

二是委托专业的律师团队上门做尽职调查。

通过有效的第三方机构,确保借款客户信息的真实性、准确性、公正性。

三是实力的保险机构承保。

由中银保险有限公司对车队的赊销行为提供保险保障,确保投资者的本金、利息不受损失。

四是安全的资金监管体制。

平台的资金通过第三方支付机构进行资金的归集与清算,不沉淀资金、按月还本付息,有效降低投资人的风险。

五是透明的资金流向管控。

与其他金融服务平台不同,和诚运盈平台投资人的资金流向是清楚明晰的,是根据借款人的购买意向,定向支付给汽车经销商或者石油经销商,不得挪作他用。

六是全面的数据管理分析。

和诚智达的车辆管理服务平台——智汇车管,能够为平台提供及时地车队经营数据,通过数据能够及时地研判车队的经营状况并采取对应的风险防控措施。

控制整体的车辆运营成本,降低社会整体物流费用消耗,通过现代化的管理提高营运效率,就整个社会来说,是十分有利于我国物流行业在国际上的竞争力;随着物流在我国生活中的重要性增加,物流的规范和成本效率的再平衡,在很大程度上也有助于提高国民的消费水平;同时,也意味着创造同等数量的财富,在物流领域所消耗的物化劳动和活劳动得到节约,资源得到节省。和诚运盈希望用公开、透明、诚实的技术和服务理念,与车队和投资者紧密合作,在满足各方需求的同时收获信任。

第二节　运输成本计算

一、远洋运输成本计算

(一)核算资料

【例 5-1】(1)某远洋运输公司,其甲货船第 5 航次航行于国外某航线,自 6 月开航至

7月20日结束。甲船于6月末为未完航次,当时的"航次成本计算单"所列费用见表5-2。

表5-2 6月份甲船航次成本计算单

单位:元

航次运行费用	532000
燃料费	400000
港口费	30000
货物费	100000
航次其他费用	2000
6月份分配该船舶固定费用	600000
6月份分配该船舶集装箱固定费用	20000

甲船第5航次尚未结束,计未完成航次成本1152000元,由于该航次尚未结束,不分配营运间接费用。

(2)甲船于7月份航次结束,当月甲船第5航次的运行费用以及7月份船舶固定费用、集装箱固定费用、营运间接费用见表5-3。

表5-3 7月份甲船航次运行费、船舶固定费及集装箱固定费

单位:元

航次运行费用	528000
燃料费	350000
港口费	25000
货物费	150000
航次其他费用	3000
7月份甲船船舶固定费用	682000
7月份集装箱固定费用	372000

(二)计算过程

(1)甲船7月份船舶固定费用682000元,按航次营运天数分配,由该月第5航次和第6航次负担(第5航次为已完航次,第6航次为未完航次)。其计算如下:

甲船7月份每天船舶固定费用=682000/31=22000(元/天)

甲船第5航次负担固定费用=22000×20=440000(元)

(2)该公司7月份的集装箱固定费用为372000元,按重量标准箱天3100箱天计算分配,由甲船第5航次和第6航次负担(其中,第5航次使用集装箱2000箱天,第6航次使用集装箱1100箱天)。其计算如下:

每箱天固定集装箱费用=372000/3100=120(元)

甲船第 5 航次 7 月份使用集装箱应负担的费用＝120×2000＝240000(元)

甲船第 6 航次 7 月份使用集装箱应负担的费用＝120×1100＝132000(元)

(3)甲船第 5 航次已完航次成本见表5-4。

表 5-4　甲船第 5 航次已完航次成本

单位:元

项目	6 月份	7 月份	合 计
航行费用	532000	528000	1060000
燃料	400000	350000	750000
港口费	30000	25000	55000
货物费	100000	150000	250000
航次其他费用	2000	3000	5000
分配船舶固定费用	600000	440000	1040000
分配集装箱固定费用	20000	240000	260000
甲船第 5 航次直接费用合计	1684000	1736000	3420000

(4)该公司 7 月份的营运间接费用共为 10000000 元,7 月份各船已完航次运行费用合计 1000000 元。营运间接费用按月份已完航次直接费用比例计算分配。计算如下:

7 月份营运间接费用分配率＝(1000000/10000000)×100％＝10％

甲船第 5 航次应分配营运间接费用＝3420000×10％＝342000(元)

甲船第 5 航次总成本＝3420000＋342000＝3762000(元)

(5)设甲船第 5 航次完成运输周转量 313500 千吨千米,则其单位成本可计算如下:

单位运输成本＝3762000/313500＝12(元每千吨千米)

(6)根据上述结果,可按船名或航线编制"船舶已完航次成本汇总表"(本例略)。

二、汽车运输成本计算

(一)直接人工的归集与分配

对于物流企业人工中的工资,每月根据工资结算表进行汇总和分配。对于有固定车辆的司机和助手的工资,直接计入各自成本计算对象的成本;对于没有固定车辆的司机和助手的工资以及后备司机和助手的工资,则需按一定标准(一般是车吨日)分配计入各成本计算对象的成本,计算方法如下:

每一车吨日的工资分配额＝应分配的司机及助手工资总额/各车辆总车吨日

营运车辆应分配的工资额＝每一车吨日的工资分配额×营运车辆总车吨日

【例 5-2】浩悦运输公司有两种运输车型,A 型车 15 辆,载重 8 吨,每辆车配备 1 名司机,每人工资 1000 元,B 型车 10 辆,载重 4 吨,每辆车配备 1 名司机,每人工资 1000元。另有 2 名后备司机,每人工资 960 元,假设 A、B 两种车型每天均满载 2 趟,每月按

30 个工作日计算。要求计算 A、B 两种车型各自应负担的工资成本。

解:计算总营运车吨日

A 型车＝15×8×2×30＝7200(车吨日)

B 型车＝10×4×2×30＝2400(车吨日)

计算费用分配率:

后备司机每营运车吨日工资分配额＝总额应分配后备司机工资/总营运车吨日＝960×2/(7200＋2400)＝0.2

A 型车应负担后备司机工资费用＝7200×0.2＝1440(元)

B 型车应负担后备司机工资费用＝2400×0.2＝480(元)

A 型车应负担的工资成本＝15×1000＋1440＝16440(元)

B 型车应负担的工资成本＝10×1000＋480＝10480(元)

(二)直接材料的归集与分配

1. 燃料

对于燃料消耗,企业一般根据燃料领用凭证进行汇总与分配。但需注意,在燃料采用满油箱制的情况下,车辆当月加油数就是当月耗用数;在燃料采用盘存制的情况下,当月燃料耗用数应按如下公式确定:

当月耗用数＝月初车存数＋本月领用数－月末车存数

2. 轮胎

营运车辆领用轮胎、内胎、垫带以及轮胎零星修补费等,一般根据轮胎领用汇总表及有关凭证,按实际数直接计入各成本计算对象的成本。

(1)外胎可以按领用外胎实际成本计入当月运输成本。

(2)在一次领用轮胎数较多时,可以在一年内分月摊入各月运输成本。

(3)按行驶千米数预提:

千胎千米摊提额＝(外胎计划价格－计划残值)/新胎到报废行驶里程÷1000

某车型外胎应计摊提数＝千胎千米摊提额×该车实际使用千米÷1000

【例 5-3】浩悦运输公司某车型一次领用轮胎 100 个,每个 800 元,该批轮胎计划残值 4000 元,这些新胎行驶里程定额为 500 万千米。该月该批轮胎行驶 50 万千米。

要求:计算该月应摊提轮胎费用。

解:千胎千米摊提额＝100×800－4000/5000000÷1000＝15.2(元)

该车型某月应摊提轮胎费用＝15.2×500000÷1000＝7600(元)

(三)其他直接费用的归集与分配

1. 保养修理费

营运车辆因维护和修理而领用的各种材料、配件费,直接计入各分类成本的修理项目,而对于大修则需要预提车辆大修理的费用,根据"预提大修理费用计算表"计入本项目。

按行驶里程计提,其计算公式为:

某车型营运车千车千米大修理用预提额＝预计修理次数×每次大修理费/该车新

至报废所行驶里程定额÷1000

某车型营运月大修理提存额＝该车型营运车千车千米大修理费用预提额×该车型营运车当月实际行驶里程÷1000

按使用年限计提时，其计算公式为：

某车型营运车月大修理费用提取额＝预计大修理次数×每次大修理费用/使用年限×12

【例5-4】浩悦运输公司有A型车10辆，预计使用年限10年，预计大修理次数20次，预计每次大修理费用共计10000元，该车行驶里程定额为40万千米/辆，某月10辆车共行驶5万千米。

要求：分别用行驶里程法计算大修理费用月提存额。

解：该车型营运车千车千米大修理费用预提额＝20×10000/(400000×10/1000)＝50(元/千车·千米)

该车型营运车本月大修理费用提存额＝50×50000/1000＝2500(元)

2. 折旧费

(1)税法在固定资产折旧年限上有规定如下(最低折旧年限)：房屋、建筑物为20年；火车、轮船、机器、机械和其他生产设备为10年；电子设备和火车、轮船以外的运输工具以及与生产经营有关的器具、工具、家具等为5年，残值比例统一规定为原价的5%；因此，小汽车按税法规定：折旧年限5年，残值率5%。

即使是二手车，其折旧年限也是从购买之日算起5年。

比如，皇冠车购买价值人民币300000元，折旧年限5年，残值率5%。

该车残值＝300000元×5%＝15000(元)

月折旧率＝(300000元−15000元)/60个月＝4750(元)

用满了三年，折旧费＝4750元×36个月＝171000(元)。

(2)工作量法。

即按照行驶里程计算固定资产折旧额。它是以固定资产折旧总额除以预计使用期内可完成的总行驶里程，求得每行驶里程折旧额的方法。使用这种方法时，每行驶里程的折旧额是相同的。根据各个时期完成的行驶里程，即可计算出该时期应计提的折旧额。

其计算公式如下：

每行驶里程折旧额＝(原始价值＋清理费用−残余价值)/预计总行驶里程

或者＝原始价值×(1−预计净残值率)/预计总行驶里程

例如，载重汽车一辆，原始价值为100000元，清理费用为12000元，残余价值为16000元，预计可行驶200000千米，第一年行驶30000千米。则

每千米折旧额＝(100000＋12000−16000)/200000＝0.48(元)

第1年应计提折旧额＝30000×0.48＝14400(元)

3. 车辆保险费

按实际支付的投保数额和投保期限，按月分车型分摊计入成本。

4. 其他费用

营运车辆在营运过程中因种种行车事故所发生的修理费、救援和善后费用,以及支付外单位人员的医药费、丧葬费、抚恤费、生活费等支出,扣除向保险公司收回的赔偿收入及事故对方或过失人的赔偿款后,净损失也可根据付款、收款凭证直接计入各类运输成本。

车辆牌照和检验费、车船使用税、洗车费、过路过桥费、轮渡费、司机途中住宿费、行车杂费等费用发生时都可以根据付款凭证直接计入各类运输成本。此外,领用随车工具及其他低值易耗品,可以根据领用凭证,一次或分资摊入各类运输成本。

(四)营运间接费用的归集与分配

运输企业所属基层营运单位(车队、车站、车场)为组织与管理营运过程中所发生的不能直接计入成本计算对象的各种间接费用,应通过"制造费用—营运间接费用"账户进行核算。企业如实行公司和站、队两级核算体制,"营运间接费用"账户应按基层营运单位设置明细账,并按费用项目进行明细核算,如实行公司集中核算体制,也可不分单位设置明细账,而直接按费用项目进行明细核算。

【例 5-5】浩悦运输公司甲车队某月共发生车队管理费 10000 元,当月运输业务直接费用为 20000 元,其他业务直接费用为 5000 元。该车队共有 A、B、C 三种车型,各车型当月发生的直接费用分别为 7000 元、6000 元、3000 元。

要求:计算各车型应分摊的车队管理费用。

解:计算运输业务应分摊的车队管理费用:

车队费用分配率＝10000/(20000＋5000)＝0.4

运输业务应分摊的车队费用＝20000×0.4＝8000(元)

计算各车型应分摊的车队费用:

按车型分摊车队分配率＝8000/(7000＋6000＋3000)＝0.5

A 车型分摊额＝7000×0.5＝3500(元)

B 车型分摊额＝6000×0.5＝3000(元)

C 车型分摊额＝3000×0.5＝1500(元)

三、运输总成本和单位成本的计算

运输企业完成一定运输业务所发生的直接人工、直接材料、其他直接费用和营运间接费用等运输费用总额,组成了运输总成本。运输总成本除以运输周转量得出单位成本。

其计算公式如下:

运输总成本＝直接人工＋直接材料＋其他直接费用＋营运间接费用

运输单位成本(元/千吨·千米)＝运输总体成本/运输周转量(千吨·千米)

【例 5-6】某公司现有车辆 X 辆,7 月份的有关业务如下,试计算该公司的物流运输总成本、物流运输单位成本。

(1)工资表显示,司助人员工资为 38000 元。

（2）按单车统计资料，有关燃料的消耗报告中所列数据为：X 辆车共消耗 23600 升，燃料本月的市场价格为 3.62 元/升。

（3）该公司本月 X 辆车的维修费 2367 元。

（4）7 月份交通事故一起，无人员伤亡。责任认定该公司车辆负全部责任，事故造成经济损失为：货物损失费 700 元，车辆修理费 1200 元。保险公司按规定赔付 900 元。

（5）年初该公司支付本年度保险费共计 30000 元。

（6）本月发生车队管理人员工资性费用、办公费、差旅费等共计 2687 元。

计算过程如表 5-5 所示：

表 5-5　物流运输成本及运输单位成本　　　　　单位：元

成本项目	实际成本
车辆费用：	
工资及福利	43320＝工资（1＋14％）
燃料费用	85432＝23600×3.62
修理费用	2367
事故费	1000＝损失－保险赔付
保险费	2500＝年保险费/12
车辆费用合计	134619
营运间接费用	2687
运输总成本	137306
运输周转量（千吨·千米）	1055
运输单位成本（元/千吨·千米）	137306/1055＝130

第三节　运输成本优化控制

运输成本优化控制是用最经济的办法实现运输的功能，也就是要实现合理化运输。所谓的合理化就是用最少的劳动消耗，运输更多的货物，取得最佳的经济效益。

一、运输合理化的影响因素

影响物流运输合理化的因素很多，起决定作用的有五个方面，称作合理运输的"五要素"。

（一）运输距离

在运输过程中，运输时间、运输货损、运费等若干技术经济指标都与运输距离有一定的关系，运距长短是运输是否合理的一个最基本的因素。

（二）运输环节

每增加一个运输环节，势必要增加运输的附属活动，如装卸、包装等，各项技术经济指标也会因此发生变化,因此减少运输环节,尤其是同类运输工具的环节,对合理运输有一定的促进作用。

（三）运输工具

各种运输工具都有其优势领域,对运输工具进行优化选择,最大限度地发挥运输工具的特点和作用,是运输合理化的重要的一环。

（四）运输时间

在全部物流时间中,运输时间占绝大部分,尤其是远程运输,因此,运输时间的缩短对整个流通时间的缩短起决定性的作用。此外,运输时间缩短,还有利于加速运输工具的周转,充分发挥运力效能,提高运输线路通过能力,不同程度地改善不合理运输。

（五）运输费用

运费在全部物流费用中占很大的比例,运费高低在很大程度上决定整个物流系统的竞争能力。实际上,运费的相对高低,无论对货主还是对物流企业都是运输合理化的一个重要的标志。运费的高低也是各种合理化措施是否行之有效的最终判断依据之一。

➤拓展链接

物流业运输领域的开放状况

中国物流业开放程度较高,但仍存在着进一步开放的空间。道路货物运输、国际货运代理业、快递业的开放程度相对较高,海运业、民用航空业、铁路运输业开放空间相对较大。仓储业和快递业的外资进入比较自由。

一、道路运输业的开放状况

1. 道路货物运输比旅客运输开放程度相对较高

根据《外商投资道路运输业管理规定》(交通运输部令 2014 年第 4 号)相关规定,采用中外合资形式投资经营道路旅客运输,采用中外合资、中外合作形式投资经营道路货物运输、道路货物搬运装卸、道路货物仓储和其他与道路运输相关的辅助性服务及车辆维修,采用独资形式投资经营道路货物运输、道路货物搬运装卸、道路货物仓储和其他与道路运输相关的辅助性服务及车辆维修,对外开放时间由国务院商务主管部门和交通运输主管部门另行公布。另外,外商投资从事道路旅客运输业务,还应当符合以下条件:主要投资者中至少一方必须是在中国境内从事 5 年以上道路旅客运输业务的企业;外资股份比例不得多于 49％;企业注册资本的 50％用于客运基础设施的建设与改造;投放的车辆应当是中级及以上的客车。根据《外商投资产业指导目录》(2011 年版),外商投资公路货物运输属于外商投资鼓励类项目,外商投资公路旅客运输公司和出入境汽车运输公司属于外商投资限制类项目。

2. 对香港、澳门实施更为宽松的道路运输开放政策

根据《内地与香港关于建立更紧密经贸关系的安排》和《内地与澳门关于建立更紧密经贸关系的安排》,对《外商投资道路运输业管理规定》做出了相关补充规定,香港、澳门服务提供者可以经营港、澳至内地各省、市及自治区之间的货运"直通车";可以在西

部地区设立独资道路客运企业;香港、澳门经营专营巴士的客运公司和经营非专营巴士(粤港直通巴士)的公司可以在广东、广西、湖南、海南、福建、江西、云南、贵州和四川等省(自治区)设立合资企业,从事香港或澳门与该九省之间的道路客运"直通车"业务;允许香港、澳门地区经营专营公共汽车(巴士)的客运公司在内地市级城市设立独资企业,从事城市公共汽车客运和出租车客运业务。

二、海运业的开放状况

1. **海运业对国际船舶运输、国际船舶代理等对外资股权和合作方式有相关要求**

根据《外商投资国际海运业管理规定》《中华人民共和国国际海运条例》相关规定,设立中外合资、中外合作企业经营国际船舶运输、国际船舶代理、国际船舶管理、国际海运货物装卸、国际海运集装箱站和堆场业务,设立中外合资、中外合作、外商独资企业经营国际海运货物仓储业务,设立中外合资、中外合作、外商独资企业为投资者拥有或经营的船舶提供日常业务服务。以中外合资或中外合作企业形式设立的国际船舶运输企业、国际船舶代理企业,外商的出资比例不得超过49%。

2. **对香港、澳门实施更为开放的海运业相关政策**

根据《内地与香港关于建立更紧密经贸关系的安排》和《内地与澳门关于建立更紧密经贸关系的安排》相关规定,允许香港和澳门的服务提供者在内地设立独资企业经营国际船舶管理、国际海运货物仓储、国际海运集装箱站和堆场、无船承运业务;允许香港和澳门的服务提供者在内地设立独资船务公司,为其拥有或者经营的船舶提供揽货、签发提单、结算运费、签订服务合同等日常业务服务。

3. **对外商独资船务公司运营有相关规定**

根据《外商独资船务公司审批管理暂行办法》相关规定,独资船务公司员工中,中国雇员应当占有85%以上;设立独资船务公司时,在拟设立独资船务公司的港口城市设立经交通运输部批准的常驻代表满3年;经批准的独资船务公司或其分公司可为其母公司拥有和经营的船舶从事揽货、签发提单、结算运费和签订服务合同业务;独资船务公司的母公司在拟设分公司的城市有经交通运输部批准设立的常驻机构满一年以上。

三、民用航空业的开放状况

(1)民用航空业外资准入既有鼓励类,又有限制、禁止类。民用机场的建设、经营(中方相对控股)、航空运输公司(中方控股)、农、林、渔业通用航空公司(限于合资、合作)被列入《外商投资产业指导目录》(2011年修订)鼓励类,摄影、探矿、工业等通用航空公司(中方控股)被列入《外商投资产业指导目录》(2011年修订)限制类,空中交通管制公司被列入《外商投资产业指导目录》(2011年修订)禁止类。

(2)民用航空业中部分存在对外资股权和合作方式相关规定。根据《外商投资民用航空相关管理规定》,外商投资民用机场,应当由中方相对控股。外商投资公共航空运输企业,应当由中方控股,一家外商(包括其关联企业)投资比例不得超过25%。外商投资从事公务飞行、空中游览、为工业服务的通用航空企业,由中方控股;从事农、林、渔业作业的通用航空企业,外商投资比例由中外双方商定。外商投资飞机维修(有承揽国际维修市场业务的义务)和航空油料项目,由中方控股;货运仓储、地面服务、航空食品、停车场等项目,外商投资比例由中外双方商定。

四、铁路运输业的开放状况

(1)铁路运输外资准入被列入《外商投资产业指导目录》中的限制类。铁路货物运输公司、铁路旅客运输公司(中方控股)被列入《外商投资产业指导目录》(2011年版)限制类,而铁路干线路网的建设、经营(中方控股);支线铁路、地方铁路及其桥梁、隧道、轮渡和站场设施的建设、经营(限于合资、合作);高速铁路、铁路客运专线、城际铁路基础设施综合维修(中方控股)被列入《外商投资产业指导目录》(2011年版)鼓励类。

(2)铁路货物运输中对外商股权比例有相关规定。根据《外商投资铁路货物运输审批与管理暂行办法》相关规定,设立中外合营铁路货运公司,外国主要投资者应是从事货运业务10年以上的货物运输公司,并具备较强的资金实力和良好的经营业绩。中方主要投资者应是从事货运业务10年以上的铁路运输企业。在中国政府规定期限内,中方投资股比不低于51%。

五、国际货运代理业的开放状况

国际货运代理业开放程度较高,允许外商独资。根据《外商投资国际货物运输代理企业管理办法》相关规定,外国投资者可以合资、合作方式在中国境内设立外商投资国际货运代理企业。自2005年12月11日起,允许设立外商独资国际货运代理企业。

外商投资国际货运代理企业可经营业务广泛。主要包括:根据《外商投资国际货物运输代理企业管理办法》相关规定,外商投资国际货运代理企业可经营以下业务:订舱(租船、包机、包舱)、托运、仓储、包装;货物的监装、监卸、集装箱拼装拆箱、分拨、中转及相关的短途运输服务;代理报关、报验、报检、保险;缮制有关单证、交付运费、结算及交付杂费;国际展品、私人物品及过境货物运输代理;国际多式联运、集运(含集装箱拼箱);国际快递(不含私人信函和县级以上党政军机关公文的寄递业务);咨询及其他国际货运代理业务。从事信件和信件性质物品(不含私人信函和县级以上党政军机关公文的寄递业务)国际快递业务的企业经商务主管部门批准后应向邮政部门办理邮政委托手续。

六、仓储业的开放状况

根据《外商投资产业指导目录》(2011年版),运输业务相关的仓储设施建设、经营属于外商投资鼓励类项目,允许外商独资。从已有法律看,也没有外商投资的法律法规对外商投资仓储的资格条件做出专门规定。因此,可以判断仓储业的外资市场准入比较自由。

七、快递业的开放状况

目前,中国国际快递业务已基本对外资开放,主要城市国内快递业务也已对部分外资企业分批开放。2014年9月24日,中国政府决定将全面开放国内包裹快递市场,对符合许可条件的外资快递企业,按核定业务范围和经营地域发放经营许可。中国快递业正迈入全面开放的新时代。(资料来源:http://www.clpma.cn/zazhizaixian/juan-shou/2014－12－30/136.html)

二、运输成本的优化措施

(一)合理装载,提高实载率

合理装载是充分利用运输工具的载重量和容积,合理安排装载的货物及载运方法以提高运输工具实载率的一种有效措施。通过合理装载和提高实载率,可以充分利用车船的额定能力,减少运力浪费。

实载率是一定时期内车船实际完成的货物周转量(以吨千米计)占车船载重吨位与行驶里程的乘积的百分比。在计算车船行驶里程的时候,不但计算载货行驶里程,也计算空驶里程。合理装载有如下几种方式:

1. 拼装整车运输

由同一发货人将不同品种发往同一站、同一收货人的少量货物组合在一起,以整车方式运输至目的地;或将同一方向、不同到站的少量货物集中在一起,以整车方式运送到适当的中转地,然后分运至目的地。在实际作业中,通常表现为零担拼整直达、零担拼整接力直达或中转分运、整车分卸、整装零担等方式。

2. 组织轻重装配

即把实重货物和轻泡货物组装在一起,既可充分利用车船装载容积,又能利用装载重量,以提高运输工具的效率。

3. 实行解体运输

对一些体积大、笨重、不易装卸又容易碰撞致损的货物,如自行车、缝纫机和科学仪器、机械等,可以在装载前先行拆分,分别包装,以缩小所占空间,并易于装卸,以提高运输工具的效率。

4. 多样堆码方法

根据车船的货位情况和不同货物的包装情况,采取各种有效的堆码方法,如多层装载、骑缝装载、紧密装载等,以提高运输工具的效率。

(二)实现运输工具的合理分工

1. 主要表现为根据运距的长短进行铁路和公路分流

目前对杂货及煤炭等较普遍地使用铁路运输。一般认为,公路的经济里程为200～500千米,随着高速公路的发展,高速公路网的形成,新型货车与特殊货车的出现,公路运输的经济里程有时可达1000千米以上。在公路运输的经济里程范围内,应尽可能地利用公路运输,这样有两个好处:一是对于比较紧张的铁路运输,用公路分流后,可以有一定程度的缓解,从而提高这一地区运输通过能力;二是充分利用公路运输门到门运输的能力和速度快且灵活机动的优势,实现铁路运输难以达到的服务水平。当然,实现运输工具的合理分工不仅仅表现在铁路运输和公路运输的选择,还涉及其他一切运输工具,在决定运输工具的时候,需要进行认真的分析。

2. 实行联合运输(综合一贯制运输)

综合一贯制运输,是把卡车的机动灵活和铁路、海运的成本低廉(即便利和经济)及飞机的快速特点组合起来,完成"门到门"运输;通过优势互补,实现运输效率化、低廉化、缩短运输时间的一贯运输方式。如卡车—铁路—卡车,卡车—船舶—卡车,卡车—飞机—卡车,卡车—船舶—铁路—船舶—卡车,卡车—船舶—卡车—飞机—卡车等。

3. 分区产销合理运输

分区产销合理运输,就是在组织物流运输时,对某种货物,使其一定的生产区固定于一定的消费区。根据产销情况和交通运输条件,在产销平衡的基础上,按近产近销的原则,使货物走最少的里程。这种形式适用于品种单一、规格简单或生产集中和消费集中、调运量大的货物,如煤炭、木材、水泥、粮食、建材等。实行这种运输,对于加强产、供、运、销的计划性,消除过远、迂回、对流等不合理运输,充分利用地方资源,促进生产布局合理,降低物流费用等都有十分重要的作用。

实行分区产销合理运输,首先要调查物资产销情况、供应区域、运输路线和运输方式,为制定合理的调运方案提供信息。其次,划定物资调运区域,将某种物资的生产区和销售区固定。如工业产品以生产地为中心,以靠近生产地的区域为销售区域;农副产品以消费城市为中心,同附近的生产地建立固定的产销关系,从而形成一个合理的调运规划。再次,绘制合理的运输流向图。即根据已制定的调运区域范围,按运程最短和产销平衡的原则,制定合理的运输流向图。最后,制定合理的运输调运方案。

4. 实行直达运输和直拨运输

(1)直达运输是指通过减少中转、过载、换载,从而提高运输速度,节省装卸费用,降低中转损耗。直达运输的优势在一次运输批量和用户一次需求量达到整车时表现得最为突出。对生产资料来说,由于某些物资体大而笨重,一般采取由生产厂矿直接供应给消费单位(生产消费),实行直达运输,如煤炭、钢材、建材等。在商业部门,有些商品规格简单,可以由生产工厂直接运到零售商、大型商店或用户,如纸张、肥皂等;对于规格、花色比较复杂的商品,可由生产工厂供应到批发商,再由批发商配送到零售商或用户。外贸部门多采取直达运输,对出口商品实行由产地直达口岸的办法。值得注意的是,直达运输的合理性是在一定条件下成立的,大批量大到一定程度时,直达才是合理的,在小批量时用直达运输,成本将会高于中转运输,如图5-1所示。

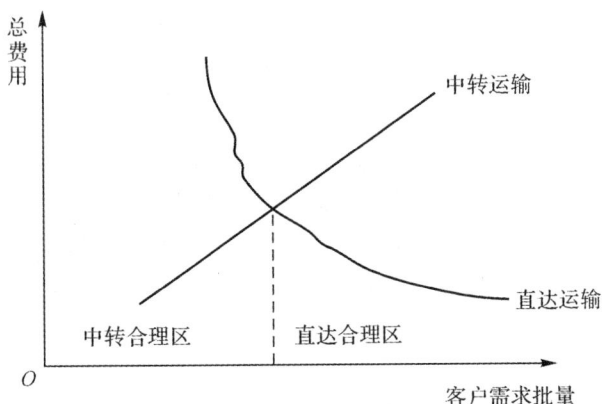

图 5-1 直达运输和中转运输曲线图

(2)直拨运输是指企业在组织货物调运时,对当地生产或由外地送达的商品不运进批发站仓库,而直接将商品发送给基层批发、零售商甚至直接发给最终用户,以减少运输中转环节。这种运输方式在运输时间和运输成本方面都能取得经济效益。实际作业中,通常采用就厂直拨、就车站直拨、就仓库直拨、就车船直拨等具体方式,即"四就"直拨运输。其与直达运输的不同之处是直拨运输里程较近、批量较小,而直达运输主要指中、长里程运输和大批量运输。

5. 通过流通加工,使运输合理化

有不少产品,由于产品本身形态及特性问题,很难实现运输的合理化,如果进行适当加工,就能够有效解决合理运输问题。例如,将造纸木材在产地预先加工成干纸浆,然后压缩体积运输,就能解决造纸木材运输不满载的问题。轻泡产品预先捆紧包装成规定尺寸,装车就容易提高装载质量;水产品及肉类预先冷冻,就可提高车辆装载率并降低运输损耗。

6. 发展社会化的运输体系

运输社会化的含义是指发展运输的大生产优势,按专业分工,打破一家一户自成运输体系的状况。一家一户的运输量小,车辆自有,自我服务,不能形成规模,且由于运量需求有限,难以进行自我调剂,因而经常容易出现空驶、运力选择不当(因为运输工具有限、选择范围太窄)、不能满载等浪费现象,且配套的接发货设施和装卸搬运设施也很难有效地运行,所以浪费颇大。实行运输社会化,可以统一安排运输工具,避免对流、倒流、空驶、运力不当等多种不合理形式,不但可以追求组织效益,而且可以追求规模效益,所以发展社会化的运输体系是运输合理化非常重要的措施。

三、运输成本控制策略

(一)压缩单位商品的运输成本

压缩单位商品的运输成本能力取决于运输活动过程中由谁控制商品运输和对商品运输过程的控制力度。供应商、购货商、运输服务商决策管理过程相互独立,小型生产企业自营运输,都不利于对运输成本的控制。下面从单位商品的运输成本角度分析一下在运输过程中成本压缩空间的大小,影响单位货物运输成本的因素很多,为简化起见,只从运输距离和单车运载的货物数量两个重要元素展开分析。在通常情况下,单位货物的运输成本与运输距离成正比,与运输商品的数量成反比。所以,理想的运输服务系统应该是在运输距离固定的情况下,追求运输货物数量的最大化;而在运输货物数量不足的情况下,追求运输距离的最小化。最佳的解决方案是将长距离、小批量、多品种的货物运输整合起来,统一实施调度分配,并按货物的密度分布情况和时间要求在运输过程的中间环节适当安排一些货物集散地,用以进行货运的集中、分拣、组配。实行小批量、近距离运输和大批量、长距离的干线运输相结合的联合运输模式。

在货物运输中,可以压缩成本空间的情况有:

(1)如果长途货物回程运输实现有效配载,则单位货物的运输距离由往返减为单程,距离减半,成本减低为50%。

(2)如果供货商到购货商的货物采购运输由一对一独立完成的运输模式改为一次

集中提货、多点投递的配送模式,并对配送路径进行优化,可以将单位货物的运输距离成倍降低,运输成本也将大幅度地下降。比如,供货商到购货商的距离为 10 千米,如果有三家购货商相距很近,那么三次单独运输的往返距离为 60 千米;而配送的运输距离为 20 千米,运输成本可以降低为 30%。

（二）适当设立配送中心

当供货商与一批具有较强购买能力、彼此之间较近的购货商群体的距离超过一定极限时,小型车辆的长距离运输成本将显著增加,由此便产生了对配送中心的需求。比如,在 10 家购货商群体距离不到 20 千米的位置设置一个配送中心,配送中心距离供货商 200 千米,每家购货商需一小型配送车满载的货物。在没有配送中心的情况下,完成 10 家购货商的运输总往返距离为 4000 千米,而设立配送中心后,这批货物可以由干线运输工具一次运到配送中心,运输距离为 400 千米,又从配送中心到各个购货商的往返运输距离总和小于 400 千米,这样总往返运输距离压缩在 800 千米以内,总成本降低为 20%。

（三）采用集运方式控制物流成本

在物品运输中,运输批量越大,费率就越低。这样就促使企业采用大批量运输工具,将小批量物品合并成大批量进行运输是降低单位运输成本的有效方式。

1. 运输车辆合并

在拣取和送出的货物都达不到整车载重量的情况下,为提高运载效率可以安排同一辆车到多个地点取货和送货。为实现运输车辆合并的规模经济,需要对行车路线和时间表进行整体规划。

2. 运输时间合并

企业可以在一定时期内积累客户订单,这样可以一次性运送大批量的物品,而不是小批量多次运送。通过运输时间合并,对大批量的运输路径进行规划,使单位运输费用降低,企业也可以获得运输中的规模效益。当然,随着发货时间的延长,会造成服务水平的降低。因此,要在运输成本和其对服务水平造成的影响之间进行权衡。运输成本是显而易见的,而服务水平下降造成的损失却比较难估计。

3. 自发集运

把一个市场区域中到达不同客户的小批量运输结合起来,叫作自发集运。自发集运的难点是每日要有足够的数量。为了抵消数量的不足,通常可以采用以下三种方法:一是集运的货物可以被送到一个中间散件货点以节约运输费用,在那里再被分开运到各自的目的地;二是企业可以选择货物集运,在某几个特定的日期,按计划将货物运至目的地;三是公司可以利用第三方物流来取得本公司不可能取得的规模效应。

4. 共同运输

共同运输是指由一个货运代理人、公共仓储或运输公司为在相同市场中的多个货主安排集运。提供共同运输的公司通常具备大批量送货的长期送货约定。在这种安排下,集运公司还要为满足客户需要提供如分类、排序、进口货物的单据处理等服务。

5. 共同配送

共同配送是几个配送中心联合起来,共同制订计划,共同使用配送车辆,共同为某一地区的用户实行配送。采用共同配送,既能减少企业的物流设施投资,也能充分合理地利用物流资源。

(四)推进信息化

政府应建设公共的网络信息平台,采用互联网等先进技术,实现资源共享、数据共用、信息互通,降低运输信息获取的成本和错误,推广应用智能化运输系统,提高运输调度的水平以及减少运输过程中货物的丢失和损坏。

(五)运输成本控制的数量方法

1. 里程节约法

假如由一家配送中心(DC)向两个用户 A、B 送货,配送中心到两客户的最短距离分别是 L_a 和 L_b,A 和 B 间的最短距离为 L_{ab},A、B 的货物需求量分别是 Q_a 和 Q_b 且 (Q_a+Q_b) 小于运输装载量 Q,如图 5-2 所示。如果配送中心分别送货,那么需要两个车次,总路程为:$L_1=2(L_a+L_b)$,如果改用一辆车对两客户进行巡回送货,则只需一个车次,行走的总路程为:$L_2=L_a+L_b+L_{ab}$。

由三角形的性质我们知道:$L_{ab}<(L_a+L_b)$,所以第二次配送方案明显优于第一种,且行走总路程节约:$\Delta L=(L_a+L_b)-L_{ab}$。

如果配送中心的供货范围内还存在着 $3,4,5,\cdots,n$ 个用户,在运载车辆载重和体积都允许的情况下,可将它们按着节约路程的大小依次连入巡回路线,直至满载为止,余下的用户按同样方法确定巡回路线,另外派车。

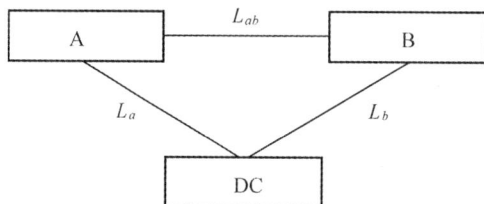

图 5-2　配送路线图

2. 图上作业法

图上作业法是在运输图上求解线性规划运输模型的方法。交通运输以及类似的线性规划问题,都可以首先画出流向图,然后根据有关规则进行必要调整,直至求出最小运输费用或最大运输效率的解。这种求解方法,就是图上作业法。图上作业法的内外圈流向箭头,要求达到重叠且各自之和都小于或等于全圈总长度的一半,这时的流向图就是最佳调运方案。

3. 表上作业法

表上作业法是用列表的方法求解线性规划问题中运输模型的计算方法,是线性规划问题的一种求解方法。当某些线性规划问题采用图上作业法难以进行直观求解时,就可以将各元素列成相关表,作为初始方案,然后采用检验数来验证这个方案,否则就要采用闭回路法、位势法或矩形法等方法进行调整,直至得到满意的结果。这种列表求解方法就是表上作业法。

➤本章小结

运输成本是指企业在货物的运输过程中所形成的各项费用,包括车队费、燃料费、设备维护费、劳动力费用、保险费和装卸费等。从运费方面看,运费在全部物流费用中占最高的比例。综合分析社会物流费用,运输费用通常占 50％或以上,还有一些产品运费极高,甚至高于产品的生产成本。

本章介绍了物流成本的构成和影响因素,分析了各种运输方式的成本特征;着重讲述了远洋运输成本与汽车运输成本的核算方法,最后详细论述了运输成本控制的策略和运输成本优化的措施。

➤课后练习思考题

1. 汽车运输成本是以货币的形式来表示的完成一定(　　　)的全部费用,既包括物质资料的价值消耗,也包括活劳动价值消耗。

A. 劳动　　　　　　B. 业务　　　　　　C. 运输工作量　　　D. 金额

2. 在组织物流运输时,(　　　)是指对某种货物,使其一定的生产区间固定于一定的消费区。

A. 分区产销合理运输　　　　　　B. 直达运输

C. 直拨运输　　　　　　　　　　D. 通过流通加工,使运输合理化

3. 运输成本改进的途径有(　　　)。

A. 简化运输系统,减少中间环节

B. 提高车辆的装载效率

C. 选择最佳运输手段

D. 实施直拨运输

4. 简述影响运输成本的因素。

5. 运输合理化的五要素是什么?

6. 论述如何进行运输成本的优化。

7. 甲公司要从位于 S 市的工厂直接装运 500 台电视机送往位于 T 市的一个批发中心。这票货物价值为 150 万元。T 市的批发中心确定这批货物的标准运输时间为 2.5 天,如果超出标准时间,每台电视机每天的机会成本是 30 元。甲公司的物流经理设计了下述三个物流方案,请从成本角度评价这些运输方案的优劣。

(1)A 公司是一家长途货物运输企业,可以按照优惠费率每千米 0.05 元/台来运送这批电视机。装卸费为每台 0.10 元。已知 S 市到 T 市的公路运输里程为 1100 千米,估计需要 3 天的时间才可以运到(因为货物装卸也需要时间)。

(2)B 公司是一家水运企业,可以提供水陆联运服务,即先用汽车从甲公司的仓库将货物运至 S 市的码头(20 千米),再用船运至 T 市的码头(1200 千米),最后用汽车从码头运至批发中心(17 千米)。由于中转的过程中需要多次装卸,因此整个运输时间大约为 5 天。询价后得知,陆运运费为每千米 0.05 元/台,装卸费为每台 0.10 元,水运运

费为每千米每百台 0.6 元。

（3）C 公司是一家物流企业，可以提供全方位的物流服务，报价为 22800 元。它承诺在标准时间内运到，但是准点的百分率为 80%。

案例学习

日本大和运输的宅急便

1. 宅急便的由来

日本的大和运输株式会社（Yamato Transportation）成立于 1919 年，是日本第二古老的货车运输公司。1973 年，日本陷入第一次石油危机的大混乱中，企业委托的货物非常少，这对完全仰赖于运送大宗货物的大和运输来说，无疑是一大打击。对此，当时大和运输的社长小仓提出了"小宗化"的经营方向，认为这是提高收益的关键。1976 年 2 月，大和运输开办了"宅急便"业务。当时有人提出用"Yamato-Parcel-Service"（大和、包裹、服务）这一名词，简称 YPS，但是未能决定是使用英文好，还是使用日文为好。对"宅急便"这个名词，起初也有人反对使用，认为当时已有了"急便"和"宅配"的用语，但最后小仓社长还是决定使用"宅急便"这个名词。他认为，以前有人说过"桌球这个名词比乒乓球更能被人接受"，后来事实证明，"乒乓球"反而较为人们所接受。"宅急便"这个名词，只要大家熟悉了，应该就不会有什么问题。

1976 年，宅急便共受理了 170 万件货物，同年日本国铁受理包裹为 6740 万件，邮局受理小包则达 17880 万件。到 1988 年，宅急便受理货物已达 34877 万件，超过了邮局小包的 23500 万件。该年，在"小宗化"的业界中，宅急便的市场占有率已达 40%，而位居日本运输业第一位的日本通运的"信天翁便"只占 28%。到 1995 年，宅急便的受理件数多达 57000 万件，营业额为 6000 亿日元。宅急便的员工人数由原先的 300 人增加到 57797 人，拥有车辆由 2000 辆增加到 25000 辆。在日本，大和运输的宅急便已是无人不知、无人不晓，在马路上到处可见宅急便在来回穿梭。

2. 黑猫商标

大和运输的象征商标，是一个黑猫叼着小猫的图案。1957 年，大和运输受理美国军人、军队的杂物运送，开始与美国的亚莱德·莱斯运输公司一起合作输送。这家美国公司以"Careful handling"为宣传口号，象征这个标语意义的，是母猫叼着小猫小心运送的图案。大和运输认为，图案中那种小心翼翼、不伤及小猫、轻衔住脖子运送的态度，仿佛是谨慎搬运顾客托运的货物，这种印象正和公司的服务宗旨相符合。于是经过亚莱德公司的同意，并对图案做了进一步的造型设计，改为现在的黑猫标志，使这个图案给人更具象征的印象。大和运输又将"Careful Handling"意译为"我做事，你放心"，并以此作为宣传标语。因此，人们又把大和运输称为"黑猫大队"。

3. 通电话翌日送达

宅急便类似目前的快递业务，但其服务的内容更广。在运送货物时，讲究三个"S"，即速度（Speed）、安全（Safety）、服务（Service）。大和运输在这三者之中，最优先考虑的是速度。因为有了速度,才能抢先顺应时代的需求,在激烈的市场竞争中取胜。而在速度中,宅急便又特别重视"发货"的速度。宅急便的配送,除去夜间配送以外,基本是一天 2 回,也即 2 次循环。凡时间距在 15 小时以内的货物,保证在翌日送达。1999年,开始部分的一日 3 次循环,做到时间距离在 18 小时以内的货物,翌日送达。也就是说,可以将截止接收货物的时间延长到下午 3 点,从而使翌日送达的达成率能到 95%,展现了大和运输更周到的服务。

宅急便的受理店多达 20 多万家(包括大和本身的近 2000 家分店),是以米店、杂货店等地方上分布面广的重要的零售店设立的。1989 年后,由于与 7-Eleven 和罗森等大型便利店的合作,已调整为双小时全天候受理货物。大和运输对这些受理店,每受理一件货物,支付 100 日元的受理手续费。如果顾客亲自将货物送到受理店,这位顾客就可以从所应付的运费当中扣除 100 日元。

黑猫大队有一个保证翌日送达的输送系统。在受理店截止接收货物的时间之后,大和运输分区派出小型货车到区内各处,将货集中运往称为"集货中心"的营业所,并迅速转送到称为"基地"的地点,进行寄往全国各地的货物分拣工作。然后,将经过分拣的货物,以发往的地区和货物种类为单元,装入统一的长 110 厘米、高 185 厘米的货箱内,一个货箱中大抵可以放进 70~80 件货物。从基地往基地移动时是使用 10 吨级的大型车,可装载 16 只货箱;从集货中心往基地,或是从基地往集货中心移动时(称为平行运输),常使用可装 8 个货箱的 4 吨车;而专用来收集以及递送的 2 吨车,则可零堆约一个货箱容量的货物。宅急便由于采用了统一规格的小型货箱和不同吨级的货车,从而大大提高了运送效率,降低了物流成本。

利用夜间进行从出发地到目的地的运输,是宅急便得以在速度上取得优势的重要措施,从而做到了当日下午进行集货,夜间进行异地运输,翌日上午即可送货上门,得以保证在 15~18 小时内完成整个服务过程。宅急便还采取了车辆分离的办法,采用拖车运输。牵引车把拖车甲运到日点以后,把车摘下来放在日点,再挂上日点的拖车乙开向A点。这样,车辆的周转率是最高的。

此外,又采取了设立中转站的办法。这种中转方法不是货车和货物的中转,而是司机进行交换的开车方式,如从东京到大阪的长途运输,距离为 600 千米,需要司机 2 个人,再从大阪返回时还需要这么长的时间,司机也非常累,这样一来一往就需要 6 个人。如果在中间设置一个中转站,东京和大阪同时发车,从东京来的,在中转站开上大阪的车返回就不要 2 个人,只要 1 个人就可以了,总共只需要 4 个人,从而减少了 2 个人的费用。

4. 开拓业务,强化服务

宅急便受理货物的内容种类繁多,包括地方特产、企业文件、各种零件、划拨商品等,凡是各式各样的小货物,都可通过宅急便来运送。旅客乘飞机可以委托将行李在登机前运送到机场;居住在乡下的长者,可以寄送昆虫、金鱼等小动物给住在城市的儿孙辈。有一次长崎发生大水灾,严重影响水源问题,住在远地的亲朋好友就寄送饮用水给生活受困的受灾者。宅急便对礼品市场的扩展,也有相当的贡献。单是每年的情人节、母亲节,宅急便的需求量就呈巅峰状态,即使一盒巧克力,也可以利用宅急便来寄送。特别是在情人节的日子,没有勇气将巧克力亲手交给心中的女孩子时,宅急便就成为可爱的"恋爱之神"。宅急便也对企业活动带来了方便,有许多企业利用宅急便来传递紧急的文件,连百货公司也利用宅急便作为"送货到家"的运送通道。当今非常流行的邮购等通信销售,若不是宅急便的普及,也就没有如此的快速发展。从利用宅急便运送货物的客户来分析,法人占60%,个人占40%,法人利用的比例很高,由此可见宅急便对企业界的魅力。

日本人现在去打高尔夫球时,已经很少有人亲自背着高尔夫球杆去球场。大多数是利用高尔夫宅急便,将球具送到高尔夫球场,自己则空手前往。在打完球回程时,也是由宅急便将高尔夫球杆送回自己家中,做到轻松地去游玩。1983年12月,滑雪宅急便开始登场,日本长野是这一季节的滑雪胜地,每年都从其他外县涌入1100万名滑雪客。只要运送滑雪橇和随身货物,如果平均每人2件的话,往返就会有4400万件的货源。滑雪宅急便保证做到在滑雪的前一天将货物送达,一开始就得到顾客的好评,特别是深受体力单薄的女性顾客们的喜爱。1987年8月,大和运输又推出了冷藏宅急便,温度分为5摄氏度(冷藏)、零摄氏度(冰温)和零下18摄氏度(冷冻)3种,货物以蔬菜、水果、鱼、肉等生鲜食品为主。在全体宅急便之中,生鲜食品运输占40%。冷藏宅急便开发后,这一比例又急速升高,说明在日本生鲜食品的输送需求极其旺盛。此外,大和运输又开拓了书籍服务,读者直接向书籍服务公司订购,书籍服务公司利用宅急便的配送网络,会尽早地把书籍送到读者手中。

宅急便还利用航空来运送货物,但由于在下午3点以前接受的货物若要望日送达,飞机必须夜间飞行,困难较多,所以航空货运量不大,约占总运量的1%。同时,宅急便对运距在600千米以上的,采取通过铁路运输的办法。宅急便每天有54班车(往返)就是通过东京到北海道函馆之间的直达车运送货物的。

5. 黑猫大队的货物追踪系统

大和运输致力于电脑化的推进,成为运输界中最先采用条形码的公司,美国的大型运输公司"UPS"(Unite Parcel Service)也仿效使用,现今这套条形码已成为运输业界的世界标准码。大和运输将宅急便的信息系统,统称为"猫系统"。第一代猫系统始于1974年,以路线及货运为中心。在结构上,是采用从设置在大和系统开发总公司的主电脑,以至到各营业所的终端机,全部以专用线缆来导引线路,以集中货物信息的方法进行处理。第二代猫系统始于1980年,此时初次登场的POS终端机,简化了资料输入动作,任何人都可以简单操作,信息的处理速度也快。第三代猫系统始于1985年,重点在于开发了携带型POS,让所有的货车司机都拥有一台。大和运输将所有附随货物的信息,包括发货店密码、日期、负责集货公司的司机密码、到店密码、货物规格、顾客密码、顾客送来或是集货方式、运费、传票号码,以及滑雪宅急便或高尔夫宅急便的顾客游玩日等,全都输入电脑进行管理。大和运输在日本全国1300所分店、营业所、基地设置终端机,网站的终端机数约2000台,携带型POS突破2000台。通过这个追踪货物系统,便能完全掌握所发生的各种信息。顾客如果询问邮局"托运的货物现今在何处"时,邮局必须花费 2 分钟才能做回答,而宅急便却能在 40 秒内做出答复(电脑的应答是 3～5秒)。由此可以查明:货物现在是在仓库,还是在分拣设施上,还是正在装车,还是已经送到顾客手中。这项优异的追踪系统的存在,进一步提高了顾客对宅急便的依赖度。

现在大和运输与美国 UPS 合作,建立了国际快递网络。UPS 拥有世界 175 个国家和地区的配送网,大和运输已将这些国家和地区全部列入自己的服务区域。

——摘自全国物流信息网

案例思考题

1. 宅急便的快递业务有何特色? 你怎样评价其经营之道?

2. 货物追踪系统对其物流运营有何作用?

第六章　包装成本管理

杜邦定律:63%的消费者是根据商品的包装装潢进行购买的。

——美国杜邦化学公司

学习目的和任务

- 了解包装的含义及包装技术
- 掌握包装成本的构成
- 掌握包装成本的核算方法
- 掌握包装成本的优化途径

本章要点

- 包装成本构成的基本内容
- 包装成本的核算方法
- 包装成本优化的途径

案例导入

山姆森玻璃瓶 ——一个价值 600 万美元的玻璃瓶

　　说起可口可乐的玻璃瓶包装,至今仍为人们所称道。1898 年,鲁特玻璃公司一位年轻的工人亚历山大·山姆森在同女友约会中,发现女友穿着一套筒型连衣裙,显得臀部突出、腰部和腿部纤细,非常好看。约会结束后,他突发灵感,根据女友穿着这套裙子的形象设计出一个玻璃瓶。经过反复的修改,亚历山大·山姆森不仅将瓶子设计得非常美观,很像一位亭亭玉立的少女,他还把瓶子的容量设计成刚好一杯水大小。瓶子试制出来之后,获得大众交口称赞。有经营意识的亚历山大·山姆森立即到专利局申请专利。当时,可口可乐的决策者坎德勒在市场上看到了亚历山大·山姆森设计的玻璃

— 158 —

瓶后,认为非常适合作为可口可乐的包装。于是,他主动向亚历山大·山姆森提出购买这个瓶子的专利。经过一番讨价还价,最后可口可乐公司以600万美元的天价买下此专利。要知道在100多年前,600万美元可是一项巨大的投资,然而实践证明可口可乐公司这一决策是非常成功的。亚历山大·山姆森设计的瓶子不仅美观,而且使用非常安全,易握且不易滑落。更令人叫绝的是,其瓶型的中下部是扭纹型的,如同少女所穿的条纹裙子;而瓶子的中段则圆满丰硕,如同少女的臀部。此外,由于瓶子的结构是中大下小,当它盛装可口可乐时,给人的感觉是分量很多的。采用亚历山大·山姆森设计的玻璃瓶作为可口可乐的包装以后,可口可乐的销量飞速增长,在两年的时间内,销量翻了一倍。从此,采用山姆森玻璃瓶作为包装的可口可乐开始畅销美国,并迅速风靡世界。600万美元的投入,为可口可乐公司带来了数以亿计的回报。

物流启示:商品包装作为商品设计的延续,已经成为商品营销的一个基础元素。富有创意的经典包装,已经成为企业提升品牌价值最简单、最有效的方法。

第一节 包装与包装成本概述

一、包装概述

包装作为物流企业的构成要素之一,与运输、保管、搬运、流通加工有十分密切的关系。包装是生产的终点,同时又是物流的起点,因此包装成本在物流成本中占有非常重要的地位。

(一)包装的定义

中国国家标准《包装流通术语》对包装物所下的定义是:"所谓包装是指为在流通过程中保护商品、方便运输、促进销售,按照一定技术方法而采用的容器、材料及辅助物等的总体名称,也指为了达到上述目的而采用容器、材料和辅助物的过程中施加一定的技术方法等的操作活动。"

包装成本是在一定时期内,为设计、研制、生产包装而支出的全部费用,它包括主辅材料费、燃料动力费、工资费及管理费等。包装成本中占比例最大的是包装材料费。容器和附属材料的总费用不得超过总成本的50%。因此,在包装设计中,计算物流包装成本的第一大项是包装材料成本。包装成本的第二项成本是劳务成本。同时,在包装设计上要防止过剩包装,应根据商品的价值和商品的特点设计包装。对于有些低价值的商品,为保证不发生包装破损而采用高档次包装的做法在经济上未必合理。允许一定程度的破损率,也可能会节约包装费用,这对于节约包装成本也是有益的。

(二)包装的功能

1. 保护商品

这是最重要的作用,它是指保护被包装的商品,防止风险和损坏,如渗漏、浪费、偷盗、损耗、散落、掺杂、收缩和变色等。一件商品,要经过多次物流作业,才会进入末端消费者手中,这期间要经过多次的装卸、搬运、陈列、库存等环节,还会受外在因素的影响,如撞击、潮湿、细菌等,都会对商品造成不利影响,因此,产品从生产出来到使用之前这段时间,保护措施是很重要的。

2. 提供方便

商品的包装应便于使用、携带和储存,这要求包装的大小、形态、材料等都要为运输、保管、装卸等物流作业环节提供方便条件。制造者、营销者及顾客要把产品从一个地方搬到另一个地方,如牙膏或钉子放在纸盒内可以很容易地在库房里搬运,酱菜和洗衣粉的小包装也便于消费者采购和带回家。

3. 便于辨别

包装上必须注明产品型号、数量、品牌以及制造厂家或零售商的名称。这些标志能帮助库房管理人员迅速而准确地找到产品,也可帮助消费者找到他想买的商品,进行准确的计量。

4. 便于集装单元化

集装单元化主要是通过包装将商品整理成为适合搬运、运输的单元,如:托盘、集装箱等运载单元。应尽量做到集中配送获得最佳效果,同时又要求可以重新组合和分割以适应多种装运及分货要求。还需要注意的是,包装单位大小应适合于进行交易的批量,在零售商品方面,应适合于消费者的一次购买。

5. 促进某种品牌的销售

在商场里,包装吸引顾客的注意力,并能把他的注意力转化为兴趣。有人认为,"每个包装箱都是一幅广告牌",良好的包装能够提高产品的吸引力,包装本身的价值也能引起消费者的购买兴趣。包装是不用讲话的推销员,企业可充分地利用包装的促销功能为企业销售目标服务,提高包装的吸引力要比提高产品单位售价的代价要低,但需要注意的是不能过度包装。

(三)包装的分类

由于要适应各种物资的差异和不同运输工具等各种不同的要求和目的,从而包装在设计、选料、包装技术、包装形态等方面出现了多样化,使得包装的门类繁多、品种复杂。

1. 按包装功能的不同分类

(1)工业包装。

工业包装是以运输、保管为主要目的的包装,也就是从物流需要出发的包装,亦称运输包装,是一种外部包装(包含内部包装)。工业包装的主要功能是保护功能、定量(单位化)功能、便利功能和效率功能。

(2)商业包装。

商业包装是指零售包装或消费包装。其主要是根据零售业的需要,作为商品的一部分或为方便携带所做的包装,亦即所谓的逐个包装。商业包装的主要功能是定量功能、标志功能、商品功能、便利功能和促销功能。其主要目的在于促销或便于商品在柜台上零售,或为了提高作业效率。

应当指出的是,在有些情况下,工业包装同时又是商业包装,比如装橘子的纸箱子就属于工业包装,但当连同箱子出售时,也可以认为是商业包装。为使工业包装更加合理并为促进销售服务,在有些情况下,也可以采用商业包装的办法来做工业包装,如家电用品就是兼有商业包装性质的工业包装。

2. 按包装层次的不同分类

(1)单件包装又称小包装、个体包装,是指直接用来包装物品的包装,通常是包装和商品形成一体,在销售中直接到达用户手中,单件包装属于销售包装或消费包装。

(2)内包装是指包装物品的内部包装,即考虑到水分、潮湿、光照、热源、碰撞、振动等因素对物品的影响,选择相应的材料或包装物对物品所做的保护性包装。

(3)外包装通常是指包装货物的最外层包装。外层包装一般都属于工业包装。

➢拓展链接

过度包装的危害

包装美观、大方一点,有利于商品销售。适当的包装是必要的,但过度包装会走向另一个极端,夸大包装的功能,误导消费观念,损害了消费者和社会的利益。过度包装是指包装的耗材过多、分量过重、体积过大、成本过高、装潢过于华丽、说辞过于溢美等。过度包装过度消耗了资源,使社会承担了过度的包装成本,其危害表现在以下几方面:

一是浪费大量资源。包装工业的原材料如纸张、橡胶、玻璃、钢铁、塑料等,使用原生材料,来源于木材、石油、钢铁等,这些都是中国的紧缺资源。如果用于过度包装大量使用,而没有相应地进行回收利用,就会造成很大的浪费。

二是污染环境。消费者抛弃大量包装废弃物,加重对环境的污染。中国过度包装废弃物的年排放量在重量上已占城市固体废弃物的 1/3,而在体积上更达到 1/2 之多,且排放量以每年 10% 的惊人速度递增。过度包装产生的成本相当可观,而这些耗费大量资源的过度包装物,到了消费者手中全部变成了生活垃圾。

三是损害社会利益。首先过度包装侵害了消费者的利益,使其在支付了必要的商品价值后,又被强加了额外的巨额包装费。其次伤害了企业利益。激烈的不正当竞争,造成了过度包装在市场上的泛滥,企业为了追求更高的利润,利用夸大包装装饰功能的方法从消费者身上取得更多的价值。在短期内,企业盈利可能会有明显上涨,但从长远来看,这无疑不利于企业的可持续发展。

四是诱发社会奢侈风气,暗藏腐败行为,加剧社会不和谐。各地出现的天价月饼、天价洋酒、天价保健品等,诱发了社会奢侈之风,有悖于我国处于社会主义初级阶段的国情;更有害的是,过度包装的节日礼品被有些人作为"遮羞布",搭配着贵重的有价证券、礼品甚至金钱,大开贿赂之道。

二、包装机械种类

包装机械不仅可以极大地提高包装的劳动生产率,也可大幅提高包装水平。随着包装机械的广泛使用,包装机械费用将以折旧为主的方式转移到包装成本中。常见的包装机械有以下几类：

（一）填充包装类机械

填充包装类机械是包装机械中最主要的一大类，主要有：装箱机械、装盒机械、装袋机械、液压产品的灌装机械、固体物品的填充机械等。

（1）装箱机械。装箱机械以纸箱为主。根据机械工作的程序不同，有的是已经装订成形的平叠纸箱，有的则是未装订接口的瓦楞平板，在包装过程中边包覆产品、边黏合接口。

（2）装盒机械。装盒机械是将单件或多件产品，用真空喂给机械或其他机械，取出预制纸盒坯，并自动打开装入物品以后，使纸盒坯折合或上胶黏合的机械。装盒机械一般包括纸盒供给、产品输送、装填、折合、成品输出等，有的还附设打印、印刷、封口与检测机械等。

（3）装袋机械。装袋机械的主要结构分为装袋机械、计量装置、填充装置和封袋装置。装袋机械主要是将包装袋的袋口打开，以接受从漏斗里充填进入的物料。填充装置结构简单，一般有料斗、料槽。填充装置必须接近和插入包装袋口和装袋装置。

（4）灌装机械。灌装机械是指灌装液体与半液体产品或液体与固体混合制品的机械。灌装所用的容器主要有桶、罐、瓶、听、软管等。按照灌装产品的工艺，可以分为常压灌装机、真空灌装机、加压灌装机等。

（5）填充机械。填充机械主要是指填充干燥粉状、颗粒状、块状商品于盒、瓶、罐、听中的机械。因被装产品不同，机械的结构也不相同。对于刚性或半刚性的容器（瓶或罐），是由推板和链板等的各种活动，通过传送带自动送入填充装置的。

（二）裹包和捆扎类机械

裹包和捆扎类机械及加标机械不同于填充机械，它们是直接使用材料来包装产品的，而填充机械则是用容器来包装的。

（1）裹包机械。裹包机械采用的主要包装材料为蜡纸、牛皮纸或用纸、铝箔、塑料薄膜组成的复合材料。常见的裹包机械有：扭结式包装机、端抑式包装机、枕式包装机、信封式包装机和拉伸式包装机等。

（2）捆扎机械。捆扎机械是对纸箱、木箱等物品，利用纸、塑料纺织纤维和金属的绳、带等进行捆扎的机械。捆扎机种类繁多，类型各异，大小也不相同，除人工操作的钢皮打包机、塑料打包机外，还有各种类型的半自动及全自动的捆扎机械。

（3）封条和加标机械。封条加工机械是一种封箱贴条机械，多采用机转气工和电气控制来完成封贴工序，既可以用于装箱机流水线的生产使用，又可以做人工装箱后的封箱、贴封条的单机使用。加标机械主要在容器上加标。加标机械由于分成标签未上胶和上胶两种，操作方法也有所不同。

（4）封口机械。封口机械主要是用于各种容器的封口，按封口的工艺分为玻璃加盖机械、布袋口缝纫机械、封箱机械，以及塑料袋和纸袋的各种封口机械。

（三）包装技术类机械

由于收缩、拉伸和热成型等包装机械与塑料包装材料和包装容器的工艺特性密切相关,因而统称为包装技术类机械。

(1)收缩包装机械。收缩包装机械是用经过拉伸的热收缩薄膜包装产品,对薄膜进行适当的加热处理,使薄膜收缩而紧裹物品的包装机械。这种包装机械的最大特点是通用性,适合各种产品的包装,特别是不规则产品的包装。

(2)热成型包装机械。热成型包装机械(又称为吸塑包装机械)根据其成型工艺的不同,可以分为泡罩式包装机、贴体式包装机、热压成型充填机和真空包装机等。热成型包装机可以连续地或间歇地将聚氯乙烯等塑料薄膜(薄片)靠真空和压缩成型为泡罩或盘状,当包装产品自动装进泡罩或盘状内,并热合于纸板或铝箔上后,再冲裁成一定开关的片状,形成一种特殊的包装形态。

(3)拉伸包装机械。拉伸包装机械是依靠机械装置,在常温下将弹性塑料薄膜围绕着待包装产品件拉伸、裹紧,并在末端进行封合的一种包装机械。这种包装机械一般是为集装在托盘上成堆的包装而设计的,所用的塑料为聚乙烯等薄膜。

三、包装技术

为了使包装的功能能够充分发挥其作用,达到最佳的包装效果,因而包装时也应采用一定的技术措施。这些技术设计实施所支出的费用,合称为包装技术费用。

按包装的主要功能不同,可以将包装技术分为商品包装技术和运输包装技术。商品包装技术的主要内容包括热封技术、外壳包装技术、收缩包装技术、灭菌包装技术、防霉包装技术及印刷技术等。运输包装技术主要包括外包装技术和内包装技术。外包装技术主要包括容器设计技术、印刷标记技术等内容;内包装技术主要包括缓冲包装技术、防潮包装技术、防锈包装技术、防虫包装技术、防鼠包装技术等内容。

1. 缓冲包装技术

防震包装又称缓冲包装,在各种包装方法中占有重要的地位。产品从生产出来到开始使用要经过一系列的运输、保管、堆码和装卸过程,置于一定的环境之中。在任何环境中都会有力作用在产品之上,并使产品发生器械性损坏。为了防止产品遭受损坏,就要设法减小外力的影响,所谓防震包装就是指为减缓内装物受到冲击和振动,保护其免受损坏所采取的一定防护措施的包装。缓冲包装技术主要有四种:全面防震包装、部分防震包装、悬浮式防震包装、联合方式的防震包装。

企业在设计一个合理的缓冲包装时所考虑的因素范围很广,主要包括产品特性、流通环境、缓冲材料的特性和选择、产品价格、重要性程度、企业信誉、材料价格等因素。

2. 防潮包装技术

防潮包装技术就是采用防潮材料对产品进行包装,以隔绝外部空气湿度相对变化对产品的影响,从而保护产品质量。防潮包装的作用是通过高阻湿性的包装材料减缓或阻隔外界湿气渗入包装内的速度或同时用干燥剂吸收渗透入包装内的水分,保持商品的含水量并取得一定的保存期。一般防潮包装采用高阻湿性的防潮纸包装或塑料薄膜包装就可达到一定的防湿包装要求,但对防潮包装要求高的膨化食品或其他高级商品还需封入干燥剂以保证食品的风味或脆度等的质量要求。在现代防潮包装中,应用最为广泛的材料有聚乙烯、聚氯乙烯、聚酯、聚偏二氯乙烯等。

3. 防锈包装技术

为了减轻因金属锈蚀带来的损失,对金属制品采用适宜的防锈材料和包装方法,以防止其在贮运过程中发生锈蚀而进行的技术处理,就是防锈包装技术。其目的是:消除和减弱致锈的各种因素,采用适当的防锈处理,在运输和储存中防止防锈材料的功能受到损伤等。除此之外,还要防止一般性的外部的物理性破坏。

金属防锈可以在金属表面涂覆防锈材料,或采用气相缓蚀剂、塑料封存等方法,在采用容器包装时,还有在容器内或周围放入适量吸潮剂的做法,以吸收包装内部残存的或由外部进入的水汽,从而达到防锈的目的。此外,还有充氮和干燥空气等封存法。

4. 防霉包装技术

防霉包装是防止包装和内装物霉变而采取一定防护措施的包装。产品包装防霉处理采用耐低温包装、防潮包装和高封密包装。该技术除防潮措施外,还要对包装材料进行防霉处理。防霉包装必须根据微生物的生理特点,改善生产和控制包装储存等环境条件,达到抑制真菌生长的目的。耐低温包装一般是用耐冷耐潮的包装材料制成的,经过耐冷处理的包装能较长时间在低温下存放,而包装材料在低温下不会变质,达到以低温抑制微生物的生理活动,从而达到内装物不霉腐的目的。防潮包装可以防止包装内水分的增加,也可以达到抑制微生物生长和繁殖的作用,可延长内装物品的储存期。高封密包装是采用陶瓷、金属、玻璃等高封密容器进行真空和其他防霉处理(如加适量防霉剂)。

5. 防虫包装技术

防虫包装技术,常用的是驱虫剂,即在包装中放入有一定毒性和臭味的药物,利用药物在包装中挥发气体杀灭和驱除各种害虫。常用驱虫剂有萘、对位二氯化苯、樟脑精等。也可采用真空包装、充气包装、脱氧包装等技术,使害虫无生存环境,从而防止虫害。

6. 危险品包装技术

危险品有上千种,按其危险性质,交通运输及公安消防部门规定分为十大类,即爆炸性物品、氧化剂、压缩气体和液化气体、自燃物品、遇水燃烧物品、易燃液体、易燃固体、毒害品、腐蚀性物品、放射性物品,有些物品同时具有两种以上危险性能。

(1)对有毒商品的包装要标明"有毒"的明显标志。防毒的主要措施是包装严密,不漏、不透气。例如,重铬酸钾为红色透明结晶,有毒,应用坚固铁桶包装,桶口要严密不漏,制桶的铁板厚度不能小于12毫米。对有机农药一类的商品,应装入沥青麻袋,缝口要严密不漏。如用塑料袋或沥青纸袋包装的,外面应再用麻袋或布袋包装。

(2)对有腐蚀性的商品,要注意防止商品和包装容器的材质发生化学变化。金属类的包装容器,要在容器壁涂上涂料,防止腐蚀性商品对窗口的腐蚀。

(3)对黄磷等易自燃商品的包装,应将其装入壁厚不少于1毫米的铁桶中,桶内壁须涂耐酸保护层,桶内盛水,并使水面浸没商品,桶口严密封闭,每桶净重不超过50千克。

（4）对于易燃、易爆商品，如有强烈氧化性的，遇有微量不纯物或受热即急剧分解引起爆炸的产品，就采用塑料桶包装，然后将塑料桶装入铁桶或木箱中，每件净重不超过50千克，并应有自动放气的安全阀，当桶内达到一定气体压力时，能自动放气。

7. 特种包装技术

特种包装技术主要包括充气包装、真空包装、收缩包装、拉伸包装和脱氧包装等。

（1）充气包装。充气包装是采用二氧化碳气体或氮气等不活泼气体置换包装容器中空气的一种包装技术方法，因此也称为气体置换包装。这种包装方法是根据好氧性微生物需氧代谢的特性，在密封的包装容器中改变气体的组成成分，降低氧气的浓度，抑制微生物的生理活动、酶的活性和鲜活商品的呼吸强度，达到防霉、防腐和保鲜的目的。

（2）真空包装。真空包装是将物品装入气密性容器后，在容器封口之前抽真空，使密封后的容器内基本没有空气的一种包装方法。

一般的肉类商品、谷物加工商品以及某些容易氧化变质的商品都可以采用真空包装，真空包装不但可以避免或减少脂肪氧化，而且抑制了某些真菌和细菌的生长。同时，在对其进行加热杀菌时，由于容器内部气体已排除，因此加速了热量的传导，提高了高温杀菌效率，也避免了加热杀菌时，由于气体的膨胀而使包装容器破裂。

（3）收缩包装。收缩包装就是用收缩薄膜裹包物品（或内包装件），然后对薄膜进行适当加热处理，使薄膜收缩而紧贴于物品（或内包装件）的包装技术方法。

收缩薄膜是一种经过特殊拉伸和冷却处理的聚乙烯薄膜，由于薄膜在定向拉伸时产生残余收缩应力，这种应力受到一定热量后便会消除，从而使其横向和纵向均发生急剧收缩，同时使薄膜的厚度增加，收缩率通常为30%～70%，收缩力在冷却阶段达到最大值，并能长期保持。

（4）拉伸包装。拉伸包装是20世纪70年代开始采用的一种新包装技术，它是由收缩包装发展而来的，拉伸包装是依靠机械装置在常温下将弹性薄膜围绕被包装件拉伸、紧裹，并在其末端进行封合的一种包装方法。由于拉伸包装不需进行加热，所以消耗的能源只有收缩包装的二十分之一。拉伸包装可以捆包单件物品，也可用于托盘包装之类的集合包装。

（5）脱氧包装。脱氧包装是继真空包装和充气包装之后出现的一种新型除氧包装方法。脱氧包装是在密封的包装容器中，使用能与氧气起化学作用的脱氧剂与之反应，从而除去包装容器中的氧气，以达到保护内装物的目的。脱氧包装方法适用于某些对氧气特别敏感的物品，使用于那些即使有微量氧气也会促使品质变坏的食品包装中。

➤拓展链接

市场分析：我国包装行业的"三化"发展

近年来，包装行业不断发展，已经成为真正的商品。与此同时，人们对包装行业的需求也不断多元化，这对于包装行业来说既是挑战也是机遇。那么，作为主要的生产力，包装机械在其中发挥重要的作用。

我国包装机械行业发展潜力巨大,能否抓住这些契机,将是包装生产企业未来发展的关键所在。随着科技的不断发展与进步,未来微电子、电脑、工业机器人、图像传感技术和新材料等在包装机械中将会得到越来越广泛的应用,各企业亟须学习和引进新技术,向生产效率高、自动化程度高、可靠性好、灵活性强、技术含量高的包装设备进军。打造出新型包装机械,引领包装机械向集成化、高效化、智能化等方向发展。那么,如何打造呢?这成为现在业内颇为关注的话题。

(一)我国包装机械发展潜力巨大

随着经济的发展,我国包装行业不断发展,已经成为世界上第二大包装大国。包装行业已经成功地改变了自己附属地位成为真正的商品。未来几年内,包装设备在发展中国家的市场销量将超过日本、美国等发达国家。我国已经成为最具潜力的包装市场,现在很多的国外包装企业都开始入驻中国市场,这就对我国的包装企业提出了更高的要求。

目前,我国包装高档功能部件和数控系统的发展相对而言比较滞后,所以,包装机械企业的制造技术水平参差不齐,制造能力也相对偏弱。这样的发展状况与现在激烈的行业竞争是不配套的。

(二)集成化、高效化、智能化成未来发展方向

当前,包装机械行业已整体进入产品结构调整和提高创新能力时期,有些包装机械填补了国内空白,已能基本满足国内市场的需求,部分产品还有出口,但整体上大而不强,素质不高,自主创新能力薄弱,国际竞争力不强,我国包装机械以中小企业为主,当下伴随包装产业向小型化、数字化方向发展,企业提升技术、更换设备都需要大量资金支持,同时操控高端设备的高级技工人才缺乏,也令不少企业举步维艰。

用工成本提升和人民币升值不断倒逼企业转型,需庞大资金投入,为解决该难题,公司采取数家企业合资的合作模式,由 OEM 代工成功转型高科技企业,主打的包装机器人生产线目前已可媲美国外顶尖技术。

目前,我国包装机械企业的技术水平与世界发达国家相比,竞争力明显不足,主要表现为:首先,我国包装机械专业技术人才少,缺乏专业研发团队。产品技术落后,一味模仿并不能解决行业根本问题。其次,自动化程度低,这也是国内设备不能与发达国家包装设备相媲美的关键点。最后,企业及机械都缺乏国际认证检测。如果不能尽快做强做大,提升技术水平和档次,则与发达国家的差距将进一步被拉大。

业内人士指出,包装机械向着高端化转变已经逐渐显露出其强劲的发展势头。随着科技的不断发展与进步,未来微电子、电脑、工业机器人、图像传感技术和新材料等在包装机械中将会得到越来越广泛的应用,各企业亟须学习和引进新技术,向生产效率高、自动化程度高、可靠性好、灵活性强、技术含量高的包装设备进军。打造出新型包装机械,引领包装机械向集成化、高效化、智能化等方向发展。

(三)光、电、液、自动化控制技术实现"三化"

食品加工的高度效率化,主要是采用机电一体化技术和光、电、液、自动化控制技术等来实现的,由连续式生产设备代替间歇式生产设备,由专业化生产设备代替通用化生产设备,由人性化生产设备代替中小型生产设备,使生产线实现连续化生产、专业化作业、自动化调节、规模化经营等,可显著提高生产效率和经济效益。目前,许多食品机械大型制造企业或跨国公司,大都发展生产线高度自动化、生产规模大型化的生产设备,以高效率生产赢得市场的竞争能力。

进入 21 世纪以来,较之传统包装机械设备,新型食品包装机要求具有简洁化、高生产率、配套更完善,更具自动化等特点。未来的包装机械将配合产业自动化趋势,促进包装设备总体水平提高。如高智能数控系统、编码器及数字控制组件、动力负载控制等新型智能设备已经普遍应用到包装机械设备中,使设备使用者在操作过程中更具有独立性、灵活度、操作正确性、高效率和兼容性。

面对如此之大的市场需求和发展机遇,我国包装机械行业应该尽快改变中低端产品过剩而高端产品不足的局面,加快制定行业标准规范;生产企业需要加大自动化设备改造,提升产品技术含量,开发出产销对路的大型成套生产线,从而在国内外市场中立于不败之地。

四、包装成本的构成

物流包装成本主要由物流包装材料费用、物流包装机械费用、物流包装技术费用、物流包装辅助费用、物流包装人工费用等构成。

（一）包装材料费用

包装材料费用指物品包装时花费在材料上的费用。常见的包装材料有:木材、纸、金属、塑料、玻璃、陶瓷等,不同的包装材料功能不同,成本相差也很大,所以企业的包装作业在选用不同的包装材料时其所消耗的包装费用也是有较大差别的。

1. 购入材料的成本

企业的包装材料大部分是通过采购取得,购入材料的成本由买价及入库前发生的采购费用构成。

（1）买价,即购买价格,对于购货时存在的购货折扣应以扣除,即购入的材料物资,按扣除折扣后的净额计价。

（2）材料入库前发生的各种附带成本,包括运杂费（包括运输费、装卸费、保险费、仓储费等）、在运输中的合理损耗,入库前的挑选整理费用、购入材料负担的不能抵扣的税金和其他费用等。

由于每次采购的不是一种材料,那么外购材料的采购成本可按下列程序计算:对于买价,可直接计入各种材料的采购成本;对于各种附带成本,凡能分清归属的,可直接计入各种材料的采购成本,不能分清的,可根据各种材料的特点,采用一定的分配方法,分配计入各种材料采购成本,其分配方法通常按重量、体积、买价等分配。

【例 6-1】某企业从外购入甲材料 1000 千克,不含税单价为 10 元;从外购入乙材料 2000 千克,不含税单价为 8 元。该企业共支付运杂费 300 元,运杂费按材料重量比例分摊,则甲、乙两种材料的采购成本如下:

$$运杂费分配率=\frac{300}{1000+2000}\times100\%=10\%$$

甲材料应分摊的运杂费$=1000\times10\%=100$(元)

甲材料的总成本$=10\times1000+100=10000+100=10100$(元)

$$甲材料的单位成本=\frac{10100}{1000}=10.1(元)$$

乙材料应分摊的运杂费$=2000\times10\%=200$(元)

乙材料的总成本$=8\times2000+200=16000+200=16200$(元)

$$乙材料的单位成本=\frac{16200}{2000}=8.1(元)$$

2. 发出材料的成本

通常有先进先出法、全月一次加权平均法、移动加权平均法等。

先进先出法是以先购入的材料先发出为假定前提,每次发出材料的单价,要按库存材料中最先购入的那批材料的实际单价计价。

全月一次加权平均法是以月初结存材料金额与全月收入材料金额之和,除以月初结存材料数量与全月收入材料数量之和,算出以数量为权数的材料平均单价,从而确定材料的发出和库存成本,这种平均单价每月月末计算一次。

移动加权平均法是以原结存材料金额与本批材料收入金额之和,除以原结存材料数量与本批收入材料数量之和,算出以数量为权数的材料平均单价,作为日常发料的单价。

(二)包装机械费用

包装机械费用指物品包装所使用的包装机械的折旧费摊销和维修费。包装机械的使用,不仅可以极大地提高包装的劳动生产率,而且可以大幅度地提高包装水平。但这也需要一定的资金投入,因此就构成了包装的机械费用,它是以折旧为主的费用摊销形式,将费用转移到包装成本中。计提折旧费的主要方法有:平均年限法、工作量法、加速折旧法等。企业一旦选择某种折旧方法,则不得随意改变。包装机械的维修费是包装机械发生部分损坏,进行修理时支出的费用,可以分为中小修理和大修理。中小修理的费用直接计入当期包装成本,大修理的费用由于其支出费较大,可分期计入包装成本。

(三)包装技术费用

包装技术费用包括包装技术设计费用和包装技术实施费用。

1. 包装技术设计费用

包装技术设计费用是指设计人员在包装技术的设计过程中所发生的与设计包装技术有关的一切费用,主要包括设计人员的工资、设计过程中领用的材料或产品及各种费用支出。

(1)设计人员的工资,包括设计人员的标准工资、资金、津贴和补贴、加班加点工资及特殊情况下支付的工资。设计人员的工资,应根据其考勤记录和个人工资标准计算。其计算公式如下:

应付月工资=月标准工资+各种补贴+加班加点工资+各种奖金-病假或事假应

扣工资

（2）设计中领用材料或产品。设计人员在设计过程中，可能需要经过反复试验，为试验领用的材料，其成本与企业当期领用的材料（包装材料）成本相同；为试验领用的产品，其成本与企业计算的产品成本相同。

（3）与设计有关的各种费用支出以实际支出额为准。

2．包装技术实施费用

包装技术实施费用包括包装技术所需的内包装材料费用和一些辅助包装费用。

（1）内包装材料费用。

企业在实施防震、防潮、防锈、防霉等技术时，常需要一些起减震、防震、防潮、防虫等作用的内包装材料，常见的有充气塑料、塑料泡沫、干燥剂、防潮纸等。这些内包装材料的成本为实际发生的成本。为简化计算，也可用计划成本进行计算，期末再将计划成本调整为实际成本。

（2）其他费用。

包装技术的其他费用是指为了实施包装技术而发生的，不属于内包装材料费的其他一些费用，如清洗水费、控制温度的电费和水费，可根据实际耗用的数量和水电部门规定的水电单价计算。

（四）包装辅助费用

包装辅助费用是指对包装的一些辅助物品费用的支出。对商品进行包装时，需要采用一些辅助物品，如：包装标记、包装的拴挂物、装卸注意事项的标记符号等，这些辅助物品所造成的费用支出，也是包装费用的组成部分之一。

（五）包装人工费用

包装人工费用指对从事包装工作的人员和其他相关人员的工资、资金、补贴、加班费等的费用总和。包装人工费用的计算必须有准确的原始记录资料，包括工资卡、考勤记录、工时记录、工作量记录等原始凭证，企业的会计部门根据劳动合同的规定和企业规定的工资标准、工资形式、奖励津贴等制度，按照考勤记录、工时记录、产量记录等资料，计算每个包装工人及其他有关人员的工资。

从理论上讲，包装总成本还应该包括回收费用、顾客退购和因产品不适而重新包装的费用。

第二节　包装成本核算与优化

一、包装成本核算方法

（一）包装材料的标准成本

包装材料的标准成本是指各种材料标准用量与标准价格的乘积。

1. 标准用量

标准用量是指在现有生产技术条件下,生产单位包装产品或包装单位产品所需用的材料数量。它包括构成产品实体的材料、生产中必要的损耗和不可避免的废品损失所耗用的材料。标准用量应以技术分析为基础合理地进行确定。

2. 标准价格

标准价格是指采购部门按供应单位的价格及相关因素所确定的各种材料的单价。

3. 买价和运杂费等

包装材料的标准成本可按下列公式确定:

包装材料标准成本＝材料的标准价格×单位产品的标准用量

例如:某包装物需耗用 A、B 两种材料,其包装材料的包装成本计算如表 6-1 所示。

表 6-1　A、B 材料的包装成本计算表

项目	A 材料	B 材料
预计基本用量(千克/件)	20	10
预计损耗(千克/件)	0.5	0.5
标准用量(千克/件)	20.5	10.5
预计购买单价(元/千克)	6	9
预计采购费用(元/千克)	1.5	2.5
预计正常损耗(元/千克)	0.5	0.5
标准价格(元/千克)	8	12
各种材料标准成本(元/件)	164	126
单位包装物标准成本(元)	290	

(二)包装人工费用的标准成本

包装人工费用的标准成本是指包装单位产品所需的标准工时乘以标准工资率。标准工时是指在现有技术条件下,包装单位产品所必须消耗时间,包括包装所用工时、必要的间歇和停工时间等。另外,还要考虑机器设备的故障以及劳动组织工作等因素。

标准工资率是指按单位产品或单位标准工时支付的直接人工的工资,一般按现行的工资制度规定的工资水平计算确定。如果采用计件工资制,就是单位产品应支付的计件工资额。如果采用计时工资,就是单位标准工时应分配的工资额。其计算公式如下:

$$小时标准工资率 = \frac{预计支付直接人工标准工资总额}{标准总工时}$$

标准总工时是指在企业现有的生产技术条件下能够完成的最大包装能力,通常用直接人工工时数和机器小时数表示。人工标准工资由劳动部门制定。根据以上两个标准可以按下列公式计算确定直接人工标准成本:

直接人工标准成本＝单位产品标准工时×小时标准工资率

例如:某包装车间人工费标准如表 6-2 所示。

表 6-2　包装车间人工费标准

项目	成本	项目	成本
直接包装工时(小时/件)	4	每人每月标准工时(小时)	160
间歇工时(小时/件)	0.4	每月标准工时(小时)	6400
停工工时(小时/件)	0.6	每月生产包装工人工资总额(元)	32000
标准工时(小时/件)	5	小时标准工资率(元/小时)	5
包装工人人数(人)	40	包装工人标准成本(元/件)	25

(三)包装机械费用的标准成本

包装机械费用的标准成本是指包装单位产品所需的标准工时乘以标准分配率。标准工时可采用包装人工工时,标准分配率是根据事先制定的包装机械预算费用计算确定的。其计算公式如下:

$$包装机械费用标准分配率 = \frac{包装机械费用预算额}{包装工人标准总工时}$$

包装机械标准成本 = 包装单位产品人工工时 × 机械费用标准分配率

例如:某包装机械费用项目如表 6-3 所示。

表 6-3　包装机械费用项目表

标准	成本	标准	成本
折旧费(元)	3000	机械费用分配率(元/小时)	0.76
维修费(元)	800	直接人工工时标准(小时)	1.5
包装人工工时(小时)	5000	包装机械成本标准(元)	1.14

(四)包装技术费用的标准成本

包装技术费用既有变动费用,也有固定费用。

1. 变动费用的标准成本

变动费用的用量标准常采用人工工时标准,它在制定人工成本标准时已经确定,其价格标准是每工时变动费用标准分配率,根据变动费用预算除以人工总工时求得:

$$变动费用标准分配率 = \frac{变动费用预算}{人工总工时}$$

确定了变动费用标准分配率和人工的标准工时后,两者的乘积为变动费用标准成本。其计算公式如下:

变动费用成本标准 = 人工的标准工时 × 变动费用标准分配率

2. 固定费用的标准成本

固定费用标准成本的计算与变动费用标准成本的计算基本相同,先计算确定固定费用的单位工时标准分配率,然后根据预计的直接人工标准工时,计算出单位产品的固定费用标准成本。固定费用单位工时的标准分配率可按下列公式计算：

$$固定费用标准分配率 = \frac{固定费用预算总额}{人工标准总工时}$$

则固定费用标准成本的计算公式如下：

固定费用标准成本 ＝ 人工的标准工时 × 固定费用标准分配率

二、包装成本分析

在进行包装成本分析时，一般按构成包装成本的各个项目，即按包装材料费用、包装人工费用、包装机械费用、包装技术费用分别进行分析。

因为每个项目的标准成本都是由标准用量和标准价格决定的，所以每个成本项目的差异也可以归结为价格脱离标准造成的价格差异和用量脱离标准造成的数量差异，可用计算公式表示如下：

成本差异 ＝ 实际成本 － 标准成本 ＝ 价格差异 ＋ 用量差异

其中：

价格差异 ＝ 实际用量 × （实际单价 － 标准单价）

用量差异 ＝ 标准单价 × （实际用量 － 标准用量）

（一）包装材料成本差异

包装材料实际成本与标准成本之间的差额就是包装材料成本差异，形成这个差异的原因有两个：一是价格脱离标准，按实际用量计算，称为价格差异；二是用量脱离标准，按标准价格计算，称为数量差异。其计算公式分别如下：

材料价格差异 ＝ 实际用量 × （实际单价 － 标准单价）

材料用量差异 ＝ 标准单价 × （实际用量 － 标准用量）

【例 6-2】明泰公司本月生产 A 包装物 400 件，耗用某种材料 3500 千克，材料实际单价为 0.5 元/千克；直接材料的单位产品用量标准为 6.2 千克，每千克材料的标准价格为 0.4 元。试分析其直接材料价格差异与用量差异。

直接材料成本差异 ＝ 实际成本 － 标准成本 ＝ 3500 × 0.5 － 400 × 6.2 × 0.4 ＝ 1750 － 992 ＝ 758（元）

其中：

直接材料价格差异 ＝ 3500 × （0.5 － 0.4）＝ 350（元）

直接材料用量差异 ＝ （3500 － 400 × 6.2）× 0.4 ＝ 408（元）

材料价格差异一般是在采购过程中形成的，应由采购部门负责。造成材料实际价格游离标准价格的原因有许多，如供应厂家价格变动、未按经济批量进货、未能及时订货而造成紧急订货、采购时舍近求远使运费和途耗增加、不必要的加速运输方式、违反合同被罚等。对材料价格差异，有关部门需要进行具体分析和认真调查，以便明确最终原因和责任的归属。

材料数量差异是材料在耗用过程中形成的反映包装部门成本控制的业绩，一般应由包装部门负责。材料用量差异形成的具体原因很多。若操作技术高，则节省材料；若操作技术低或操作疏忽,则可能造成废品和废料,从而导致材料的浪费。此外,机器或工具不适用,也会造成使用材料的数量超过标准。因此,材料数量差异原因也应做具体调查研究,以明确各部门应负的责任。

(二)包装人工成本差异

包装人工成本差异,是指包装人工实际成本与标准成本之间的差额。它可分为"价差"和"量差"两部分。价差是指实际工资率脱离标准工资率而形成的人工成本差异,其差额按实际工时计算确定,又称工资率差异。量差是指实际使用工时脱离标准工时而造成的人工成本差异,其差异率计算确定的金额,又称人工效率差异。其计算公式分别如下:

工资率差异＝实际工时×(实际工资率－标准工资率)

人工效率差异＝(实际工时－标准工时)×标准工资率

【例6-3】本月包装A产品400件,实际使用工时1000小时,支付工资6000元;包装单位产品的人工标准成本是12元/件,每件产品的标准工时为2.4小时,即标准工资率为5元/小时。试分析其工资率差异与人工效率差异。

直接人工差异＝实际人工成本－标准人工成本＝6000－400×12＝1200(元)

其中:

工资率差异＝1000×(6000/1000－5)＝1000(元)

人工效率差异＝(1000－400×2.4)×5＝200(元)

工资率差异的原因主要有工资的调整、出勤率的变化、加班和使用临时工资,其原因复杂而且难以控制。直接人工效率差异的形成原因包括工作环境不良、工人经验不足、新上岗工人增多、包装设备的完好程度、作业计划安排周密程度、动力供应情况等。工人效率差异的责任主要由包装部门负责,但也可能有一部分应由其他部门负责。例如,因材料质量不好而影响生产效率,从而产生的人工效率差异,则应由供应部门负责。

(三)包装机械费用成本差异

包装机械费用成本差异是指实际包装机械费用与标准包装机械费用之间的差额。

包装机械费用在企业中属于固定费用,它经企业选定固定资产折旧方法后计算确定,一般无特殊原因不再变动,与企业包装业务量多少无直接关系。固定费用与变动费用不同,差异分析时不考虑包装量的变化。包装机械费用成本差异可分为耗费差异和能量差异。

耗费差异是指包装机械费用的实际发生金额与预算金额之间的差异。其计算公式如下:

耗费差异＝包装机械费用实际发生额－包装机械费用预算

能量差异是指包装机械费用预算与包装机械费用标准成本之间的差额。或者说,是实际包装量的标准工时与包装能量的差额用标准分配率计算的金额。它能反映未能充分使用现有包装能量而造成的损失。其计算公式如下:

能量差异＝包装机械费用预算数－包装机械费用标准成本

＝固定费用标准分配率×生产能量－固定费用标准分配率×实际产量×标准工时

＝（生产能量－实际产量×标准工时）×固定费用标准分配率

【例6-4】本月包装A产品400件,发生机械费用1600元。实际工时1000小时;企业包装能量为500件,即1200小时,每件产品的包装机械费用标准成本为2.4元/件,每件产品标准工时为2.4小时,即标准分配率为1元/件。试分析其耗费差异和能量差异。计算过程如下:

包装机械费用成本差异＝实际包装机械费用－标准包装机械费用＝1600－400×2.4＝640(元)

其中:

耗费差异＝1600－1200×1＝400(元)

能量差异＝1200×1－400×2.4×1＝240(元)

三、包装成本优化途径

对于绝大多数商品,只有经过包装才能进入流通,据某项统计,包装费用约占流通费用的10％,甚至有些商品(尤其是生活用品)的包装费用高达50％。因此,降低物流包装费用有着重要的现实意义,主要途径有以下几种:

(一)防止包装过剩,删除不必要包装

防止包装物强度设计过高,如包装材料截面过大、包装方式大大超过强度要求等;包装材料选择不当,选择过高,如可以用纸板却不用而采用镀锌、镀锡材料等;包装技术过高,包装层次过多,包装体积过大;包装成本过高,一方面可能使包装成本支出大大超过减少损失可能获得的效益,另一方面,包装成本在商品成本中比重过高,损害了消费者利益。据日本的调查,目前发达国家包装过剩问题严重,约占20％以上。

(二)防止包装不足,弥补不足包装

包装强度不足,使包装防护性不足,造成被包装物的损失;包装材料水平不足,由于包装材料选择不当,材料不能很好承担运输防护及促销作用;包装容器的层次及容积不足,由于缺少必要层次与不足所需体积造成损失;包装成本过低,不能保证有效的包装。如全国水泥破袋率为12％～20％,全国平板玻璃破损率为18％～20％。

(三)新包装材料和包装器具的开发

利用各种复合技术、包装容器技术大量开发新包装材料和容器,达到包装物的高功能化,用较少的材料实现多种包装功能。

(四)包装机械化

包装的机械化除可提高劳动生产率,从而降低包装费用外,还可通过采用机械,减少包装作业所需的员工总数,实现省力化,大大地缩减包装人员的劳动工资费用。

(五)包装的标准化

实现包装规格的标准化,不仅能促进包装工业生产规模化的发展,而且通过规模化生产能使得包装材料的单元消耗下降,使得包装成本得到大幅度的下降。

(六)包装单位的大型化和集装化

包装的大型化和集装化有利于装卸、搬运、保管、运输等过程的机械化,有利于减少单位包装,节约包装材料和包装费用,有利于保护货物。如采用集装箱、集装袋、托盘等集装方式。

（七）采用通用、周转包装

采用通用包装,不用专门安排回收使用,无论在何处,都可转用于其他包装。如按标准模数尺寸制造的瓦楞纸、纸板及木制、塑料制等通用外包装箱。采用周转包装,可多次反复周转使用。如有一定数量规模并有较固定供应流转渠道的产品(饮料、啤酒瓶等)。

（八）包装梯级利用及再生利用

使用过一次的包装物可转作他用或经简单处理后转作他用。例如,瓦楞纸箱部分损坏后,切成较小的纸板再制成小箱,或将纸板用于垫衬。有的包装物在设计时,就设计成多用途的,在一次使用完毕之后,可再使用其他功能。

➤拓展链接

废纸再生利用

(1)利用回收纤维造纸,可以大大减少林木、水、电消耗和污染物排放。据专家介绍,回收一吨废纸能生产 0.8 吨再生造纸纤维,可以少砍 17 棵大树,节省 3 立方米的垃圾填埋场空间。

(2)在国外,废纸被称为城市中的森林资源,因为无论是废旧的报纸、书刊纸、办公用纸,还是牛皮纸、纸匣、瓦楞纸等,都是宝贵的纤维原料。

(3)用废纸造纸,能耗低、环保处理费低、单位原料成本低,在我国用废纸配抄生产的新闻纸,比用原生木浆生产成本可降低 300 元/吨,还可减少环境污染,因此人们把利用回收纤维生产的纸和纸板称为绿色产品。

(4)以废纸为资源获节约、环保双赢。从生产环保再生纸的北京造纸七厂获悉,用 1.25 吨文化用废纸做原料,可生产一吨再生办公纸。按国际标准计,可节约 4 立方米木材、100 立方米水、600 度电、1.2 吨煤、300 千克化工原料、用于处理废渣的资金 150 元、用于填埋废渣的用地,避免了因填埋废渣造成对周边地下水的污染,还少产生 3 立方码固体废物、60 磅工业废气。若按我国标准计,节约得将更多。以该厂年产 5 万吨再生纸计,可节水 500 万立方米、木材 20 万立方米等。

(5)"废纸再生"有许多成功范例,现举例如下。

①1993 年,美国总统克林顿颁布行政指令,要求各级政府必须使用 80% 的再生办公纸,并将此项工作纳入政府采购。到 1999 年美国联邦机构使用再生办公纸已达到办公用纸总量的 98%。美国加州对回收和使用再生纸制定了《废纸利用法》。目前美国已有 13 个州制定了类似法律。德国要求造纸工业以废纸为原料的使用率,自 2000 年 1 月 1 日为 60%。

②日本东京通过免费招待居民观看废纸再生与回收电影,宣传回收废纸的好处。官方发动各行业职工和中小学生义务回收废纸,分装垃圾。日本大阪在回收废纸时,每回收 10 千克给一张奖票,如抽签中奖,会另外得到一份丰厚的奖赏。日本继 1992 年颁布《循环经济法》后,经过不断完善,2000 年又修订了仅次于"宪法"的《循环型社会大

法》,并制定了一系列实施性法规。

③法国、比利时等国也在 20 世纪 90 年代相继颁布了包括利用废纸资源在内的发展循环经济的法律。

④泰格林纸从 2002 年起引进世界先进的废纸脱墨浆生产线,现在年使用废纸量超过 15 万吨,废纸回收利用已成为公司"生态循环经济产业链"中十分重要的一环。

➤ 本章小结

研究产品包装设计过程中产品包装成本的核算方法以及降低产品包装成本的方法,对于提高待包装产品的市场竞争能力有一定的积极意义。本章介绍了包装的含义、分类及功能、包装设备、包装技术等知识,详细讲解了包装成本的构成、包装成本核算方法。通过对影响包装成本因素的了解,掌握物流包装成本优化的途径。

➤ 课后练习思考题

1. 包装的功能有 _____ 、_____ 、_____ 、_____ 、_____。

2. 物流包装成本主要由 _____ 、_____ 、_____ 、_____ 、_____ 等构成。

3. 包装材料实际成本与标准成本之间的差额就是 _____,形成这个差异的原因有两个:一是价格脱离标准,按实际用量计算,称为 _____;二是用量脱离标准,按标准价格计算,称为 _____。

4. 在进行包装成本分析时,一般按构成包装成本的各个项目,即按 _____ 、_____ 、_____ 、_____ 分别进行分析。

5. 成本差异 = _____ − _____ = _____ + _____

其中:

价格差异 = _____ ×(_____ − _____)

用量差异 = _____ ×(_____ − _____)

6. 某流通企业本月发生工资费 120000 元,其中 14 人从事包装作业工作,工资 10500 元,该企业按职工工资总额的 5% 提取职工住房公积金;本月领用辅助材料 200000 元,其中含包装材料 110000 元;本月耗用燃料及动力 90000 元,按用电度数分配,耗用电力总数 2000 度,包装设备耗电 50 度。本月的包装成本为多少?

7. 假设某企业 2014 年 1 月包装甲产品 100 件,实际耗用 A 材料 11 千克/件,A 材料实际单价为 48 元/千克。包装直接材料的单位产品用量标准是 10 千克/件,每千克材料的价格标准是 50 元/千克。要求:分析 A 材料的成本差异。

8. 东方公司本月包装甲产品 200 件,实际使用工时 500 小时,支付工资 5000 元,包装单位产品的人工标准成本是 18 元/件,每件产品的标准工时为 2 小时,即标准工资率为 9 元/小时。要求:分析人工成本差异。

9. 简述包装的分类。

10. 包装成本优化的途径有哪些?

香奈尔 5 号香水——香水瓶成为艺术品

1921 年 5 月,当香水创作师恩尼斯·鲍将他发明的多款香水呈现在香奈尔夫人面前让她选择时,香奈尔夫人毫不犹豫地选出了第五款,即现在誉满全球的香奈尔 5 号香水。然而,除了那独特的香味以外,真正让香奈尔 5 号香水成为"香水贵族中的贵族"的却是那个看起来不像香水瓶,而更像药瓶的创意包装。

服装设计师出身的香奈尔夫人,在设计香奈尔 5 号香水瓶造型上别出心裁。"我的美学观点跟别人不同:别人唯恐不足地往上加,而我一项项地减除。"这一设计理念,让香奈尔 5 号香水瓶简单的包装设计在众多繁复华美的香水瓶中脱颖而出,成为最怪异、最另类,也是最为成功的一款造型。香奈尔 5 号香水瓶以其宝石切割般形态的瓶盖、透明水晶的方形瓶身造型、简单明了的线条,成为一股新的美学观念,并迅速俘获了消费者。从此,香奈尔 5 号香水在全世界畅销 80 多年,至今仍然长盛不衰。

1959 年,香奈尔 5 号香水瓶以其所表现出来的独有的现代美荣获"当代杰出艺术品"称号,跻身于纽约现代艺术博物馆的展品行列。香奈尔 5 号香水瓶成为名副其实的艺术品。对此,中国工业设计协会副秘书长宋慰祖表示,香水作为一种奢侈品,最能体现其价值和品位的就是包装。"香水的包装本身不但是艺术品,也是其最大的价值所在。包装的成本甚至可以占到整件商品价值的 80%。香奈尔 5 号的成功,依靠的就是它独特的、颠覆性的创意包装。"

—— 摘自:中国创业网联盟,2011 年 6 月 19 日

案例思考题

1. 简述商品包装的重要影响和作用。

2. 常用商品的包装材料有哪些?

第七章　配送成本管理

我们将会在仓储和物流信息体系上花很多的工夫,这些仓储建起来以后,我们的仓储体系会对所有的快递公司、物流公司开放,寻求共同发展。

——马云

学习目的和任务

- 掌握配送成本的含义和构成
- 了解如何正确填写、编制各类配送成本计算表
- 掌握配送成本核算及配送成本分析基本方法
- 掌握配送成本控制的策略
- 掌握配送成本的优化途径

本章要点

- 配送成本的特征和构成的基本内容
- 配送成本的核算方法
- 配送成本控制和优化的途径

案例导入

美国干货生产企业的公共仓库

美国一家干货生产企业为满足遍及全美的 1000 家连锁店的配送需要,建造了 6 座仓库,并拥有自己的车队。随着经营的发展,企业决定扩大配送系统,计划在芝加哥投资 7000 万美元再建一座新仓库,并配以新型的物料处理系统。该计划提交董事会讨论时,却发现这样不仅成本较高,而且就算仓库建起来也还是满足不了需要。于是,企业把目光投向租赁公共仓库,结果发现,如果企业在附近租用公共仓库,增加一些必要的

设备,再加上原有的仓储设施,企业所需的仓储空间就足够了,但总投资只需20万元的设备购置费,10万元的外包运费,加上租金,也远没有700万元之多。

物流启示:由于产品品种多变、规格不一、销量不等,单独采用自营配送策略或完全外包的配送策略可能产生不经济的现象。企业可采用混合策略,合理安排自身能完成的配送作业,企业将另一部分配送作业外包给第三方物流,能使配送成本最低。

第一节　配送成本及其计算

一、配送及配送的基本环节

(一)配送含义

物流是企业的"第三利润源泉",处于末端物流的配送具有提高物流经济效益、优化和改善物流系统、改善物流服务、降低物流成本的功能,在物流系统中占有重要的地位。

中华人民共和国国家标准《物流术语》对配送的定义是:在经济合理的区域范围内,根据客户要求,对物品进行拣选、加工、包装、分割、组配等作业,并按时送达指定地点的物流活动。

(二)配送的基本环节

配送是根据客户的要求,在配送中心或其他物流节点进行商品配备,并以最合理的方式送交客户的过程。所以,配送包括了备货、分拣、配货、配装等工作环节。

1. 备货

备货是配送的重要环节,为了满足特定客户的配送要求,有时需要从几家甚至数十家供应商处将分散的、小批量或预订的物品集中起来,并将要求的物品分配到指定容器或场所,以便进行运输、配送。备货是配送的准备工作或基础工作,配送的优势之一就是可以集中客户的需求进行一定规模的集货。

2. 分拣

分拣是将物品按品种、出入库的先后顺序进行分门别类堆放的作业。它是配送不同于其他物流形式的功能要素,也是配送成败的一项重要支持性工作。配送是完善送货、支持送货的准备性工作,是不同配送企业在送货时进行竞争和提高自身经济效益的必然延伸。所以,分拣是送货向高级形式发展的必然要求。有了分拣,就会大大提高送货的服务水平。

3. 配货

使用各种拣选设备和传输装置,将存放的物品按客户的要求分拣出来,配备齐全,送入指定发货地点。配货的作业速度和出错率直接影响配送的作业效率及顾客满意程度。

4. 配装

在单个客户配送数量不能达到车辆的有效载运负荷时,就存在如何集中不同客户的配送货物,进行搭配装载以充分利用运能、运力的问题,这就需要配装。配送与一般送货不同之处在于,通过配装送货可以大大提高送货水平及降低送货成本,所以配装是配送系统中有现代特点的功能要素,也是现代配送不同于传统送货的重要区别之一。

5. 运输

配送运输是运输中的末端运输、支线运输,同一般运输形态的主要区别在于,配送运输是较短距离、较小规模、额度较高的运输形式,一般使用汽车作为运输工具。其与干线运输的另一个区别是,配送运输的路线选择问题是一般干线运输所没有的,干线运输的干线是唯一的运输线,由于配送客户多,一般交通线路比较复杂,如何优化最佳配送线路、如何使配装和路线有效地搭配等,是配送运输的特点。

6. 送达

将配好的物品运输给客户还不算配送工作的结束,这时和客户交接物品往往会出现不协调,使配送前功尽弃。因此,要圆满地实现运到物品的移交,并有效地、方便地处理相关手续,完成结算,还应和客户协商卸货地点、卸货方式等。送达服务也是配送独具的特殊性。

7. 配送加工

配送加工是指按照配送客户的要求所进行的流通加工。在配送中,配送加工这一功能要素不具有普遍性,但往往是有重要作用的功能要素。这是因为通过配送加工,可以大大提高客户的满意程度。配送加工是流通加工的一种,但配送加工有其自己的特点,即配送加工一般只取决于客户的要求,其加工目的较为单一,如分个包装、赠送礼品的组合捆包、装箱式成套化的捆绑、板材的切割、纸张的裁剪、食品的冷藏、家具的组装等。

二、配送成本的特点及构成

配送成本是指在配送活动中的备货、储存、分拣及配货、配装、送货、送达服务及配送加工的环节发生的各项费用的总和,是配送过程中所消耗的各种活劳动和物化劳动的货币表现。

(一)配送成本的特点

1. 配送成本具有隐蔽性,财务会计分解难度大

由于企业现在没有单独设置"配送费用"会计科目来专门核算企业对内对外发生的配送费用,所以通常的财务会计不能完全掌握配送成本。就配送成本而言,一般通过"销售费用"、"管理费用"科目可以看出部分配送费用情况,但这些科目反映的费用仅仅是全部配送成本的一部分,即企业对外支付的配送费用,并且这一部分费用往往是混同在其他费用中而并不是单独设立"配送费用"科目进行独立核算的,还有很大一部分配送费用都隐藏在其他会计科目中。例如,与配送有关的利息记入"财务费用"科目,配送发生的人工费用记入"销售费用"或"管理费用"科目,由于对配送费用甚至整个物流费用尚没有制度规范,如果要分解这些隐藏的费用,在操作上存在一定的难度,操作成本也比较高,成本不明晰,考核配送中心或站点也存在一定的困难。

2. 配送成本消减具有乘数效应

随着企业间竞争日益激烈,传统竞争方式如提高销售额、降低成本、提高产品科技含量等对提高企业经济效益的作用已经变得不明显。物流作为企业的"第三利润源"降低物流成本尤其是作为物流末端的配送成本,对于提高企业效益起着不可估量的作用。例如,某企业的销售额为 1000 元,配送成本为 100 元,如果配送成本降低 10%,企业利润可增加 10 元。若销售利润率为 2%,则创造 10 元的利润,需要增加 500 元的销售额,即降低 10% 的配送成本所起的作用相当于销售额增加 50%。由此可见,加强配送成本管理对提高企业效益具有巨大的潜力。

3. 配送成本的"效益背反"

"效益背反"是指同一资源的两个方面处于相互矛盾的关系之中,一个要素的优化会导致另一个要素的损失,这种"效益背反"关系在物流各功能要素中普遍存在,尤其是配送成本和仓储、运输、装卸、包装等其他物流系统成本。因此,企业在进行配送成本管理时,必须把相关成本拿到同一场所用"总成本"来衡量,即配送成本的降低额必须超过另两个物流系统要素的成本增加额,从而使得物流总成本降低。

➤ **拓展链接**

配送积载成本

配送中心服务的对象是众多的客户和各种不同的货物品种,为了降低配送运输成本,需要充分利用运输配送的资源,对货物进行装车调配,优化处理,达到提高车辆容积和载货方面的装载效率,进而提高车辆运能运力的利用率,降低配送运输成本,这就是配送积载成本。

(二)配送成本的构成

配送是按用户的订货要求,在物流据点(配送中心)进行分货、配货,并将配好的货物送交收货人的活动。通过配送,才能使物流活动的最终目的得以实现。配送活动不仅能增加产品的价值,它还有助于提高企业的竞争力。但完成配送活动是需要付出代价的,即需要配送成本。配送成本是配送过程中所支付费用的总和。

配送的主体活动是配送运输、分拣、配货及配载,分拣、配货是配送的独特要求,也是配送中有特点的活动,以送货为目的的配送运输是最后实现配送的主要手段,从这一点出发,常常将配送简化成运输的一种。

根据配送流程及配送环节,配送成本实际上包含配送运输费用、储存保管费用、分拣费用、配装费用、流通加工费用等,其成本应由以下费用构成。

1. 配送运输费用的构成及分类

(1)配送运输费用的构成。

① 车辆费用。车辆费用是指从事配送运输生产而发生的各项费用,具体包括驾驶员及助手等的工资及福利费、燃料、轮胎、修理费、折旧费、养路费、车船税等项目。

② 营运间接费用。营运间接费用是指营运过程中发生的不能直接计入各成本计

算对象的站、队经费,包括站、队人员的工资及福利费、办公费、水电费、折旧费等内容,但不包括管理费用。

(2)配送运输费用的分类。

由于运输采用的运输工具、运输范围、运输距离、货物品种等因素的不同,货物的运输费用有下列几种类别。

①按适用的范围划分。

a. 普通运价。它适用于一般货物的正常运输,是货物运价的基本形式。例如,铁路运价适用于全国正式营业铁路,是全国各地统一的铁路运价。

b. 特定运价。它是运价的一种辅助形式,以补充普通运价,是指对某种货物、某种流向、某一段线路规定的特殊运价。特定运价是根据运价政策制定的,比普通运价水平升高或降低一定的数量,或改用较低的、较高的运价标准,在某一时间内对某种货物以鼓励或限制。有时也可以单独制定特定运价。

c. 地方运价。它是适用于某地区、某一线路的运价,临管营业的新建铁路或未与铁路网接通的营业铁路规定临管运价率,以及交通系统的地方水运运价等。

d. 国际联运运价。它是指国际联运出口、进口或过境货物,国内区段按有关规定办理,过境运价根据国际的有关规定办理。

②按货物发送批量、使用的容器划分。

a. 整车(批)运价。它是指按整车运送办理的货物所规定的运价,按整车运价的规定的运价率计算费用;整批运价是指规定满一定重量的,可作为一张运单一批托运的货物,按整批运价计算。

b. 零担运价。它是指不满整车、整批吨位以下托运的零星货物,按货物实际重量和运价率计算的运价。

c. 集装箱运价。它是指以集装箱运送货物规定的运价。

③按计算方式的不同划分。

a. 分段里程运价。它是指把里程分为若干区段,在不同区段使用不同的运价率。铁路和交通都直属运输企业的现行运价就是采用这种计算方式。

b. 单一里程运价。它是指每千米的运价率不变,在运输全程用一个单一的运价率的,因此运价是与运输距离成正比的。

c. 航线里程运价。它是指在同一航线上使用同一基本运价。航空运输的现行运价就采用这种形式。

2. 储存保管费用构成

储存保管费用是指货物存放在配送中心的储存、保管过程中所发生的费用。

(1)储运业务费用。

因为配送中心的主要经营业务是组织物品的配送,其中必然要包括储存和保管,这是生产过程在流通领域内继续消耗的劳动,由此所发生的储运业务费用是社会必要劳动的追加费用。虽然这种劳动不会提高和增加物资的使用价值,但由于参加了货物价值的创造,因此增加了货物的价值。储运业务费用主要由仓储费、进出库费、代运费、机修费、验收费、代办费、装卸费和管理费组成。

（2）仓储费。

仓储费专指物资储存、保管业务所发生的费用。仓储费主要包括：仓库管理人员的工资、劳动保护费，物资在保管保养过程中的毡垫、防腐、倒垛等维护保养费，固定资产折旧费，以及低值易耗品的摊销、修理费、动力照明费等。

（3）进出库费。

进出库费是指物资进出库过程中所发生的费用。进出库费主要包括：进出库过程中装卸搬运和验收等所开支的工人工资、劳动保护费等，固定资产折旧费，以及大修理费、照明费、材料费、燃料费、管理费等。

（4）服务费用。

服务费用是指配送中心在对外保管服务过程中所消耗的物化劳动和活劳动的货币表现。

3. 分拣费用构成

分拣货物是在配货场或仓库储运场进行的。它是按发货单和按用户要求到存放货位进行验货，在设定货主地点进行分类、组织包装等作业的组织过程。其作业技术可按商品性态特点、作业批量大小、用户多少，分别选用"摘果式"或"播种式"分拣作业方法。分拣作业既可采用人工作业方式，也可采用人机作业方式，还可以采用自动化作业方式。分拣作业过程中所消耗的费用就是分拣费用，具体包括以下几个方面：

（1）分拣人工费用：从事分拣工作的作业人员及有关人员的工资、资金、补贴等费用的总和。

（2）分拣设备费用：分拣机械设备的折旧费用、修理费用、燃料消耗。

4. 配装费用

配装成本是指在完成配装货物过程中所发生的各种费用总和。包装在配装过程中起到保护产品、方便储运、促进销售的作用。绝大多数商品只有经过包装，才能进入流通领域。据统计，包装费用占全部流通费用的 10% 左右，有些商品（特别是生活消费品）的包装费用高达 50%，而配送成本中的包装费用是一般为了销售或配送的方便所进行的再包装的费用。配装费用主要包括以下几个方面：

（1）配装材料费用。常见的配送材料有木材、纸、自然纤维和合成纤维、塑料等。这些包装材料功能不同，成本相差也很大。

（2）配装机械费用。配装机械的应用不仅可以极大地提高包装的劳动生产率，也大幅度地提高了配装的水平。但配装机械的广泛使用也使得配装费用明显提高。

（3）配装技术费用。为使物资在流动过程中免受外界不良因素的影响，物资配装时一般要采取一定的技术措施，如缓冲包装技术、防震包装技术、防潮包装技术、防锈包装技术等。这些技术措施的设计、实施所支出的费用合称为包装技术费用。

（4）配装辅助费用。除上述配装费用外，还有一些辅助性费用，如包装标记、标签及拴挂物费用等。

（5）配装人工费用。从事配装工作的工人及有关人员的标准工资、奖金、补贴等费用总和就是配装人工费用。

5. 流通加工费用

为了提高配送效率,便于销售,在物资进入配送中心后,必须按照用户的要求进行一定的加工活动,这便是流通加工。由此而支付的费用称为流通加工费用。

(1)流通加工设备费用。在流通加工过程中,由于流通加工设备的使用而发生的实体损耗和价值转移。流通加工设备因流通加工的形式不同而不同,如剪板加工需要剪板机工、电锯等,购置这些设备所支出的费用,以流通加工费的形式转移到被加工的产品中去。

(2)流通加工材料费用。在流通加工过程中,投入到加工过程中的一些材料消耗所需要的费用,即流通加工材料费用。

(3)流通加工劳务费用。在流通加工过程中,从事加工活动的管理人员、工人及有关人员工资、奖金等费用的总和,即为流通加工劳务费用。应当说明的是,流通加工劳务费用的大小与加工的机械化程度和加工形式存在着密切的关系。一般来说,加工机械化程度越高,劳务费用越低;反之,则劳务费用越高。

(4)流通加工其他费用。这是指除上述费用外,在流通加工过程中耗用的电力、燃料、油料等费用,也应加到流通加工费用中。

在实际应用中,应该根据配送的具体流程归集成本。不同的配送模式,其成本构成差异较大;在相同的配送模式下,由于配送物品的性质不同,其成本构成差异也很大。

三、配送成本的计算

配送成本费用的核算是多环节的核算,是各个配送环节或活动的集成,在实际核算时,涉及哪一个活动,就应当对哪一个配送活动进行核算。配送各个环节的成本费用核算都具有各自的特点,如流通加工费用的核算与配送运输费用的核算具有明显的区别,其成本计算的对象及单位都不同。

配送成本费用的计算由于涉及多环节的成本计算,所以对每个环节都应当计算各成本计算对象的总成本。总成本是指成本计算期内成本计算对象的成本总额,即各个成本项目金额之和。配送成本费用总额是由各个环节的总成本组成的,即

配送成本＝配送运输成本＋储存保管成本＋分拣成本＋配装成本＋流通加工成本

(一)配送运输成本的计算

配送运输成本是指配送车辆在完成配送货物过程中所发生的各种车辆费用和配送间接费用。

1. 配送车辆费用

配送车辆费用是指配送车辆从事配送活动所发生的各项费用,具体包括以下内容:

(1)工资:是指支付给配送车辆司机的基本工资、附加工资及工资性津贴。

(2)职工福利费:是指按规定的工资总额及规定比例计提的职工福利费。

(3)燃料:是指配送车辆运行所耗用的燃料费用,如汽油、柴油等费用。

(4)轮胎:是指配送车辆耗用的外胎、内胎、垫带的费用支出及轮胎的翻新费用和修

补费。

(5)修理费:是指配送车辆进行各级保养和修理所发生的工料费、修复旧件费用和行车耗用的机油费用。

(6)大修:是指配送车辆计提的大修基金,以及车辆大修竣工后调整的费用差异和车辆超、亏里程定额差异应调整增减的费用。

(7)折旧:是指配送车辆按规定计提的折旧费。

(8)公路运输管理费:是指按规定向运输管理部门缴纳的营运车辆管理费。

(9)车船税:是指企业按规定向税务部门缴纳的营运车辆使用税。

(10)行车事故损失:是指配送车辆在配送过程中,因行车肇事所发生的事故损失。

(11)其他:是指不属于上述各项的车辆费用,如行车杂支、随车工具费、防滑链条费、中途故障救急费、司机和助手劳动保护用品费、车辆清洗费、冬季预热费、由配送方负担的过路和过桥费等。

2. 配送间接费用

配送间接费用是指配送运输管理部门为管理和组织配送运输生产所发生的各项管理费用和业务费用,具体包括以下内容:

(1)配送运输管理部门管理人员的工资及福利费。

(2)配送运输部门为组织运输生产活动所发生的管理费用及业务费用,如取暖费、水电费、办公费、差旅费、保险费等。

(3)配送运输部门固定资产的折旧费、修理费。

(4)直接用于生产活动,构成营运成本但不能直接计入成本项目的其他费用。

上述配送车辆费用和配送间接费用构成了配送运输成本项目。配送运输成本在配送总成本构成中所占比例很大,应进行重点管理。

3. 配送运输成本的核算

配送运输成本的核算是指将配送车辆在配送过程中所发生的费用,按照规定的成本计算对象和成本项目计入配送运输成本。具体核算方法如下:

(1)工资及职工福利费:根据"工资分配汇总表"和"职工福利费计算表"中各车型分配的金额计入成本。

(2)燃料:根据"燃料发出凭证汇总表"中各车型耗用的燃料金额计入成本;配送车辆在本企业以外的油库加油,其领发数量不作为企业购入和发出的处理,应在发生时按照配送车辆领用数量和金额计入成本。

(3)轮胎:轮胎的外胎采用一次返销法,根据"轮胎发出凭证汇总表"中各车型领用的金额计入成本;采用按行驶千米摊销法的,根据"轮胎中摊提费计算表"中各车型应负担的摊提额计入成本;发生轮胎翻新费时,根据付款凭证直接计入各车型成本或通过摊销方式分期摊销;内胎、垫带根据"材料发出凭证汇总表"中各车型成本领用金额计入成本。

(4)修理费:辅助生产部门对配送车辆进行保养和修理的费用,根据"辅助营运费用分配表"中分配各车型的金额计入成本。

（5）折旧：根据"固定资产折旧计算表"中按照车辆种类提取的折旧金额计入各分类成本。

（6）运输管理费：配送车辆应纳的运输管理费，应在月终计算成本时编制"配送车辆运输管理费计算表"，并据此计入配送成本。

（7）车船税、行车事故损失和其他费用：如果是通过银行转账、商业汇票、现金支付的，根据付款凭证等直接计入有关的车辆成本；如果是在企业仓库内领用的材料物资，根据"材料发出凭证汇总表""低值易耗品发出凭证汇总表"中各车型领用的金额计入成本。

（8）营运间接费用：根据"营运间接费用根本表"计入有关配送车辆成本。

4. 配送运输成本计算表

物流配送企业月末应编制配送运输成本计算表，以反映配送总成本和单位成本。

配送运输成本计算表的格式如表 7-1 所示。

表 7-1　配送运输成本计算表

编制单位：　　　　　　　　　年　　月　　　　　　　　单位：元

项目	配送车辆合计	配送营运车辆		
		甲型车	乙型车	丙型车
一、车辆费用				
工资				
职工福利费				
燃料				
轮胎				
修理费				
折旧				
运输管理费				
行车事故损失				
二、营运间接费用				
三、配送运输总成本				
四、周转量（千吨·千米）				
五、单位成本				
六、成本降低额				
七、成本降低率				

（1）配送运输总成本是指成本计算期内成本计算对象的成本总额，即各个成本项目金额之和。

（2）单位成本是指成本计算期内各成本诸对象完成单位周转量的成本额。

（3）成本降低额反映本年度该配送运输成本与上一年度该配送运输成本的差额，即与上年相比是否节约的一项指标。可用计算公式表示如下：

成本降低额＝上年度实际单位成本×本期实际周转量－本期实际总成本

（4）成本降低率是指成本降低额与以本期周转量计算的上年总成本的比率。它是反映该配送运输成本降低幅度的一项指标。可用计算公式表示如下：

成本降低率＝成本降低额/上年度实际单位成本×本期实际周转量×100％

（二）储存保管成本的计算

1．仓储配送成本项目

配送仓库的仓储成本要作为配送环节成本核算的内容，仓储成本按支付方式可以分为两类：

（1）对外支付的保管费，主要是指仓库租赁费，它可以全额直接计入仓储配送成本。

（2）企业内部发生的配送仓储保管费用，具体包括以下内容：

① 材料消耗费：包括与包装材料、消耗工具、器具设备、燃料等相关的费用。

② 工资及福利：包括工人的标准工资、奖金、津贴及按规定计提的福利费等。

③ 燃料及动力费：包括水费、电费、燃气费等。

④ 保险费：仓储物资为防止偷盗、火灾等损失的财产保险费。

⑤ 修缮维护费：仓储及设备的修缮维护费。

⑥ 仓储搬运费：仓储物资进出库的搬运设备费。

⑦ 仓储保管费：仓储折旧等。

⑧ 仓储管理费：仓库行政管理人员工资、办公费、消防费等。

⑨ 低值易耗品：如劳动保护用品、办公用品等。

⑩ 资金占用利息：仓储物资占用资金的利息。

⑪ 税金：主要指营业税金及附加等。

2．仓储成本的核算

仓储成本的核算是指将配送中心仓储活动在配送生产过程中所发生的费用，按照规定的成本计算对象和成本项目计入配送仓储成本。其具体核算方法如下：

（1）材料消耗费：根据配送部门"材料发出凭证汇总表"的金额全额计入配送仓储成本。

（2）工资及福利费：根据"工资分配汇总表"和"职工福利费分配表"，按人数比例计算出配送仓储部门应分摊的费用，然后计入配送仓储成本。

（3）燃料及动力费：根据"燃料动力消耗凭证汇总表"，按面积比例计算出配送仓储部门应分配的份额，计入配送仓储成本。

（4）保险费：根据"保险费用凭证汇总表"，按面积比例计算出配送仓储部门应分配的份额，计入配送仓储成本。

（5）修缮维护费：根据"辅助营运费用分配表"，按面积比例计算出配送仓储部门应分配的份额，计入配送仓储成本。

（6）仓储搬运费：根据"辅助营运费用分配表"，按面积比例计算出配送仓储部门应分配的份额，计入配送仓储成本。

（7）仓储保管费：根据配送部门的"固定资产折旧计算表"，按面积比例计算出配送仓储部门应分配的份额,计入配送仓储成本。

(8)仓储管理费:根据配送部门的"管理费用汇总表",按面积比例计算出配送仓储部门应分配的份额,计入配送仓储成本。

(9)低值易耗品:根据配送部门的"低值易耗品发出凭证汇总表",按仓储费用比例计算出配送仓储部门应分配的份额,计入配送仓储成本。

(10)资金占用利息:根据"财务费用汇总表",按仓储费用比例计算出配送仓储部门应分配的份额,计入配送仓储成本。

(11)税金:根据"应付税金汇总表",按仓储费用比例计算出配送仓储部门应分配的份额,计入配送仓储成本。

3. 仓储成本计算表

物流配送企业编制配送仓储成本计算表,以反映配送仓储总成本,其格式如表 7-2 所示。

表 7-2　储存保管成本计算表

编制单位:　　　　　　　年　　月　　　　　　　单位:元

项目	合计	配送仓库	
		甲仓库	乙仓库
仓库租赁费			
材料消耗费			
工资津贴费			
燃料动力费			
保险费			
修理维护费			
仓储搬运费			
仓储保管费			
仓储管理费			
低值易耗品			
资金占用费			
税金			
仓储成本合计			

(三)分拣成本的计算

分拣成本是指分拣机械及人工在完成货物分拣过程中所发生的费用。

1. 分拣成本项目

(1)分拣直接费用。

① 工资:指按规定支付给分拣作业工人的标准工资、奖金、津贴等。

② 职工福利费:指按规定的工资总额和提取标准计提的职工福利费。

③ 修理费:指分拣机械进行保养和修理所发生的工料费用。

④ 折旧:指分拣机械按规定计提的折旧费。

⑤ 其他:指不属于以上各项的费用,如分拣工人的劳保用品费等。

(2)分拣间接费用。

分拣间接费用是指配送分拣管理部门为管理和组织分拣生产,需要由分拣成本负担的各项管理费用和业务费用。

2. 分拣成本的核算

配送环节分拣成本的核算是指分拣过程中所发生的费用,按照规定的成本计算对象和成本项目计入分拣成本。其具体计算方法如下:

(1)工资及职工福利费:根据"工资费用分配法"和"职工福利费计算表"中分配的金额计入分拣成本。

(2)修理费:辅助生产部门对分拣机械进行保养和修理的费用,根据"辅助营运费用分配表"中分配的分拣成本金额计入分拣成本。

(3)折旧:根据"固定资产折旧计算表"中按照分拣机械提取折旧的金额计入分拣成本。

(4)其他:根据"低值易耗品发出汇总表"中分拣成本领用的金额计入分拣成本。

(5)配装间接费用:根据"配送管理费用分配表"计入分拣成本。

3. 分拣成本计算表

物流配送企业月末应编制配送分拣成本计算表,以反映配送分拣总成本。分拣成本计算表的格式如表 7-3 所示。

表 7-3　分拣成本计算表

编制单位:　　　　　　　　　年　月　　　　　　　　　　单位:元

项目	合计	分拣品种	
		甲仓库	乙仓库
一、分拣直接费用 　工资 　福利费 　修理费 　折旧 　其他			
二、分拣间接费用			
分拣总成本			

(四)配装成本的计算

配装成本是指在完成配装货物的过程中所发生的各种费用。

— 189 —

1. 配装成本项目

(1)配装直接费用。

① 工资：是指按规定支付给配装作业工人的标准工资、奖金、津贴等。

② 职工福利费：是指按规定的工资总额和提取标准计提的职工福利费。

③ 材料：是指配送过程中消耗的材料，如包装纸、包装箱、包装塑料等。

④ 辅助材料：是指配装过程中耗用的辅助材料，如标志、标签等。

⑤ 其他：是指不属于以上各项的费用，如配装工人的劳保用品费等。

(2)配装间接费用。

配装间接费用是指配送配装管理部门为管理和组织分拣生产，需要由配装成本负担的各项管理费用和业务费用。

2. 配装成本的核算

配装成本的核算是指将配装过程中所发生的费用，按照规定的成本计算对象和成本项目计入配装成本。其具体核算方法如下：

(1)工资及职工福利费：根据"工资费用分配法"和"职工福利费计算表"中分配的金额计入配装成本。

(2)材料费用：根据"材料发出凭证汇总表"中分配的配装成本的金额计入配装成本。

(3)辅助材料费用：根据"材料发出凭证汇总表""领料单"中配装业务领用的金额计入配装成本。

(4)其他：根据"低值易耗品发出汇总表""领料单""发出材料汇总表"中配装业务领用的金额计入配装成本。

(5)配装间接费用：根据"配送管理费用分配表"计入配装成本。

3. 配装成本计算表

物流配送企业月末应编制配送环节配装成本计算表，以反映配送配装总成本。配装成本计算表的格式如表7-4所示。

表7-4 配装成本计算表

编制单位：　　　　　　　　年　　月　　　　　　　　　　单位：元

项目	合计	配装品种	
		甲货物	乙货物
一、配装直接费用			
工资			
福利费			
材料费			
辅助材料费			
其他			
二、配装间接费用			
配装总成本			

（五）流通加工成本的计算

1. 流通加工成本项目

（1）直接材料费用。

流通加工的直接材料费用是指产品流通加工过程中直接消耗的材料、辅助材料、包装材料及燃料和动力等的费用。与工业企业相比，流通加工过程的直接材料费用占流通加工成本的比例较小。

（2）直接人工费用。

流通加工成本中的直接人工费用是指直接进行加工生产的工人工资及按比例计提的职工福利费。

（3）制造费用。

流通加工制造费用是物流中心设置的生产加工单位，为组织和管理生产加工所发生的各项间接费用。主要包括流通加工生产单位管理人员的工资及福利费，生产加工单位房屋、建筑物、机器设备等的折旧和修理费，生产单位的固定资产租赁费、机器物料消耗、低值易耗品的摊销、取暖费、水电费、办公费、差旅费、保险费、检验费、季节性停工和机器设备修理期间的停工损失，以及其他制造费用。

2. 流通加工成本的核算

（1）直接材料费用的核算。

根据"材料发出汇凭证汇总表"及"动力费用分配表"来确定计入流通加工直接材料成本项目的份额。

（2）直接人工费用的核算。

根据当期"工资费用分配表"及"职工福利费用计算表"来确定计入流通加工直接人工成本项目的份额。

（3）制造费用的核算。

制造费用的核算是通过按加工单位设置制造费用明细账来进行的，由于流通加工环节的折旧费用、固定资产修理费用占成本比例较大，其费用归集核算尤其重要。

3. 流通加工成本计算表

物流配送企业月末应编制流通加工成本计算表，以反映配送单位流通加工总成本和单位成本。流通加工成本计算表的格式如表7-5所示。

表7-5 流通加工成本计算表

编制单位：　　　　　　　　年　　月　　　　　　　　　　　　　单位:元

项目	合计	配装品种	
		甲产品	乙产品
直接材料			
直接人工			
制造费用			
合计			

四、配送成本分析

配送成本分析的方法多种多样,具体选用哪种方法,取决于企业成本分析的目的、费用和成本形成的特点、成本分析所依据的资料性质等。配送成本是由多环节的成本组成的,因此对配送成本的分析也应当按照各环节成本进行分项分析,通过分析能够真正揭示配送费用预算和成本计划的完成情况,查明影响计划或预算完成的各种因素变化的影响程度,寻求降低成本、节约费用的途径和方法。

现以配送环节的配送运输成本为例进行分析。配送运输成本报表是反映配送环节在一定时期(年、季、月)的成本的构成、成本的水平和成本计划执行情况的综合性指标报表。利用配送成本汇总表,可以分析、考核各项计划的执行情况和各种消耗定额的完成情况,研究降低成本的途径,从而不断改善经营管理,提高配送的赢利水平。

(一)配送运输成本汇总表的编制

配送运输成本汇总表是总括反映配送部门在月份、季度、年度内配送车辆成本的构成、水平和成本计划执行结果的报表。配送运输成本计算表是月报,具体如表 7-6 所示。

表 7-6　配送运输成本汇总表

编制单位:　　　　　年　　月　　　　　　　　　　　　单位:元

项目	行次	计划数	本期实际数
一、车辆费用	1		
工资	2		
职工福利费	3		
燃料	4		
轮胎	5		
保修	6		
大修	7		
行车事故损失	8		
其他	9		
二、配送运输管理费用	10		
三、配送总成本	11		
四、周转量	12		
五、单位成本	13		
六、成本降低额	14		
七、成本降低率	15		
上年单位成本	16		

配送运输成本汇总表内的有关数据说明如下:

表内列有配送车辆的车辆费用和配送间接费用及各成本项目的计划数、本月实际数和本年累计实际数。计划数只在 12 月份填列,实际数根据"配送支出"账户明细账月终余额填列。周转量根据统计部门提供的资料填列。其中,成本降低额和成本降低率按下式计算:

$$配送运输成本降低额 = 配送车辆上年实际单位成本 \times 本年配送实际周转量 - 本年配送实际总成本$$

$$配送运输成本降低率 = \frac{配送成本降低额}{配送车辆上年实际单位成本 \times 本年配送实际周转量} \times 100\%$$

(二)配送运输成本汇总表的分析

配送运输成本汇总表分析主要是根据表中所列数值,采用比较分析法,计算比较本年计划、本年实际与上年实际成本升降的情况,并结合有关统计、业务、会计核算资料和其他调查研究资料,查明成本水平变动的原因,提出进一步降低成本的意见。

第二节　配送成本优化控制

一、不合理配送的表现形式

1. 资源筹措的不合理

物流配送是利用较大批量筹措资源,通过筹措资源的规模效益来降低资源筹措成本,使配送资源筹措成本低于用户自己筹措资源成本,从而取得优势。如果不是集中多个用户需要进行批量筹措资源,而仅仅是为某一两户代购代筹,对用户来讲,就不仅不能降低资源筹措费,相反却要多支付一笔配送企业的代筹代办费,因而是不合理的。资源筹措不合理还有其他表现形式,如配送量计划不准、资源筹措过多或过少、在资源筹措时不考虑建立与资源供应者之间长期稳定的供需关系等。

2. 库存决策不合理

配送应充分利用集中库存总量低于各用户分散库存总量,从而大大节约社会财富,同时降低用户实际平均分摊库存负担。因此,配送企业必须依靠科学管理来实现一个低总量的库存,否则就会出现单是库存转移,而未解决库存降低的不合理。配送企业库存决策不合理还表现在储存量不足,不能保证随机需求,失去了应有的市场。

3. 价格不合理

总的来讲,配送的价格应低于不实行配送时,用户自己进货时产品购买价格加上自己提货、运输、进货之成本总和,这样才会使用户有利可图。有时候,由于配送有较高服务水平,价格稍高,用户也是可以接受的,但这不是普遍的原则。如果配送价格普遍高于用户自己进货价格,损伤了用户利益,就是一种不合理表现。价格制定过低,使配送企业处于无利或亏损状态下运行,会损伤销售者,也是不合理的。

4. 配送与直达的决策不合理

一般的配送总是增加了环节,但是这个环节的增加,可降低用户平均库存水平,因此不但抵消了增加环节的支出,而且还能取得剩余效益。但是如果用户使用批量大,可以直接通过社会物流系统均衡批量进货,较之通过配送中转送货则可能更节约费用,所以,在这种情况下,不直接进货而通过配送,就属于不合理范畴。

5. 送货中不合理运输

配送与用户自提比较,尤其对于多个小用户来讲,可以集中配装一车送几家,这比一家一户自提,可大大节省运力和运费。如果不能利用这一优势,仍然是一户一送,而车辆达不到满载(即时配送过多过频时会出现这种情况),就属于不合理。

此外,不合理运输若干表现形式,在配送中都可能出现,会使配送变得不合理。

6. 经营观念的不合理

在配送实施中,有许多是经营观念不合理,使配送优势无从发挥,相反却损坏了配送的形象。这是在开展配送时尤其需要注意克服的不合理现象。例如,配送企业利用配送手段,向用户转嫁资金;在库存过大时,强迫用户接货,以缓解自己的库存压力;在资金紧张时,长期占用用户资金;在资源紧张时,将用户委托资源挪作他用获利等。

以上几种不合理形式,都会增加配送的成本费用,会使配送企业丧失成本领先的竞争优势。另外,配送成本是由物流多环节的成本费用组成的,对配送成本控制也是对各环节成本的分项控制。所以,对配送成本的控制要用系统的观点,将配送成本费用控制在预定的范围内。

二、配送成本控制策略

物流活动最终得以实现必须通过配送才能完成。配送不仅可以增加产品的价值,还有助于提高企业的竞争力。但完成配送活动是需要付出代价的,即需要配送成本。对配送的管理就是在配送的目标,即满足一定的顾客服务水平与配送成本之间寻求平衡,在一定的配送成本下尽量提高顾客服务水平,或在一定的顾客服务水平下使配送成本最小。配送成本控制的策略主要有以下几个方面。

(一)优化配送作业

优化配送作业的手段主要有实行合并配送、差异化配送、混合配送、标准化配送及延迟配送等作业。

1. 合并策略

合并策略包含两个层次:一个是配送方法上的合并;另一个是共同配送。

(1)配送方法上的合并。企业在安排车辆完成配送任务时,充分利用车辆的容积和载重量,做到满载满装,是降低成本的重要途径。由于产品品种繁多,不仅包装形态、储运性能不一,在容重方面,也往往相差甚远。因此,如实行合理的轻重配装、容积大小不同的货物搭配装车,不但可以在载重方面达到满载,而且可充分利用车辆的有效容积,取得最优效果。

(2)共同配送。共同配送是一种产权层次上的共享,也称集中协作配送。它是几个企业联合起来,集小量为大量,共同利用同一配送设施的配送方式。其标准运作形式是:在中心机构的统一指挥下,各配送主体以经营活动(或以资产为纽带)联合行动,在较大的地域内协调运作,共同对某一个或某几个客户提供系列化的配送服务。

2. 差异化策略

差异化策略的指导思想是：产品特征不同，顾客服务水平也不同。当企业拥有多种产品线时，不能对所有产品都按同一标准的顾客服务水平来配送，而应按产品的特点、销售水平来设置不同的库存、不同的运输方式及不同的储存地点。忽视产品的差异性会增加不必要的配送成本。如某公司为了降低成本，按各产品的销售量比例进行分类：A类产品销售量占总销售量的70％左右，B类产品销售量占总销售量的20％左右，C类产品销售量占总销售量的10％左右，对于A类产品，公司在各销售网点都备有库存，B类产品只在地区分销中心备有库存，C类产品仅在工厂的仓库才有库存，经过一段时间的运营，该公司的配送成本下降了20％。

3. 混合策略

混合策略是指配送业务一部分由企业自身完成，而另一部分外包给第三方物流企业完成。采用混合策略，合理安排企业自身完成的配送和外包给第三方物流完成的配送，使配送成本最低。纯策略是指配送活动要么全部由企业自身完成，要么完全外包给第三方物流完成。采用纯策略易形成一定的规模经济，并使管理简化，但由于产品品种多变、规格不一、销量不等等情况，因此采用纯策略的配送方式超出一定程度不仅不能取得规模效益，反而还会造成规模不经济。

4. 标准化策略

标准化策略就是尽量减少因品种多变而导致的附加配送成本，尽可能多地采用标准零部件、模块化产品。例如，服装制造商按统一规格生产服装，直到顾客购买时才按顾客的身材调整尺寸大小。采用标准化策略要求厂家从产品设计开始就要站在消费者的立场去考虑怎样节省配送成本，而不要等到产品定型生产出来了才考虑采用什么技巧降低配送成本。

5. 延迟策略

在传统的配送计划安排中，大多数的库存是按照对未来市场需求的预测量设置的，这样就存在着预测风险。当预测量与实际需求量不符时，就出现库存过多或过少的情况，从而增加配送成本。延迟策略的基本思想就是对产品的外观、形状及其生产、组装、配送应尽可能推迟到接到顾客订单后再确定。若采用延迟策略，一旦接到订单就要快速反应，因此采用延迟策略的一个基本前提是信息传递要非常快。

(二)提高配送作业效率

1. 商品入库、出库的效率化

在配送作业中，伴随着订发货业务的开展，商品检验作业也在集约化的中心内进行。特别是近几十年来，条形码的广泛普及，以及便携式终端性能的提高，使物流作业效率得到大幅提高。在客户订货信息的基础上，在进货商品上要求贴附条形码，商品进入中心时用扫描仪读取条形码检验商品；或在企业发货信息的基础上，在检验发货商品的同时加贴条形码，这样企业的仓库保管及发货业务都在条形码管理的基础上进行。

2. 保管、装卸作业的效率化

从事现代配送中心再建的企业都极力在中心内导入自动化作业,在实现配送作业快速化的同时,削减作业人员,降低人工费,特别是以往需要大量人力的备货或标价等流通加工作业,如何实现自动化是很多企业面临的重要课题。如今,为了提高作业效率,除了改善作业内容外,很多企业所采取的方法是极力使各项作业标准化,进而最终实现人力资源的节省。

3. 备货作业的效率化

配送中心内最难实行自动化的备货作业,由于产业不同、商品的形状不同,备货作业的自动化有难有易。虽然从整个行业来看,各企业在推动自动化时会遇到各种难题,但是都在极力通过利用信息系统节省人力资源,构筑高效的备货自动化系统。备货自动化中最普及的数码备货,它可以不使用人力,而是借助于信息系统有效地进行作业活动。具体来讲,数码备货系统就是在由信息系统接受顾客订货的基础上,向分拣员发出数码指示,从而按指定的数量和种类来正确、迅速地备货的作业系统。实行自动化备货作业后,各个货架或货棚顶部装有液晶显示装置,该装置标示有商品的分类号及店铺号,作业员可以很迅速地查找到所需商品。如今,很多先进的企业即使使用人力,也都纷纷采用数码技术来提高备货作业的效率。

4. 分拣作业的效率化

对于不同的经济主体,分拣作业的形式是不同的。对于厂商而言,如果是客户直接订货,则产品生产出来后直接运送给客户,基本上不存在分拣作业;相反,如果是预约订货,那么就需要将商品先送到仓库,等接受客户订货后,再进行备货、分拣,配送到指定客户手中。此外,对于那些拥有全国产品销售网的厂商,产品生产出来后运送到各地的物流中心,各地物流中心在接受当地订货的基础上,分别进行备货、分拣作业,然后直接向客户配送产品。

(三)建立顺畅的信息系统

配送中心成本的降低有多种方法和策略。物流成本管理就是借助于顺畅的信息系统、导入自动化仪器、构筑信息系统等手段,力图做到配送中心内作业的自动化,节省人力资源,简化订发货作业,最终降低物流成本,缩短商品在途时间,进而真正做到商、物分离,使营业人员专心于经营活动以提高经营绩效。下面以场所管理和分拣作业的信息构成来说明建立顺畅的信息系统是如何降低物流成本的。

配送中心内的场所管理分为两种形态:

一种是利用信息系统事先将货架进行分类、编号,并贴附货架代码,各货架内装置的商品事先加以确定,这是一种固定型的场所管理。在固定型管理方式下,各货架内装载的商品长期是一致的,这样从事商品备货作业较为容易,同时信息管理系统的建立也较为方便,这是因为只要第一次将货架编号及产品代码输入计算机,就能够很容易地掌握商品出入库动态,从而省去了不断进行在库商品统计的繁琐业务。与此同时,在商品发货以后,利用信息系统能够很方便地掌握账目及实际商品的剩余在库量,及时补充安全在库量。

另一种管理方式是流动型管理,即所有商品按顺序摆放在空的货架中,不事先确定各类商品专用货架。流动型管理方式由于各货架内装载的商品是不断变化的,在商品变更登录时出差错的可能性较高。

固定型场所管理方式尽管具有准确性和便利性等优点,但是它也有某些局限性。也就是说,固定型管理和流动型管理各有一定的适用范围。一般来讲,固定型管理适用于非季节性商品,而季节性商品或流行性变化剧烈的商品,由于周转较快、出入库频繁,更适合于流动型管理。

（四）引入目标成本管理

对于配送中心经营的总目标,从表面上看,可能是以更高的服务质量且以更低的成本来完成向各个顾客的配送。但这只是管理上的目标,还应从更深层次去分析,即从财务会计的角度去分析,并且导入目标成本管理,设定一些具体指标,如成本、现金流量、净投资回报率、库存、净利润等分目标来进行具体的控制。其要点如下:

(1)在同一技术水平中,为了满足这些目标中的一些目标,应尽量减小对其他目标的影响。

(2)实现这些目标时,要以"总目标—经济效益"为基准。

(3)把目标管理的重点放在控制影响成本降低的瓶颈因素上。

（五）利用作业成本法进行核算

在作业成本法下,以客户作为成本对象进行成本计算,能分析出企业向特定客户销售的获利能力。利用作业成本法计算相应成本,该类成本称之为"客户成本"。客户成本不仅要包括生产环节发生的成本,还应包括销售环节和其他相关环节发生的成本。客户成本计算完毕后,再将所有与客户相关的收入和成本进行比较。这种分析能使管理人员了解各客户对企业盈利水平的影响,有助于企业选择合适的客户类型。

（六）实行责任中心管理

随着企业规模的扩大,企业应把配送中心作为一个责任中心来对待,并考虑划分出若干责任区域指派下属经理——配送经理进行管理。责任中心是指企业中具有一定权力并承担相应的工作责任的各级组织和各个管理层次。

为了指导各责任中心管理者的决策,并评估其经营业绩和该中心的经营成果,企业实施责任中心管理的关键是制定一个业绩计量标准,包括制定决策规则、标准和奖励制度。利用这个标准,企业可以表达希望各中心应该如何做,并对它们的业绩进行判断和评价。

业绩计量标准制定的工作大体上可从两方面入手:首先,要详细规定各中心允许的和可被采纳的行为规范,并限制中心经理可以选择的行动方案,如指定供应商、禁止处理某些资产、限定项目投资的最高额度等;其次,还必须建立一套完善的奖励制度以激励中心经理,促使其行动达到最优化。

影响企业最高管理层实行责任中心管理,导致业绩计量标准调节机能失调的因素有以下几个方面:

1. 目标不一致

比较理想的计量标准应该与企业总目标保持高度一致。但是在复杂的不确定环境下,任何一个单一的业绩计量标准都不可能保证分散经营的分部目标与企业总目标保持完美的协调一致。其原因在于:

(1)计量标准的选择带有人为因素,它与企业战略目标的相关性主要是靠高层管理者的主观判断。

(2)大多数计量标准是以内部业绩为基准,而不是以外部机会为基础的,而有时候外部机会恰恰是影响企业总目标实现的关键因素。

(3)单一计量标准没有考虑到各中心当前活动对未来经营带来的后果。

2. 关系不协调

各中心的业务活动之间是相互作用的。一个独立单位的业务活动可能不仅影响到自身的业绩计量,而且也会影响到其他单位的业绩计量。因此,各中心之间转移价格的制定通常是最容易引起争议的。

3. 过度消费

在责任中心管理中,因为各自负责任的考核标准不同,往往无法避免浪费现象的产生。例如,拥有费用支配权力的下级管理人员耗费无度,如花巨资装修办公室、雇用大量的临时工、无节制的职位消费,这些支出尽管会降低自身业绩,但只要他从过度消费中获得的实惠远远超过业绩奖励,就不能杜绝这种行为的发生。

➤拓展链接

优化配送中心运营的七项原则

企业现在已经把配送管理看做是利润中心而不是成本中心。没有人能够否认配送中心的运营对企业盈利性的重大影响。比如,通过降低配送中心运营的直接成本,如搬运成本、货运成本、货物变质和损坏成本等,可以为企业增加成千上万元的净利润。如果考虑到使客户的后付款情况降到最低,以及通过诸如配货和粘贴价签之类的增值服务来增加仓库的额外收入,配送中心对企业净利润的影响就更大了。考虑到对客户意愿和未来收益的可能影响,不管是积极的还是消极的影响,仓库作业的任何差错都可能酿成企业的重大危机。如今,每个人都知道企业是否能够高效率和低成本地管理配送中心,实际上事关一个公司的生存和发展。因此,基石解决方案公司(Cornerstone Solutions,Inc.)总裁 Chris Werling 先生提出了优化配送中心运营的 7 项基本原则:

一、不要忘了根本

二、尽可能采用自动化技术

三、定量的分析监控

四、不要忘了雇员

五、要有标杆参照

六、积极听取各方面的意见

七、制度化的沟通

　　简而言之,当服务需求已经变得更加多变和复杂的时候,就需要各种各样的技能来支持配送中心的高效运营。在有些人把"终身学习"仅仅当成一个时髦的口号的时候,对那些不断追求高水平服务的配送主管来说,"终身学习"却是一个实实在在的职业要求。

三、配送成本优化途径

　　1. 加强配送的计划性

　　在配送活动中,临时配送、紧急配送或无计划的随时配送都会大幅度增加配送成本。临时配送由于事先计划不善,未能考虑正确的装配方式和恰当的运输路线,到了临近配送截止时期时,不得不安排专车,单线进行配送,造成车辆不满载、里程多。紧急配送往往只要求按时送货,来不及认真安排车辆配装及配送路线,从而造成载重和里程的浪费。而为了保持服务水平,又不能拒绝紧急配送。但是如果认真核查并有调剂准备的余地,紧急配送也可纳入计划。随时配送对订货要求不做计划安排,有一笔送一次。这样虽然能保证服务质量,但是不能保证配装与路线的合理性,也会造成很大浪费。

　　为了加强配送的计划性,需要制定配送申报制度。所谓配送申报制度,就是零售商店订货申请制度。解决这个问题的基本原则是:在尽量减少零售店存货、尽量减少缺货损失的前提下,相对集中各零售店的订货。应针对商品的特性,制定相应的配送申报制度。

　　(1)对鲜活商品,应实行定时定量申报、定时定量配送。为保证商品的鲜活,零售店一般一天申报一次,商品的量应控制在以当天全部销售完为度。实行定时定量申报的商品,在商品量确定以后,除特殊情况外,分店不必再进行申报。由配送中心根据零售店的定量,每天送货。

　　(2)对普通商品,应实行定期申报、定期配送。定期申报是指零售店定期向配送中心订货,订货量为两次订货之间的预计需求量。实行定期申报的优点是:第一,各零售店的要货相对集中。零售店同时发出订货申请,配送中心将订货单按商品分类、汇总,统一完成配送。第二,零售店不必经常清点每种产品的盘存量,减少了工作量。第三,零售店是向众多单个消费者销售商品,不确定因素较多。实行定期申报,零售店只需预测订货周期较短时间内的需求量,降低了经营风险。零售店定期发出订货申请,配送中心定期送货。送货的时间间隔与订货的时间间隔一致,例如,每七天订一次,每七天送一次货。问题的关键是如何确定合理的时间间隔。时间太长,每次的发货量必定很多,这无疑将配送中心的存货分散到零售店储备;时间太短,每次发的货太零星,既增加了配送难度,也增加了配送次数。一个合理的时间间隔应该使零售店保持较少的库存而又不缺货的前提下,集中零售店的订货。在实际操作中,应通过数据和经验来分析和确定。

　　2. 确定合理的配送路线

　　配送路线合理与否对配送速度、成本、效益影响很大,因此,采用科学方法确定合理的配送路线是配送的一项重要工作。确定配送路线可以采用各种数学方法和在数学方法的基础上发展和演变出来的经验方法。无论采用何种方法,都必须满足一定的约束条件。

一般的配送,约束条件有:

(1)满足所有零售店对商品品种、规格、数量的要求。

(2)满足零售店对货物到达时间范围的要求。

(3)在交通管理部门允许通行的时间内进行配送。

(4)各配送路线的商品量不超过车辆容积及载重量的限制。

(5)在配送中心现有的运力允许的范围之内配送。

3. 进行合理的车辆配载

各零售店的销售情况不同,订货的品种也往往不一致。这就使一次配送的货物可能有多个品种,这些商品不仅表现在包装形态、运输性能不一,而且表现在密度上差别较大。密度大的商品往往达到了车辆的载重量,但体积空余很大;密度小的商品达到车辆的最大体积时,达不到载重量。单装实重或轻泡商品都会造成浪费。如果实行轻重商品配装,即会使车辆达到满载,又充分利用车辆的体积,大大降低运输费用。最简单的配载是轻重两种商品搭配。分别测定两种商品的密度和体积,通过二元一次方程式,求得满载满容的最佳搭配。假定需配送的两种商品,商品 A,密度为 $A_密$,单件商品体积为 $A_体$;商品 B,密度为 $B_密$,单件商品体积为 $B_体$;车辆载重为 K 吨,车辆最大容积为 V 立方米。在既满载又满容的前提下,商品 A 装件数为 X 件,商品 B 装件数为 Y 件。建立二元一次方程式,所求得的 X、Y 值即为 A、B 两种商品的配装件数。

在很多情况下,要配装的商品品种很多,每种商品的密度和单件体积可能都不相同,能提供的车辆种类较多,车辆的技术指标即 K、V 值不同。这里只能采用以下方法解决。一是利用计算机,将商品的密度、体积及车辆的技术指标值储存起来。配装时,输入将要配装全部商品的编号及目前可以使用的车辆的编号,由计算机输出配装方案,指示配装人员使用什么型号的车辆,装载什么商品,每种商品装多少。二是在没有计算机时,从待配送商品中选出密度最大和最小的两种,利用上述二元一次方程式手算配装。当车辆的体积和载重尚有余地时,从其他待配送商品中再选密度最大及最小的两种,依此类推,直到满载满容。这种渐次逼近法虽然没有计算机算得迅速,但是由于每次都选密度最大和最小两种搭配,最终的搭配结果是平均密度与车辆载重量和体积的比值最接近,所以具有科学性。

➤拓展链接

运输服务如何实现转型升级

如何提高货运服务的整体发展水平和质量,是当前摆在交通运输行业面前的重要任务,必须通过加快运输服务的转型升级,使运输服务方式、效率、成本和设施组织等适应现代物流业发展的需要。

1. 物流业的运行特征

一是一体化服务。

一体化的服务是物流业企业经营的基本形态,包括企业内部业务环节之间、服务企业与需求企业之间的两种一体化形态。正是由于一体化,物流服务与作为物流运作环节核心活动之一的运输服务产生了极为紧密的联系,改变了运输服务的发展生态。

二是资源整合。

物流服务一体化及模式的多样性,使得在提升物流运行效率、降低成本的过程中,形成了寻求各个物流要素资源更高效率利用的运行模式,即物流资源整合。运输资源对于物流运作具有重要作用,物流资源整合,在很大程度上需要得到运输资源整合的支撑,包括不同方式之间资源整合形成联运发展条件,包括统一运输方式的干线和支线资源整合,形成运输服务网络,以及不同运输方式之间、统一运输方式内部资源整合,形成综合运输服务系统等。

三是信息管理。

信息对于物流运行的重要性,在得到物流运作各个环节的企业认可和应用的过程中,逐步派生出了物流信息管理与服务的模式,如供应链信息整合、公共信息平台、货物跟踪、条码技术、数据采集与传递服务等。物流信息管理技术的进步,使得运输服务的信息化发展方向更为明确,即通过运输服务的信息化推进运输管理与服务水平的提升,为运输服务的网络化发展创造条件。

四是资本增值。

物流是通过降低或使企业运输及配送费用更为合理,通过实现零库存或库存管理的优化,使原材料和产成品库存量保持安全有效的数量,以及通过物流主要活动环节的科学有效管理和控制,优化资金流管理,从而实现企业经营成本节约而创造更高价值的资本增值活动。

按照产业发展的机理推进物流业涉及的相关环节的发展,使物流业发展符合产业发展特征要求,并使产业政策的制定顺应组成物流业各个环节发展特点、各个组成部分发展具有整体性和协调性的需要,防止出现物流活动各个环节涉及的行业之间无法形成发展合力的局面。

2. 运输服务业战略

鉴于物流业与运输服务业发展的密切关系,以及物流业产业构成与运行特征,为支撑物流业的发展,并在物流业发展中加快运输服务的转型升级,运输服务的发展必须确立明确的发展战略和采取合理的发展对策。

一是产业发展战略。

随着我国综合运输体系现代化步伐不断加快,各种运输方式的运输服务系统建设和方式之间衔接配合的综合运输服务系统的建设,成为各种运输服务业发展的重要战略任务。需要以提高服务质量和运行效率、降低运输成本,适应全面建成小康社会的基本要求,加快运输服务业转型、提升发展。通过运输服务产业培育、市场建设、运输管理等方面的系统性工作,有效推进运输服务产业的创新发展。通过对运输服务产业的发展内容、产业结构、发展环境、管理机制等进行全方位的研究,形成大部制和综合运输条件下的具有顶层设计意义的运输服务产业发展战略。

二是产业发展重点。

加快运输服务企业的发展,是实施运输服务产业发展战略的重心所在,必须围绕运输方式之间的市场分工与合作,围绕现代运输服务发展的集约化、规模化、网络化和信息化的特点和趋势,突出发展重点,形成管理和服务优质的大企业能在竞争中胜出、服务质量优良的小企业能在分工中独立发展,各种服务模式和内容的大企业与中小企业结构合理的产业组织架构和关系。推进在各种运输方式中具有领导地位的运输企业的发展;积极培育多式联运的发展;加快具有创新性的运输服务的发展;鼓励符合条件的运输服务企业转型发展,具体措施如下:

三是企业发展战略。

在由市场在资源配置中起决定性作用和更好发挥政府作用的改革背景下,运输服务转型升级发展的核心是解决企业的发展能力。鉴于我国目前运输服务整体水平不高、效率较低和综合成本较高的现状,必须从战略层面上解决企业的发展问题,要营造良好的政策环境,促进企业转型发展,具体措施如下:

(1)鼓励企业加强发展战略问题研究,将适应物流业发展需要和运输服务的提升作为战略研究的动力,在运输服务业态、运输业务运作模式、运输服务组织等方面取得突破;

(2)推进集约化运输服务创新,通过不同运输方式之间和同一运输方式内部的各种联运和网络化运输服务的创新,改变单一的运输服务结构,是运输服务网络成为运输服务运作的重要载体;

(3)重视企业信息化建设,使运输企业内部的信息系统、企业之间的信息平台等成为提升运输功能、强化网络机制的重要条件;

(4)提升企业的经营管理能力,按照物流管理模式和要求提升企业管理能力;

(5)提高企业之间的合作水平,通过统一市场建设和实施负面清单管理,为企业合作营造良好的市场氛围;

(6)培育企业核心竞争力,按照市场细分、网络化运作和业务模式创新等要求,形成企业参与市场竞争,并在市场竞争中通力合作的核心能力。

3. 运输服务业发展对策

一是切实转变行业发展观念,确立现代运输服务业发展思路。

确立综合发展的观念,改变各种运输方式自成体系的发展方式,将各种运输服务方式的发展纳入综合运输体系范畴,打破运输方式之间的界线,形成具有服务运作整体性和经营管理内在紧密联系的运输服务产业;按照形成综合运输服务产业的需要,在管理模式上建立具有整体性的、覆盖运输服务全过程的市场监管和服务体系;在政策上支持各种运输服务创新和合理竞争,变行业管理为服务产业管理,提高管理对产业发展的引导性和市场秩序的维护性能力。

二是重视集约化运输服务业发展。

要彻底打破地区和行业分割,按照有利于集约化和规模化运输服务企业构建具有扩张发展能力的运输服务网络的需要,进行市场准入与监管政策设计,加快提高网络化服务企业的市场集中度,提高运输服务行业的竞争力和抗风险能力;支持基础设施的建设与运输服务企业发展的有机结合,加快存量和增量运输服务资源的有效整合步伐,消除运输服务企业发展中的资源整合障碍,推进运输服务业的规模化发展。

三是对运输企业的服务模式与结构进行战略性调整。

以结构调整为核心,推进运输企业优化升级,建立基于服务创新的运输服务企业发展结构和服务运作结构;以技术进步为核心,加快培育新的运输服务增长点(快件与快递运输、零担运输、城乡运输、城市配送、运输枢纽、运输服务平台、多级配送节点网络等);培育跨运输方式的联运服务模式,加快运输方式之间服务模式创新和结构调整,提高运输服务的整体性和产业组织能力。

四是提高运输服务业发展的科技含量。

推进运输服务车辆等装备质量的提升,形成与运输服务模式、物流运作服务要求相匹配的车辆发展格局,提高运输服务装备的技术进步能力与技术含量;积极推进运输管理与服务的流程化、标准化,以及在此基础上的信息化,为企业之间的衔接、合作创造技术条件,为不同企业之间的服务资源整合、服务网络建设营造良好的信息技术环境。

五是制定科学的运输产业发展政策。

要利用产业政策扶持适应物流业发展和运输服务现代化业态的发展;利用产业政策引导企业的技术创新,提高产业政策引导运输服务企业创新发展的能力;利用产业政策培养企业的竞争意识和能力,使企业能够合理预期创新发展的方向;消除企业集约发展的政策性障碍,营造良好的环境。

➤本章小结

物流是企业的"第三利润源",处于物流末端的配送是直接面对服务对象的,具有提高物流经济效益、优化和完善物流系统、改善服务的功能,在物流系统中占有重要地位。本章阐述了有关配送的含义、特点,系统介绍了配送成本的项目构成及其计算方法,并在此基础上给出配送成本控制的策略及优化途径。

➤课后练习思考题

1. 配送成本的特点有＿＿＿＿＿＿、＿＿＿＿＿＿、＿＿＿＿＿＿。

2. 根据配送流程及配送环节,配送成本实际上包含＿＿＿＿＿＿、＿＿＿＿＿＿、＿＿＿＿＿＿、＿＿＿＿＿＿、＿＿＿＿＿＿等。

3. 配送成本＝＿＿＿＿＿＿＋＿＿＿＿＿＿＋＿＿＿＿＿＿＋＿＿＿＿＿＿＋＿＿＿＿＿＿。

4. 优化配送作业的手段主要有＿＿＿＿＿＿、＿＿＿＿＿＿、＿＿＿＿＿＿、＿＿＿＿＿＿、＿＿＿＿＿＿等

5. 标准成本差异是标准成本与实际成本的差额,实际成本低于标准成本为＿＿＿＿＿＿,又称为＿＿＿＿＿＿;实际成本高于标准成本为＿＿＿＿＿＿,又称为＿＿＿＿＿＿。

6. 配送成本优化的途径有＿＿＿＿＿＿、＿＿＿＿＿＿、＿＿＿＿＿＿。

7. 提高配送作业效率的方式有哪些？

8. 简述不合理配送的表现形式。

9. 什么●配送成本报表？配送成本报表有什么作用？

10. 对一般的配送,约束条件有哪些？

案例学习

7-11 的物流配送创新

每一个成功的零售企业背后都有一个完善的配送系统支撑,在美国电影新片《火拼时速 II》(Rush Hour II)中,唠叨鬼詹姆斯·卡特有一个绰号叫 7-11,意思是他能从早上 7 点钟起床开始一刻不停地唠叨到晚上 11 点钟睡觉。其实 7-11 这个名字来自于遍布全球的便利名店 7-11,名字的来源是这家便利店在建立初期的营业时间是从早上 7 点到晚上 11 点,后来这家 70 多年前发源于美国的商店发展成全球最大的便利连锁店,在全球 20 多个国家拥有 2.1 万家左右的连锁店。到 2010 年 1 月月底,仅在中国台湾地区就有 2690 家 7-11 店,美国有 5756 家,泰国有 1521 家,日本是最多的,有 8478 家。

一家成功的便利店背后一定有一个高效的物流配送系统,7-11 从一开始采用的就是在特定区域高密度集中开店的策略,在物流管理上也采用集中的物流配送方案,这一方案每年大概能为 7-11 节约相当于商品原价 10% 的费用。

配送系统的演进:一间普通的 7-11 连锁店一般只有 100~200 平方米大小,却要提供两三千种食品,不同的食品有可能来自不同的供应商,运送和保存的要求也各有不同,每一种食品又不能短缺或过剩,而且还要根据顾客的不同需要随时调整货物的品种,种种要求给连锁店的物流配送提出了很高的要求。一家便利店的成功,很大程度上取决于配送系统的成功。

7-11 的物流管理模式先后经历了三个阶段三种方式的变革。起初,7-11 并没有自己的配送中心,它的货物配送是依靠批发商来完成的。以日本的 7-11 为例,早期日本 7-11 的供应商都有自己特定的批发商,而且每个批发商一般都只代理一家生产商,这个批发商就是联系 7-11 和其供应商间的纽带,也是 7-11 和供应商间传递货物、信息和资金的通道。供应商把自己的产品交给批发商以后,对产品的销售就不再过问,所有的配送和销售都会由批发商来完成。对于 7-11 而言,批发商就相当于自己的配送中心,它所要做的就是把供应商生产的产品迅速有效地运送到 7-11 手中。为了自身的发展,批发商需要最大限度地扩大自己的经营,尽力向更多的便利店送货,并且要对整个配送和订货系统作出规划,以满足 7-11 的需要。

渐渐地,这种分散化的由各个批发商分别送货的方式无法再满足规模日渐扩大的 7-11 便利店的需要,7-11 开始和批发商及合作生产商构建统一的集约化配送和进货系统。在这种系统之下,7-11 改变了以往由多家批发商分别向各个便利点送货的方式,改由一家在一定区域内的特定批发商统一管理该区域内的同类供应商,然后向 7-11 统一配货,这种方式称为集约化配送。集约化配送有效地降低了批发商的数量,减少了配送环节,为 7-11 节省了物流费用。

配送中心的好处:特定批发商(又称为窗口批发商)提醒了 7-11,何不自己建一个配送中心? 与其让别人掌控自己的经脉,不如自己把自己的脉。7-11 的物流共同配送系统就这样浮出水面,共同配送中心代替了特定批发商,分别在不同的区域统一集货、统一配送。配送中心有一个电脑网络配送系统,分别与供应商及 7-11 店铺相连。为了保证不断货,配送中心一般会根据以往的经验保留 4 天左右的库存,同时,中心的电脑系统每天都会定期收到各个店铺发来的库存报告和要货报告,配送中心把这些报告集中分析,最后形成一张张向不同供应商发出的订单,由电脑网络传给供应商,而供应商则会在预定时间之内向中心派送货物。7-11 配送中心在收到所有货物后,对各个店铺所需要的货物分别打包,等待发送。第二天一早,派送车就会从配送中心鱼贯而出,择路向自己区域内的店铺送货。整个配送过程就这样每天循环往复,为 7-11 连锁店的顺利运行修石铺路。

配送中心的优点还在于 7-11 从批发商手上夺回了配送的主动权,7-11 能随时掌握在途商品、库存货物等数据,对财务信息和供应商的其他信息也能握于股掌之中,对于一个零售企业来说,这些数据都是至关重要的。

有了自己的配送中心,7-11 就能和供应商谈价格了。7-11 和供应商之间定期会有一次定价谈判,以确定未来一定时间内大部分商品的价格,其中包括供应商的运费和其他费用。一旦确定价格,7-11 就省下了每次和供应商讨价还价这一环节,少了口舌之争,多了平稳运行,7-11 为自己节省了时间也节省了费用。

配送的细化:随着店铺的扩大和商品的增多,7-11 的物流配送越来越复杂,配送时间和配送种类的细分势在必行。以中国台湾地区的 7-11 为例,整个地区的物流配送就细分为出版物、常温食品、低温食品和鲜食食品四个类别的配送,各区域的配送中心需要根据不同商品的特征和需求量每天做出不同频率的配送,以确保食品的新鲜度,来吸引更多的顾客。新鲜、即时、便利和不缺货是 7-11 的配送管理的最大特点,也是各家 7-11 店铺的最大卖点。

和中国台湾地区的配送方式一样,日本 7-11 也是根据食品的保存温度来建立配送体系的。日本 7-11 对食品的分类是:冷冻型(零下 20 摄氏度),如冰激凌等;微冷型(5 摄氏度),如牛奶、生菜等;恒温型,如罐头、饮料等;暖温型(20 摄氏度),如面包、饭食等。不同类型的食品会用不同的方法和设备配送,如各种保温车和冷藏车。由于冷藏车在上下货时经常开关门,容易引起车厢温度的变化和冷藏食品的变质,7-11 还专门用一种两仓式货运车来解决这个问题,一个仓中温度的变化不会影响到另一个仓,需冷藏的食品就始终能在需要的低温下配送了。

除了配送设备,不同食品对配送时间和频率也会有不同的要求。对于有特殊要求的食品(如冰激凌),7-11 会绕过配送中心,由配送车早中晚三次直接从生产商门口拉到各个店铺。对于一般的商品,7-11 实行的是一日三次的配送制度,早上 3 点到 7 点配送前一天晚上生产的一般食品,早上 8 点到 11 点配送前一天晚上生产的特殊食品(如牛奶),新鲜蔬菜也属于其中,下午3点到6点配送当天上午生产的食品,这样一日三次的配送频率在保证了商店不缺货的同时,也保证了食品的新鲜度。为了确保各店铺供货的万无一失,配送中心还有一个特别配送制度来和一日三次的配送相搭配。每个店铺都会随时碰到一些特殊情况造成缺货,这时只能向配送中心打电话告急,配送中心则会用安全库存对店铺进行紧急配送,如果安全库存也已告罄,中心就转而向供应商紧急要货,并且在第一时间送到缺货的店铺中。

——摘自:CIO 时代网,2010 年 12 月 10 日

案例思考题

1.“7-11”是采取什么策略控制和优化配送成本的?

2.食品配送中心应该如何实现食品配送的合理化?

第八章 装卸搬运成本管理

如果你在供应链运作方面不具备竞争优势,就干脆不要竞争。

——杰克·韦尔奇

学习目的和任务

- 了解装卸搬运成本的特点
- 了解装卸搬运成本的构成
- 掌握装卸搬运成本的核算方法
- 掌握装卸搬运成本的优化途径

本章要点

- 装卸搬运成本的基本内容
- 装卸搬运成本核算方法
- 装卸搬运成本的优化途径

案例导入

香港快运公司搬运奇招

在一次例会上,广州某快运公司的总经理曾谈起这样一件案例:从香港报关进口的一件大木箱,内装精密设备,要求运输途中不能倾斜。当木箱运至客户手中时,货主肯定地认为货物已被倾斜了,因为木箱外包装上有一个标志变成了红色——原来该货物倾斜45度时,外包装的标志就会变红。

物流启示:引进装卸技术、提高装卸人员素质、规范装卸作业标准等都会相应地促进包装、物流的合理化。

第一节　装卸搬运概述

一、装卸搬运的概念

装卸搬运是指同一地域范围内进行的，以改变物品的存放状态和空间位置为主要内容和目的的活动。装卸与搬运的主要区别是："装卸"是指商品在空间上发生的以垂直方向为主的位移；而"搬运"则是指商品在区域内（通常指在某一个物流结点，如仓库、车站或码头等）所发生的短距离、以水平方向为主的位移。在实际操作中，装卸与搬运是密不可分的，两者是伴随在一起发生的。因此，在物流科学中并不特别强调两者的差别，而是统一作为一种活动来对待。需要指出的是，搬运的"运"与运输的"运"是不同的。两者的区别在于：搬运在同一地域的小范围内发生的；而运输则是在较大范围内发生的。当然，两者是从量变到质变的关系，中间并无一个绝对的界限。

在整个物流活动中，如果强调存放状态的改变时，一般用"装卸"一词表示；如果强调空间位置改变时，常用"搬运"一词表示。物流的各环节和同一环节不同活动之间，都必须进行装卸搬运作业。正是装卸搬运活动把物流运动的各个阶段联结起来，成为连续的流动过程。在生产企业物流中，装卸搬运成为各生产工序间联结的纽带，它是从原材料、设备等的装卸搬运开始，至产品装卸搬运为止的连续作业过程。在流通物流中，装卸搬运成为生产企业、仓储单位、消费者等各个环节的联结纽带。在习惯使用中，物流领域（如铁路运输）常将装卸搬运这一整体活动称作"货物装卸"；在生产领域中常将这一整体活动称作"物料搬运"。实际上，活动内容都是一样的，只是领域不同而已。

装卸搬运机械化是提高装卸搬运效率的重要环节。装卸搬运机械化程度一般分为三个级别：第一级是使用简单的装卸器具；第二级是使用专用的高效率机具；第三级是依靠电脑控制实行自动化、无人化操作。

无论哪一级别，都不仅要从是否经济合理来考虑，而且还要从加快物流速度、减轻劳动强度和保证人与物的安全等方面来考虑。

二、装卸搬运的地位

装卸活动的基本动作包括装车（船）、卸车（船）、堆垛、入库、出库以及联结上述各项动作的短程输送，是随运输和保管等活动而产生的必要活动。

在物流过程中，装卸活动是不断出现和反复进行的，它出现的频率高于其他各项物流活动，每次装卸活动都要花费很长时间，所以往往成为决定物流速度的关键。装卸活动所消耗的人力也很多，所以装卸费用在物流成本中所占的比重也较高。以我国为例，铁路运输的始发和到达的装卸作业费大致占运费的 20% 左右，船运占 40% 左右。因此，为了降低物流费用，装卸是个重要环节。

此外，进行装卸操作时往往需要接触货物，因此，装卸搬运是在物流过程中造成货物破损、散失、损耗、混合等损失的主要环节。例如，袋装水泥纸袋破损和水泥散失主要发生在装卸过程中,玻璃、机械、器皿、煤炭等产品在装卸时最容易造成损失。

➤拓展链接

装卸活动是影响物流效率、决定物流技术经济效益的重要环节

为了说明这个观点,列举几个数据如下:

(1)据我国统计,火车货运以 500 千米为分歧点,运距超过 500 千米,运输在途时间多于起止的装卸时间;运距低于 500 千米,装卸时间则超过实际运输时间。

(2)美国与日本之间的远洋船运,一个往返需 25 天,其中运输时间 13 天,装卸时间 12 天。

(3)我国对生产物流的统计,机械工厂每生产 1 吨成品,需进行 252 吨次的装卸搬运,其成本为加工成本的 15.5%。

三、装卸搬运的特点

(一)装卸搬运是附属性、伴生性的活动

装卸搬运是物流每一项活动开始及结束时必然发生的活动,因而有时常被人忽视,有时也被看做其他操作时不可缺少的组成部分。例如,一般而言的"汽车运输",就实际包含了相随的装卸搬运,仓库中泛指的保管活动,也含有装卸搬运活动。

(二)装卸搬运是支持性、保障性活动

装卸搬运的附属性不能理解成被动的,实际上,装卸搬运对其他物流活动有一定的决定性。装卸搬运会影响其他物流活动的质量和速度,例如,装车不当,会引起运输过程中的损失;卸放不当,会引起货物转换成下一步运动的困难。许多物流活动在有效的装卸搬运支持下,才能实现高水平。

(三)装卸搬运是衔接性的活动

在任何其他物流活动互相过渡时,都是以装卸搬运来衔接,因而,装卸搬运往往成为整个物流"瓶颈",是物流各功能之间能否形成有机联系和紧密衔接的关键,而这又是一个系统的关键。建立一个有效的物流系统,关键看这一衔接是否有效。比较先进的系统物流方式——联合运输方式,就是着力解决这种衔接而实现的。

(四)装卸搬运作业具有均衡性与波动性

生产领域的装卸搬运必须与生产活动的节拍一致,表现为与生产过程均衡性、连续性的一致性;流通领域的装卸搬运,虽力求均衡作业,但随着车船的到发和货物出入库的不均衡,作业是突击的、波动的、间歇的,因此装卸搬运作业应具有适应波动性的能力。

(五)装卸搬运作业具有复杂性与延展性

通常认为货物装卸搬运改变物料存放状态和几何位置者居多,作业比较单纯,但由于它经常和运输、存储紧密衔接,除装卸搬运外,还要同时进行堆码、装载、加固、计量、取样、检验、分拣等作业,以保证充分利用载运工具、仓库的载重能力与容量,因此作业

是比较复杂的。这些作业也可看成是装卸搬运作业的分支或附属作业,它丰富了"改变货物存放状态和位置"这一基本概念的内涵,装卸搬运系统对这些分支作业应有较强的适应能力。

➢拓展链接

联华便利物流中心装卸搬运系统

联华公司创建于 1991 年 5 月,是上海首家发展连锁经营的商业公司。到 2002 年,已成为我国最大的连锁商业企业。2001 年销售额突破 140 亿元,连续 3 年居全国零售业第一。联华公司的快速发展,离不开高效便捷的物流配送中心的大力支持。2002 年,联华共有 4 个配送中心,分别是 2 个常温配送中心、1 个便利物流中心、1 个生鲜加工配送中心,总面积 7 万余平方米。

联华便利物流中心总面积 8000 平方米,由 4 层楼的复式结构组成。为实现货物的装卸搬运,配置的主要装卸搬运机械设备为:电动叉车 8 辆、手动托盘搬运车 20 辆、垂直升降机 2 台、笼车 1000 辆、辊道输送机 5 条、数字拣选设备 2400 套。在装卸搬运时,操作过程如下:对来货卸下后,把其装在托盘上,由手动叉车将货物搬运至入库运载处,入库运载装置上升,将货物送上入库输送带。当接到向第一层搬送指示的托盘在经过升降级平台时,不再需要上下搬运,而直接从当前位置经过一层的入库输送带自动分配到一层入库区等待入库;接到向二至四层搬送指示的托盘,将由托盘垂直升降机自动传输到所需楼层。当升降机到达指定楼层时,由各层的入库输送带自动伴送货物至入库区。货物下平台时,由叉车从输送带上取下托盘入库。出库时,根据订单进行拣货配货,拣选后的出库货物用笼车装载,由各层平台通过笼车垂直输送机送至一层的出货区,装入相应的运输车上。

先进而实用的装卸搬运系统,为联华便利店的发展提供了强大的支持,使联华便利物流运作能力和效率大大提高。

四、装卸搬运的作用

(一)衔接作用

物流的各阶段(环节、功能)的前后或同一阶段的不同活动之间,都必须进行装卸搬运作业。如运输过程结束,货物要进入仓库之前,必须有装卸搬运作业。正是装卸搬运把物流的各个阶段连接成连续的"流",使"物流"的概念名副其实。

(二)装卸搬运是决定物流速度的关键

装卸搬运在物流中反复进行,所消耗时间长,是物流的主要环节,物流活动其他各个阶段的转换要通过装卸搬运来连接,因此,装卸搬运是影响物流合理化的重要因素。

(三)装卸搬运费用在物流成本中占比较重

装卸搬运所耗人力多,次数频繁,而且作业内容复杂,它所消耗的费用在物流成本中占有相当大的比重。

（四）装卸搬运也是物流过程中造成损失的重要环节

装卸搬运活动在物流过程中发生频繁，本身也包含多项作业，容易造成物品损坏。

（五）装卸搬运（换装）连接各种不同的运输方式，使多式联运得以实现

通常经联合运输的货物，要经过4次以上的装卸搬运与换装（多则经过十几次），其费用约占运输费用的25%左右。

做好装卸搬运工作的重要意义在于：①加速车船周转，提高港、站、库的利用效率；②加快货物送达，减少流动资金占用；③减少货物破损、减少各种事故的发生。总之，改善装卸搬运作业能显著提高物流经济效益和社会效益。这个社会效益，还包括在获得装卸搬运系统本身的效益的同时，为整个生产系统获得的经济效益更大。

➤ 拓展链接

装卸误时案

2005年广州市某储运中心与佛山市邮政物流服务有限公司订立了长期合作项目，从广州市每日向佛山定时发车。在2005年3月31日，广州储运中心配货组发现，由于佛山发车时间为每天凌晨3点整，但当晚运输组的粤A34678车辆到达配载时间为3月31日凌晨3点20分，这造成60件佛山方向货物未赶上该班的发车时间，广州储运中心配货组要求相关责任部门查明原因。经责任部门核实情况如下：根据物流专线运输记录表，发车时间为2点45分，经向司机了解，由于装卸队有一台电动叉车故障，造成装车时间太长，到达配载时间为3点20分。

五、装卸搬运的类型

（一）按装卸搬运施行的物流设施、设备对象分类，可分为仓库装卸、铁路装卸、港口装卸、汽车装卸、飞机装卸等。

仓库装卸配合出库、入库、维护保养等活动进行，并且以堆垛、上架、取货等操作为主。铁路装卸是对火车车皮的装进及卸出，特点是一次作业就实现一车皮的装进或卸出，很少有像仓库装卸时出现的整装零卸或零装整卸的情况，港口装卸包括码头前沿的装船，也包括后方的支持性装卸搬运，有的港口装卸还采用小船在码头与大船之间"过驳"的办法，因而其装卸的流程较为复杂，往往经过几次的装卸及搬运作业才能最后实现船与陆地之间货物过渡的目的。汽车装卸一般一次装卸批量不大，由于汽车的灵活性，可以减少或根本减去搬运活动，而直接、单纯利用装卸作业达到车与物流设施之间货物过渡的目的。

（二）按装卸搬运的机械及机械作业方式分类，可分成使用吊车的"吊上吊下"方式，使用叉车的"叉上叉下"方式，使用半挂车或叉车的"滚上滚下"方式、"移上移下"方式及散装方式等。

1."吊上吊下"方式

采用各种起重机械从货物上部起吊，依靠起吊装置的垂直移动实现装卸并在吊车

运行的范围内或回转的范围内实现搬运或依靠搬运车辆实现小搬运。由于吊起及放下属于垂直运动,这种装卸方式属垂直装卸。

2."叉上叉下"方式

采用叉车从货物底部托起货物,并依靠叉车的运动进行货物位移,搬运完全靠叉车本身,货物可不经中途落地直接放置到目的地。这种方式垂直运动不多而主要是水平运动,属水平装卸方式。

3."滚上滚下"方式

主要指港口装卸的一种水平装卸方式。利用叉车或半挂车、汽车承载货物,连同车辆一起开上船,到达目的地后再从船上开下,称"滚上滚下"方式。利用叉车的滚上滚下方式,在船上卸货后,叉车必须离船,利用半挂车、平车或汽车,则拖车将半挂车、平车拖拉至船上后,拖车开下船而载货车辆连同货物一起运到目的地,再原车开下或拖车上船拖拉半挂车、平车开下。滚上滚下方式需要有专门的船舶,对码头也有不同要求,这种专门的船舶称"滚装船"。

4."移上移下"方式

指在两车之间(如火车及汽车)进行靠接,然后利用各种方式,不使货物垂直运动,而靠水平移动从一个车辆上推移到另一车辆上,称移上移下方式。移上移下方式需要使两种车辆水平靠接,因此,对站台或车辆货台需进行改变,并配合移动工具实现这种装卸。

5. 散装散卸方式

对散装物进行装卸,一般从装点直到卸点,中间不再落地,这是集装卸与搬运于一体的装卸方式。

(三)按被装物的主要运动形式分类,可分垂直装卸、水平装卸两种形式。

垂直装卸法(也称为吊装吊卸法)是指采取提升和降落的方式对货物进行装卸搬运的方法,是采用比较多的一种装卸方法,其所用的装卸设备通用性较强,如垂直升降电梯、巷道起重机、叉车等,此类方式作业机通用性强、应用范围广、灵活性大。但这种装卸的方法消耗的能量较大。

水平装卸法(也称为滚装滚卸法)是指采取平移的方式对货物进行装卸搬运的方法。所用的装卸设备包括链条输送机、悬挂式输送机。这种装卸搬运方法不改变被装货物的势能,比较省力,但需要有专门的设施,例如,能和汽车水平接靠的适高站台、汽车和火车之间的平移工具等。

(四)按装卸搬运对象分类,可分为单件货物装卸、集装货物装卸、散装货物装卸等。

1. 单件作业法

它是指单件、逐件装卸搬运的方法,这是以人力作业为主的作业方法。这是人工装卸搬运阶段的主导方法。当装卸机械涉及各种装卸搬运领域的时候,单件、逐件装卸搬运的方法也依然存在。其主要适用于:一是单件货物本身特有的安全性;二是装卸搬运场合没有或不适宜采用机械装卸;三是货物形状特殊,体积过大,不便于采用集装化作业等。

2. 集装作业法

它是指先将货物集零为集，再进行装卸搬运的方法。这种方法又可按集装化方式的不同，分为集装箱作业法、托盘作业法、货捆作业法、滑板作业法等。

(1)集装箱作业法。集装箱的装卸搬运作业在港口是以跨车、轮胎龙门起重机、轨道龙门起重机为主进行垂直装卸，以拖挂车、叉车为主进行水平装卸。而在铁路车站则以轨道龙门起重机为主进行垂直装卸，以叉车、平移装卸机为主进行水平装卸。

(2)托盘作业法。托盘作业法是用叉车作为托盘装卸搬运的主要机械，即叉车托盘化。水平装卸搬运托盘主要采用搬运车辆和滚子式输送机；垂直装卸搬运托盘主要采用升降机、载货电梯等；而在自动化仓库中，则采用桥式堆垛机和巷道堆垛机完成在仓库货架内的取、存装卸。

(3)货捆作业法。货捆作业法是先将货物货捆单元化(集装袋、网等)，再利用带有与各种框架集装化货物相配套的专用吊具的门式起重机、桥式起重机和叉车等进行装卸搬运作业，是颇受欢迎的集装化作业方式。

(4)滑板作业法。滑板作业法是用与托盘尺寸相一致的带翼板的滑板承放货物，组成搬运作业系统，再用推拉器的叉车进行装卸搬运作业。滑板作业法虽具有托盘作业法的优点且占用作业场地少，但带推拉器的叉车较重、机动性较差、对货物包装与规格化的要求很高，否则，不易顺利作业。与其匹配的装卸作业机械是带推拉器的叉车，叉货时推拉器的钳口夹住滑板的翼板(又称勾百或卷边)，将货物支上货叉，卸货时先对好位，然后叉车后退，推拉器前推，货物放置就位。

3. 散装作业法

散装作业法是指对煤炭、建材、矿石等大宗货物以及谷物、水泥、化肥、粮食、原盐等货物采用的散装装卸的方法。其目的是提高装卸效率，降低装卸成本。散装作业法主要有重力法作业、倾翻作业法、机械作业法、气力输送法等。

(1)重力法作业。重力法作业是利用货物的势能来完成装卸作业的方法。例如，重力法卸车是指底开门车或漏斗车在高架线或卸车坑道上自动开启车门，煤炭或矿石等散装货物依靠重力自行流出的卸车方法。

(2)倾翻作业法。倾翻作业法是将运载工具的载货部分倾翻，从而将货物卸出的方法。例如，自卸汽车靠液压油缸顶起货箱实现货物卸载。

(3)机械作业法。机械作业法是指采用各种装卸搬运机械(如带式输送机、链斗装车机、单斗装载机、抓斗机、挖掘机等)，通过舀、抓、铲等作业方式，达到装卸搬运的目的。

(4)气力输送法。气力输送法是利用风机在气力输送机的管内形成单向气流，依靠气体的流动或气压来输送货物的方法。

(五)按装卸搬运的作业特点分类，可分成连续装卸和间歇装卸两类。

连续装卸主要是同种大批量散装或小件杂货通过连续输送机械连续不断地进行作业，中间无停顿，货间无间隔。在装卸量较大、装卸对象固定、货物对象不易形成大包装的情况下，适合采取这一方式。

间歇装卸有较强的机动性,装卸地点可在较大范围内变动,主要适用于货流不固定的各种货物,尤其适于包装货物、大件货物,散粒货物也可采取此种方式。间歇作业法是指以间歇运动完成对货物装卸搬运的作业方法,即在两次作业中存在一个空程准备过程的作业方法,如门式和桥式起重机作业。

第二节　装卸搬运成本核算与分析

一、装卸搬运的作业构成

装卸搬运作业有对运输设备的装入、装上和取出、卸下作业,也有对固定设备的出库、入库作业。按作业内容可分为以下内容:

（一）装货卸货作业

向卡车、火车、船舶、飞机等运输工具上装货,以及从这些运输工具上卸货的活动。

（二）搬运移送作业

对物品进行短距离搬运的移送活动,包括水平、垂直、斜行搬运或由这几种方式组合在一起的搬运移送活动。它是为了进行装卸、分拣、配送活动而发生的移动物资的作业。

➤拓展链接

气垫车在生化药厂的应用

气垫车特别适合生化药厂和无尘室使用,特性是具有超低的摩擦系数（只有0.001）,在无尘室内运作时不会造成任何的粉尘、细菌。所造成气流的影响小于一个人缓步走过。

气垫设备,就是利用气浮的原理,利用空气与地面形成一层薄膜,将物体悬浮起来。因此,不管多重的东西,与地面来说,事实上完全没有摩擦。所以,想要推动 1000 千克的物体,只要 1 千克的力量。本来很重的东西,使用气垫设备后,很重的东西就会变得很轻。

如果一个工人,每天都要推动很重的原料和设备,使用气垫就会变得很轻省、很人性。气垫不会造成环境的污染,尤其是药厂和生化厂,是绝对不容许有任何的细菌和污染的。因此,在国外,利用气垫来代替天车、扳车、堆高机来搬运东西,是一个很好的方法。在药厂和生化厂安装,维修制程设备,又不能使用有污染的工具,例如堆高机等,有时会是一件很困难的事。

使用气垫就可以克服此项任务。搬运重达 100 吨的设备,对于气垫而言,轻而易举。

有时候,受限于药厂的空间,想到利用其他的设备是不可能的。例如,有些精密的实验室设备在搬运时,并没有预留堆高机的空间,此时,气垫作用于工件时,不但没有方向性,而且可以在很小的范围内,以任意方向旋转、定位。大部分的无尘室无法接受有轮车的搬运设备,因为轮子是单点受力,很容易压伤地板。当气垫本身运作时,与地面完全没有摩擦,因此不会伤害地板。药厂内很多成品,属于易碎的玻璃,使用气垫,搬运时可以防震。

气垫是一种很轻、很机动的搬运设备,一般可以搬运 10 吨的工件的气垫,重量在 5 千克左右。气垫可以携带至顶楼或是地下室等任何有轮子的机器抵达不到的地方。

(三)堆垛拆剁作业

堆垛(或装上、装入)是把物品从预先放置的场所移送到运输工具或仓库内的指定位置,再按要求的位置和形状放置物品的作业活动。

(四)分拣配货作业

分拣是在堆垛、拆剁作业前后或配货作业之前发生的作业。把物品按品种、出入库先后顺序进行分类整理,再分别放到规定位置的作业活动。配货包括把物品从原定位置,按品种、下一道作业的内容和发货对象进行整理分类的作业。

➤拓展链接

POLA 西日本物流中心分拣作业系统

在库配送商品约有 1200 个品种,最高出货量达每天 185000 个包装单位的化妆品,为配合如此庞大的作业量,以及提供高效率、优质的服务,作业系统采取自动信息控制与人工控制的弹性组合,以下是一个拣货区域的作业方式的概况。

1. 托盘储存货物分拣法——以箱为包装单位的拣货出库

将由工厂进货的整托盘商品以升降叉车放于托盘货架上保存,少量商品保存在重力货架上。大批订购的商品不经过存储保管,而是直接以箱为单位利用输送机送往出货区,同时也可以直接补货至数位显示货架分拣区内。这个区域采取事先将拣货商品及数量打在标签上,并将标签贴在商品上的方式指示分拣。

2. 数位显示货架拣货区——以单件为包装单位的拣货出库

商品放于重力式货架上,各类商品储位上装设有指示拣货数量的数字显示装置,作业人员在所负责的区域内依据显示器上所指示的数量拣取商品放到输送机上的篮子里,之后按下确认键,表示该商品已被拣取。当该区域内所有需拣取的商品完成时,篮子就往下一个作业人员负责的区域移动。最后,拣完的篮子就送往少批量商品拣货区,空纸箱由上层输送机回收,送往捆包区。这个区域主要完成多品种、中少批量的拣货工作,采取按单份订单拣货和通过数位显示辅助拣货。

3. 少批量商品拣货区——以单件为包装单位的拣货出库

商品保管在轻型货架及重力式货架上,应用电脑辅助拣货台车拣货,拣货信息通过磁盘输入拣货台车上的电脑,荧屏上显示火箭布置及拣取位置的分布。拣货人员依荧屏指示至拣取位置拣取商品,扫读条码,并依据各订单需求的数量分别投入 8 个订单格位塑胶袋内。完成拣货的袋子,暂存于集货用的轻型货架上,等上一个区域内对应订单的拣货袋由输送机送达时,集中送到检查捆包区。这一区域负责拣取小批量、体积小的商品,所以采用计算机辅助台车拣货。

资料来源:天下物流网

二、装卸搬运的成本构成

物流企业的装卸搬运成本项目,一般可分为以下四类。

(一)直接人工费用

直接人工费用是指支付给装卸机械司机、助手和装卸工人的工资以及按其工资总额和规定比例计提的职工福利费。企业可以根据工资结算表等有关资料,编制工人工资及职工福利费汇总表,并以此为据,直接计入各类装运搬卸的成本。

(二)直接材料费用

对于这方面的费用计算,作为企业的相关管理部门,可在每月的月末根据仓库领用材料的记录凭证计算实际消耗数量,计入成本;耗用的电力费用,可根据供电公司的收费凭证所记录的费用直接计入成本。装卸搬运机械设备在操作过程中所耗用的油料、维修配件和部件,月末按油料库、材料库出库单记录结算,直接计入装卸搬运成本。常见有如下类型:

1. 燃料和动力

这是指装卸机械在运行和操作过程中,所耗用的燃料(如汽油、柴油)和动力(如电力、蒸汽)费用。对于燃料和动力,企业可于每月终了根据油库转来装卸机械领用燃料凭证计算实际消耗数量计入成本。企业耗用的电力可根据供电部门的收费凭证或企业的分配凭证直接计入装卸搬运成本。

2. 轮胎

这是指装卸机械领用的外胎、内胎、垫带及外胎翻新费和零星修补费。物流企业装卸机械的轮胎磨耗是在装卸场地操作过程中发生的,因此其轮胎费用不宜采用千米摊提方法处理。一般可以领用新胎时将其价值一次直接计入装卸成本。装卸机械轮胎的翻新和零星修补费用,一般在费用发生和支付时,直接计入装卸成本。装卸队配属各种车辆所领用新胎及翻新和零星修补的费用,也可按上述方法计入装卸搬运成本。

(三)其他直接费用

1. 保养修理费

设备维修费用是指为装卸搬运机械和装卸搬运工具进行维护和小修所发生的工料费用以及装卸搬运机械在运行过程中耗用的机油、润滑油的费用。为装卸搬运机械进行维修领用周转材料的费用和按规定预提的装卸搬运机械的大修理费用,也列入本项目。

由专职装卸机械保修工或保修班组进行装卸机械保修作业的工料费,直接计入装卸成本;由保修车间进行装卸机械保修作业的工料费,通过辅助营运费用账户核算,然后分配计入装卸搬运成本。

装卸机械在运行和装卸操作过程中耗用的机油、润滑油及装卸机械保修领用周转总成的价值,月终根据油料库、材料库提供的领料凭证直接计入装卸搬运成本。

装卸机械的大修理预提费用,分别可按预定的计提方法计算并计入装卸成本。

2. 折旧费

指按规定计提的装卸机械折旧费。应按照规定的折旧率计提,根据固定资产折旧计算表直接计入各种装卸搬运成本。

装卸机械的折旧应按规定的折旧率计提,根据固定资产折旧计算表直接计入各类装卸搬运成本。装卸机械计提折旧适宜采用工作量法,一般按其工作时间(以台班表示)计提。其计算公式如下:

$$装卸机械台班折旧额=\frac{装卸机械原值-预计残值+预计清理费用}{装卸机械由新至废运转台班定额}$$

$$装卸机械月折旧额=当月运转台班\times 台班折旧额$$

3. 低值易耗品

指装卸搬运过程中所必需的单项价值比较低或使用年限比较短,不能作为固定资产核算的物质设备和劳动资料,如工具器具、管理用具、玻璃器皿、劳动用具等。这些物资设备在经营过程中可以多次使用,其价值随其磨损程度逐渐转移到有关的成本或费用中去。就其性质来看,低值易耗品是可以多次使用而不改变原有实物形态的劳动资料,具有固定资产的特性。

低值易耗品具有价值低、使用年限短、品种数量多、更新快、增添频繁等特点。现行的财会制度规定是:凡单位价值在 1000 元以下,或不属于生产、经营主要设备的物品,单位价值在 2000 元以下,并且使用年限在两年以下的物资设备,列为低值易耗品。所领用的随机工具、劳保用品和消耗性工具,可按其价格直接计入各类装卸成本。

4. 其他费用

指不属于以上各项目的与装卸业务直接有关的工具费、劳动保护费、事故损失费用等。该项费用发生后,可凭有效单据凭证计入成本,至于有关的管理费和业务费,则直接列入装卸搬运成本。

装卸机械领用的随机工具、劳保用品和装卸过程中耗用的工具,在领用时根据领用凭证可将其价值一次直接计入各类装卸搬运成本。一次领用数额过大时,可作为待摊费用处理。工具的修理费用以及防暑、防寒、保健饮料、劳动保护安全措施等费用,在费用发生和支付时,可根据费用支付凭证或其他有关凭证,一次直接计入各类装卸搬运成本。

物流企业对外发生和支付装卸费时,可根据支付凭证直接计入各类装卸搬运成本。事故损失一般于实际发生时直接计入有关装卸搬运成本,或先通过其他应收款账户归集,然后于月终将应由本期装卸搬运成本负担的事故损失结转计入有关装卸搬运成本。

(四)营运间接费用

营运间接费用是指各装卸队为组织与管理装卸业务而发生的管理费用和业务费用。例如,装卸搬运工具的维修费以及季节性的防寒防暑、保健饮料及劳保安全措施等的费用可一并列入装卸搬运成本。

装卸队直接开支的管理费和业务费,可在发生和支付时,直接列入装卸搬运成本。

当按机械装卸和人工装卸分别计算成本时,可先通过营运间接费用账户汇集,月终再按直接费用比例分配计入各类装卸搬运成本。

三、装卸搬运成本核算方法

根据会计核算的原理,装卸搬运环节的核算主要是成本费用的确定计算,按照服务对象对成本费用进行归集,在会计结算期间终了进行分配和结转。

(一)确定装卸搬运成本核算的范围

装卸搬运是物流过程中一个不可或缺的环节,物流系统中的每个环节衔接都需要通过装卸搬运作业连接起来,就物流范围来看,它贯穿于整个物流活动过程:供应物流、企业内物流、销售物流、回收物流和废弃物流。因此,在整个物流活动中,装卸搬运作业对劳动力的需求量比较大,为了提高劳动效率和效果,还需要使用大量的装卸设备更好地完成物流搬运作业,使其在整个物流成本中所占比重较大。

(二)确定装卸搬运成本核算对象与核算单位

装卸搬运成本的计算对象视具体情况而定,如以机械装卸作业为主、人工作业为辅,可不单独计算人工装卸成本;如以人工装卸作业为主、机械装卸作业为辅,可不单独计算机械装卸成本。有时,两者也可分别计算。

(三)进行装卸搬运费用的归集与分配,登记账簿

成本核算人员应严格审查装卸搬运的原始凭证,根据审核无误的原始凭证登记入账,连同其他会计资料,将一定期间的应计入本期间物流成本的各类装卸搬运费用,从会计核算的有关费用类账户中分离出来,在各种成本对象中按照成本项目进行归集和分配,计算出各成本对象的装卸搬运成本,所有各项装卸搬运成本之和即为装卸搬运总成本。

需要注意,若某装卸搬运费用发生时属于能直接确认成本计算对象的直接费用,可直接归集计入该对象成本;若属于不能直接确认成本计算对象的间接费用,需要计入营运间接费用进行归集,经过分配后计入相关对象的成本。

【例 8-1】某企业本月装卸搬运费用记录如下:本月对外支付的装卸搬运费为 25056元,由外部装卸队装卸搬运的货物共计 783 吨,其中供应物流中发生的装卸搬运材料300 吨,企业内物流作业中发生的装卸搬运货物 130 吨,销售物流中发生的装卸搬运商品 353 吨,装卸搬运费按货物重量进行分配。

$$装卸搬运费分配率 = \frac{25056}{300+130+353} = 32(元/吨)$$

供应物流的装卸搬运成本=300×32=9600(元)

企业内物流的装卸搬运成本=130×32=4160(元)

销售物流的装卸搬运成本=353×32=11296(元)

如计入有关物流成本账户中如下:

物流成本——装卸搬运成本——供应物流成本——委托物流成本　9600

　　　　　——企业内物流成本——委托物流成本　4160

——销售物流成本——委托物流成本 11296

（四）确定成本核算项目

1. 人力成本

按规定支付给装卸搬运工人、装卸机械司机的计时工资、计件工资，一般可以根据企业"工资分配汇总表"和"职工福利费计算表"的有关数字，直接计入装卸搬运成本的人力成本。

在实行计件工资制的企业，应付工人的计件工资等于职工完成的装卸搬运数量乘以计件单价。如果工人在同一月份内从事多种作业，作业计件单价各不相同，就需要逐一计算累加。计件工资计算表达式如下：

计件工资＝$\sum$某种货物装卸搬运的数量×该种货物装卸搬运的单价

下面以个人计件工资为例，介绍计件工资的核算：

【例8-2】武汉恒达物流公司对装卸搬运工人实行计件工资，装卸搬运甲产品的计件单价0.5元、乙产品的计件单价1.5元。职工李明某天搬运甲产品50件，搬运乙产品30件。

该职工的日工资为：50×0.5＋30×1.5＝70（元）

也可以采用另一种方法计算职工的计件工资，即将某月内装卸完成的各种产品折合为定额工时数，乘以小时工资率，用公式表示如下：

计件工资＝完成定额工时数×小时工资率

【例8-3】武汉恒达物流公司装卸搬运工李明本月装卸搬运甲产品800个，每个定额工时0.1小时，装卸搬运乙产品500件，每件定额工时0.5小时，该装卸搬运小时工资率为4元。

装卸搬运工李明计件工资计算如下：

完成定额工时数＝800×0.1＋500×0.5＝330（小时）

计件工资＝330×4＝1320（元）

➢拓展链接

计件工资制

计件工资制是指按照所生产的合格品的数量（或作业量）和预先规定的计件单价，来计算报酬，而不是直接用劳动时间来计量的一种工资制度。计件工资制是间接用劳动时间来计算工资的制度，是计时工资制的转化形式，指需按已确定的定额和计件单价支付给个人的工资。它的一般表现形式有：超额累进计件、直接无限计件、限额计件、超定额计件等。

在实际生产经营中，要实行计件工资制，企业生产需具备相应的客观条件，如需要有明确的方法以计量产品的数量，需要有明确的标准以确认产品的质量，并需制定合理的劳动定额标准和相应的统计制度等。

2. 燃料和动力

装卸机械在运行和操作过程中耗用的燃料、动力和电力等也需要一定的费用,即燃料费和电力费。燃料费用在月末根据领用燃料记录,计算实际数量和金额;电力费用则根据收费单或企业分配单直接计入装卸搬运成本。

3. 轮胎费

由于装卸搬运机械的轮胎磨耗与行驶里程无明显关系,故其费用不宜采用按胎千米分摊的方法处理,应在领用新轮胎时将其价值直接计入成本。如果一次领用轮胎数量较大,可作为待摊费用或预提费用,按月分摊计入装卸搬运成本。

4. 修理费

由于专职装卸搬运机械维修工或维修班组进行维修的工料费,应直接记入装卸搬运成本,由维修车间进行维修的工料费,通过"辅助营运费用"账户归集和分配计入装卸搬运成本。

装卸搬运机械在运行和装卸搬运操作过程中耗用的机油、润滑油以及装卸搬运机械保修领用的材料,月终根据油料库的领料凭证直接计入装卸搬运成本。

【例 8-4】申通物流公司机械装卸队 2015 年 2 月保养修理装卸机械领用备品配件、润料及其他材料 20670 元,其中:机械装卸队领用 15400 元,人工装卸队领用 5270 元。另外,当月机械装卸队送保养场大修装卸机械,发生大修费用 3300 元。资料见表8-1。

表 8-1　保养修理费汇总表

编制单位:申通物流公司机械装卸队　　　　　　2015 年 2 月　　　　　　　　　　单位:元

成本核算对象	其他直接费用			合计
	保养修理费	大修理费		
机械装卸队	15400	13890		29290
人工装卸队	5270			5270
合计	20670	13890		34560

5. 折旧费

折旧费是指装卸搬运机械由于在使用过程中发生损耗而定期逐渐转移到装卸搬运成本中的那一部分价值。装卸搬运机械的损耗,分为有形损耗和无形损耗两种。有形损耗是指装卸搬运机械在使用过程中,由于使用和自然力影响而引起的在使用价值和价值上的损失;无形损耗是指装卸搬运机械由于技术进步而引起的在价值上的损失。

装卸搬运机械按规定方法计提折旧费。可直接引入财务会计的相应装卸搬运机械设备的折旧费计入装卸搬运成本。可选择的折旧方法包括平均年限法、工作量法、年总数法、双倍余额递减法。

➤拓展链接

折旧费的计算方法

1. 使用年限法(亦称直线法)

指按预计的使用年限平均分摊固定资产价值的一种方法。这种方法若以时间为横坐标、金额为纵坐标,累计折旧额在图形上呈现为一条上升的直线,所以称它为"直线法"。

2. 工作量法

折旧费,是指按规定的总工作量(总工作小时、总工作台班、总行驶里程数等)计提固定资产折旧的一种方法。这种方法应用于某些价值很大,但又不经常使用或生产变化大、磨损又不均匀的生产专用设备和运输设备等的折旧计算。根据设备的用途和特点,又可以分别按工作时间、工作台班或行驶里程等不同的方法计算折旧。

3. 加速折旧法

(1)使用年数总和法:亦称年限总数法或年数比例法,指将应计折旧总额乘以剩余可用年数(包括计算当年)与可使用年数所有数字总和之比,作为某年的折旧费用额。

(2)双倍余额递减法:指根据各年年初固定资产折余价值和双倍的不考虑残值的直线法折旧率计提各年折旧额。

下面以年数总和法和双倍余额法来说明加速折旧的计算方法:

双倍余额法计算公式如下:

年折旧率＝2/预计使用寿命×100％

月折旧率＝年折旧率/12

月折旧额＝固定资产账面净值×月折旧率

由于每年年初固定资产净值没有扣除预计净残值,因此,在应用这种方法计算折旧额时必须注意不能使固定资产的账面折余价值降低到其预计净残值以下,即实行双倍余额递减法计算折旧的固定资产,应在其折旧年限到期前两年内,将固定资产净值扣除预计净残值后的余额平均摊销。

【例 8-5】甲物流公司某项设备原价为 120 万元,预计使用寿命为 5 年,预计净残值率为 4％;假设甲公司没有对该机器设备计提减值准备。

甲公司按双倍余额递减法计算折旧,每年折旧额计算如下:

年折旧率＝2/5×100％＝40％

第一年应提的折旧额＝120×40％＝48(万元)

第二年应提的折旧额＝(120－48)×40％＝28.8(万元)

第三年应提的折旧额＝(120－48－28.8)×40％＝17.28(万元)

从第四年起按年限平均法(直线法)计提折旧:

第四、五年应提的折旧额＝(120－48－28.8－17.28－120×4％)/2＝10.56(万元)

年数总和法:

年数总和法,又称年限合计法,是指将固定资产的原价减去预计净残值的余额乘以一个固定资产尚可使用寿命为分子、以预计使用寿命之年数字之和为分母的逐年递减的分数计算每年的折旧额。其计算公式如下：

年折旧率＝尚可使用年限/预计使用寿命的年数总和×100％

月折旧率＝年折旧率/12

月折旧额＝（固定资产原价－预计净残值）×月折旧率

【例 8-6】沿用【例 8-5】，采用年数总和法计算的各年折旧额见表 8-2。

表 8-2　折旧的计算　　　　　　　单位：元

年份	尚可使用年限	原价－净残值	年折旧率	每年折旧额	累计折旧
第一年	5	1152000	5/15	384000	384000
第二年	4	1152000	4/15	307200	691200
第三年	3	1152000	3/15	230400	921600
第四年	2	1152000	2/15	153600	1075200
第五年	1	1152000	1/15	76800	1152000

双倍余额递减法和使用年数总和法都属于加速折旧法，其特点是在固定资产使用的早期多提折旧，后期少提折旧，递减的速度逐年加快，从而相对加快折旧的速度，目的是使固定资产成本在估计使用寿命内加快得到补偿。

6. 工具和劳保费用

指装卸机械耗用的工具费和使用的劳动保护用品，防暑、防寒以及劳保案例等发生费用。工具和劳保费用在领用时按实际数依次计入成本。

7. 事故损失费

指在装卸作业过程中，因此项工作造成的应由本期装卸成本负担的货损、机械损坏、外单位人员人身伤亡等事故发生的损失，包括货物破损损失和损坏装卸机械设备应支付的修理费用。事故损失费应由本期负担的净损失计入成本。

8. 运输管理费

本月计提或实际缴纳的运输管理费用计入本项目。

9. 其他费用

由装卸搬运基层单位直接开支的其他费用及管理费用，在发生和支付时直接列入成本。按机械装卸搬运和人工装卸搬运分别计算成本时，装卸搬运基层单位经费可先通过"营运间接费用"账户汇集，月终按直接费用比例分摊。

四、装卸搬运费用的归集与分配

（一）归集与分配

成本核算人员应严格审核有关物流装卸搬运费用的原始记录，如加工时记录、工资结算单、折旧费用的计提等，根据原始凭证、会计明细账及其他有关资料，将一定会计期间内应计入本月物流成本的各项装卸搬运费用，从会计核算的有关成本费用类明细账户中分离出来,在各种成本对象之间按照成本项目进行归集和分配,计算出各成本对象的装卸搬运成本,所有各项装卸搬运成本之和即为装卸搬运总成本。

需要注意的是,若某项装卸搬运费用发生是属于能直接确认成本计算对象的直接费用,可直接归集计入该对象成本;若属于不能直接确认成本计算对象的间接费用,需要计入营运间接费用进行归集,经过分配后计入相关对象的成本。

要正确计算各种对象的成本,必须正确编制各种费用分配表和计算表,成本计算过程要有完整的记录,即通过有关的会计科目、明细账或计算表来完成计算的全过程,并且登记各类有关的明细账,计算出各种物流对象的成本。

装卸搬运成本需要采用多栏式的明细账进行登记和计算。

（二）装卸总成本和单位成本的计算

物流企业的装卸搬运总成本是通过"主营业务成本——装卸支出"账户的明细账所登记的各项装卸搬运费用总额确定的。装卸业务的单位成本,以"元/千吨"为计算单位。其计算公式为:装卸单位成本＝装卸总成本/装卸操作量×1000。

同时,经营装卸业务的物流企业,除编制运输成本计算表外,还要按月编制装卸成本计算表。

五、装卸搬运成本分析的方法

物流装卸搬运成本计算出来后,需进行相应的成本分析,以便更好地进行物流搬运成本的管理,否则成本的计算就失去了意义。

物流装卸搬运成本的分析方法,可以采用会计、统计或数学的方法。在实际的成本分析工作中,使用较为广泛的技术方法主要有成本分析法、指标分析法和标准成本差异分析法等。

（一）成本分析法

成本分析法具体可采用趋势分析和比较分析。趋势分析是根据历年的成本资料分析各成本发展的趋势并加以研究,对于趋势变化较大的给予一定的重视,分析原因以便加以管理和控制。比较分析是将本期成本项目的各项实际成本与本期的计划水平进行比较,与本企业前期成本进行比较,与同行业先进水平进行比较分析原因,找出差距并采取有效措施加以改进。

（二）指标分析法

指标分析法是指根据本期的物流成本计算单中的实际成本发生额与计划成本,计算总成本降低额和降低率,计算单位成本降低额和降低率,分析成本升降的原因,以便加强管理。指标分析法一般按年进行分析,实际应用中可根据具体情况按月或季度进行分析。

（三）标准成本差异分析法

标准成本差异分析法是指以预先制定的标准成本为基础,用标准成本与实际成本进行比较,对成本差异进行分析的一种方法。标准成本的制定是使用该方法的前提和关键,其中成本差异计算和分析是标准成本差异分析法的重点。借此可以促成成本控制目标的实现,并据以进行经济业绩的考评。

六、装卸搬运成本分析的指标

装卸搬运成本分析的指标主要有成本降低额、成本降低率和标准成本差异等。

(一)成本降低额

成本降低额是根据上年度实际单位成本与本期周转量计算的总成本减本期实际总成本的差额,是考核成本计划完成情况的主要指标。成本降低额的计算公式为:

成本降低额(元)=上年度实际单位成本×本年实际装卸作业量－本年实际装卸作业成本

(二)成本降低率

成本降低率是成本降低额与按上年度实际单位成本计算的总成本的比率,是考核成本降低幅度和计划完成程度的主要指标,其计算公式为:

成本降低率=成本降低额/(上年度实际单位成本×本期实际装卸作业量)×100%

【例8-7】某物流公司搬运装卸队2014年装卸作业实际单位成本为1200元/千操作吨,2015年全年装卸作业总量为250千操作吨,从年度统计装卸成本明细表中得到2015年实际装卸作业成本为290000元。试计算该装卸队2015年装卸作业的成本降低额及成本降低率?

成本降低额=1200×250－290000=10000(元)

成本降低率=10000/(1200×250)×100%=3.33%

成本降低额为正数,表示2015年比上年装卸作业的总成本节约了10000元,成本降低了3.33%。

(三)费用降低额

费用降低额是指期初费用计划数与本期实际费用发生额的差额,公式表示为:

费用降低额=某项费用期初计划数－本期实际发生费用数

(四)费用降低率

费用降低率=费用降低额/上年度费用计划额×100%

【例8-8】某物流企业机械装卸队拥有装卸叉车2台,根据机器的日常使用情况,企业核定今年计划维修费为5000元,本年装卸机械在运行和装卸操作过程中耗用的机油、润滑油等费用为250元,小修理用的工料费为2000元,其中一台叉车产生修理费5000元。请计算该费用的降低额及降低率。

叉车修理费降低额=5000－(500+2000+5000)=－2500(元)

叉车修理费降低率=(－2500/5000)×100%=－50%

计算结果为负值表示费用超支了。企业对该费用的超支情况进行分析,从例8-8看到,其中一台叉车的修理费较高,查找原因,看是否是由于操作工操作机械不熟练造成意外或者机械存在较大安全隐患造成等。

装卸搬运作业中的各项成本费用,可以根据各种凭证汇总表、分配表和计算表等的数据来进行费用降低率的分析。

（五）标准成本差异的分析

1. 装卸搬运人工费用成本差异分析

【例8-9】本月装卸A产品200件，实际支付工资32300元，实际加工工时为3800小时，标准工时每件为20小时，标准工资率为8元。试分析其工资率差异与人工效率差异。

直接人工成本差异＝32300－200×20×8＝300(元)

其中：工资率差异＝3800×(32300/3800－8)＝1900(元)

人工效率差异＝(3800－200×20)×8＝－1600(元)

工资率差异的主要原因有工资的调整、出勤率的变化、加班和使用临时工等，复杂而且难以控制。人工效率差异的形成原因主要包括：工作环境不好、工作经验不足、新上岗工人增多、装卸设备的完好程度、作业计划安排的周密程度、动力供应情况等。人工效率差异的责任主要由装卸部门负责。例如，因材料质量不好而影响生产效率，从而产生的人工效率差异，就应由供应部门负责。

2. 装卸搬运机械费用成本差异分析

【例8-10】本月装卸A产品600件，发生机械费用1800元，实际工时1200小时，企业装卸能量为800件即2000小时，产品装卸费用标准成本为2.5元/件，每件产品标准工时为2.5小时，即标准分配率为1元/小时，试分析其耗费差异与能量差异。

装卸机械费用成本差异＝1800－600×2.5＝300(元)

其中：耗费差异＝1800－2000×1＝－200(元)

能量差异＝2000×1－600×2.5＝500(元)

装卸机械费用耗费差异是实际支付费用超过预算而造成的，多数情况下应从企业内部寻找原因；能量差异主要是由于生产能力利用不充足造成的。

3. 装卸搬运辅助设施费用成本差异分析

【例8-11】本月装卸A产品600件，使用工时1200小时，实际发生变动费用2400元。变动费用标准成本为1.8元/小时，即每件产品标准工时为1.5小时，标准变动费用分配率为1.2元/小时。试分析其变动费用耗费与变动费用效率差异。

变动制造成本差异＝2400－600×1.8＝1320(元)

其中：变动费用耗费差异＝1200×(2400/1200－1.2)＝960(元)

变动费用效率差异＝(1200－600×1.5)×1.2＝360(元)

变动费用耗费差异，是在一定的实际工时水平下，因费用支出脱离了费用预算而造成的。差异有可能是预算估计错误而造成的，但主要是由于装卸搬运部门的管理不善及花费过大而造成的。因此，耗费差异产生的主要责任应归属于装卸搬运部门。

变动费用效率差异是由于实际工时脱离了标准工时，多耗用工时导致费用增加，因而其形成原因，与人工效率差异相同。

4. 固定费用差异分析

固定费用的差异分析与装卸搬运机械费用的成本差异分析相同。

第三节　装卸搬运成本优化控制

一、装卸搬运合理化原则

由于装卸搬运作业仅是衔接运输、保管、包装、配送、流通加工等各物流环节的活动,本身不创造价值,所以应在装卸搬运作业合理化方面尽量节约时间和费用。

(一)省力化原则

所谓省力,就是节省动力和人力。因为货物装卸搬运不产生价值,作业的次数越多,货物破损和发生事故的频率越大,费用越高,因此,首先要考虑尽量不装卸搬运或尽量减少装卸搬运次数。集装化装卸、多式联运、集装箱化运输、托盘一贯制物流等都是有效的做法;利用货物本身的重量和落差原理,如滑槽、滑板等工具的利用;减少从下往上的搬运,多采用斜坡式,以减轻负重;水平装卸搬运,如仓库的作业台与卡车车厢处于同一高度,手推车直接进出;卡车后面带尾板升降机,仓库作业月台设装卸货升降装置等。总之,省力化装卸搬运原则是:能往下则不往上、能直行则不拐弯、能用机械则不用人力、能水平则不要上斜、能滑动则不摩擦、能连续则不间断、能集装则不分散。

➤拓展链接

展览器材集装箱搬运　降低成本有绝招

在车展上,大家都会看到漂亮的展台,拉风的酷车,各种视觉效果更是五光十色,但是你知道它们都是怎么出现在车展现场的么?

那些看上去漂亮的展台,成本不菲。几百平方米的装饰搭建费用动辄就是上千万,如果每次车展都重新做一套,恐怕就连财大气粗的汽车厂家也承受不了。虽然中国每年最大的车展不过上海、北京,加上广州、成都等二线车展,虽然次数不多,但是全世界加起来那就数以百计了,如果每次车展都单独花钱搭建,那可纯属浪费。因此,聪明的汽车厂家将全世界的车展按照等级和规模划分为 A/B/C/D 等几个级别,A 级为世界级车展,B 级为大洲级别车展,以此类推。设计不同的几套车展布展方案以适应不同级别的车展。像上海车展这样的国际大型车展,汽车厂家就会按照较高级别,将已经成型的展台通过集装箱运到中国,然后现场组装起来,就是大家看到的这么漂亮的车展展台。这样效率高、成本低,绿色又环保。

(二)活性化原则

这里所说的活性化是指"从物的静止状态转变为装卸状态的难易程度"。如果容易或适于下一步装卸搬运作业,则活性化高。如仓库中的货物乱七八糟,与整齐堆码的差别;散乱状态与放在托盘上的差别等。此外,在装卸机械灵活化方面的例子有:叉车、铲车、带轨道的吊车、能转动 360 度的吊车和带轮子、履带的吊车等。

(三)顺畅化原则

货物装卸搬运的顺畅化是保证作业安全、提高作业效率的重要方面。所谓顺畅化,就是指作业场所无障碍,作业不间断,作业通道畅通。如叉车在仓库中作业,应留有安全的作业空间,转弯、后退等动作不应受面积和空间的限制;人工进行货物搬运,要有合理的通道,脚下不能有障碍物,头顶留有空间,不能人撞人、人挤人;用手推车搬运货物,地面不能坑坑洼洼,不应有电线、工具等杂物影响小车行走;人工操作电葫芦吊车,地面防滑、行走通道两侧的障碍等问题均与作业顺畅与否相关。机械化、自动化作业途中停电、线路故障、作业事故的防止等都是确保装卸搬运作业顺畅和安全的因素。

（四）短距化原则

短距化,即以最短的距离完成装卸搬运作业,最明显的例子是生产流水线作业。它把各道工序连接在输送带上,通过输送带的自动运行,使各道工序的作业人员以最短的动作距离实现作业,大大地节约了时间,减少了人的体力消耗,大幅度提高了作业效率;转动式吊车、挖掘机也是短距化装卸搬运机械。短距化在人们生活中也能找出实例:如转盘式餐桌,各种美味佳肴放在转盘上,人不必站起来就能夹到菜。缩短装卸搬运距离,不仅省力、省能,又能使作业快速、高效。

（五）单元化原则

单元化装卸搬运是提高装卸搬运效率的有效方法,如集装箱、托盘等单元化设备的利用等都是单元化的例证。

（六）连续化原则

连续化装卸搬运是指连续不断地进行作业,中间无停顿,工作效率高。连续化装卸搬运的例子很多,如输油、输气管道,气力输送设备、皮带传送机、辊道输送机、旋转货架等都是连续化装卸搬运的有力证明。

（七）人格化原则

装卸搬运是重体力劳动,很容易超过人的承受限度。如果不考虑人的因素或不够尊重人格,容易发生野蛮装卸、乱扔乱摔现象。搬运的货物在包装和捆包时应考虑人的正常能力和抓拿的方便性,也要注重安全性和防污染性等。国外一些国家早已重视了这一点,在设计包装尺寸和重量时,以妇女搬运能力为标准。

➤拓展链接

运用"六不"改善法则使得装卸搬运合理化

①不让等——通过合理的安排使作业人员和作业机械闲置的时间为零,实现连续的工作。

②不让碰——通过利用机械化、自动化设备使作业人员在进行各项物流作业时不直接接触商品。

③不让动——通过优化仓库内物品摆放位置和应用自动化工具,减少物品和作业人员移动的距离和次数。

④不让想——通过对作业的分解和分析,实现作业的简单化、专业化和标准化,使作业过程更简化。

⑤不让找——通过详细规划,把作业现场的工具和物品摆放在最明显的地方,使作

业人员在需要利用设备时不用寻找。

⑥不让写——通过应用信息技术和条形码技术,实现无纸化办公。

二、控制装卸搬运成本的基本方法

所谓无效作业是指在装卸作业活动中超出必要的装卸、搬运量的作业。显然,防止和消除无效作业对装卸作业的经济效益有着重要作用。为了有效地防止和消除无效作业,可以从以下几个方面入手:

(一)防止无效装卸搬运

1. 减少装卸次数

在物流作业中,装卸搬运环节最容易发生货损,而装卸搬运作业又是贯穿在整个物流活动中反复进行的,因此过多的装卸搬运次数必然会增加货损发生的可能性,不仅如此,从发生的费用来看,一次装卸搬运的费用相当于几十千米的运输费用,因此,每增加一次装卸,费用就会有较大比例的增加。因此,应使装卸次数降低到最小,要避免没有物流效果的装卸作业。

2. 提高被装卸物料的纯度

物料的纯度是指物料中含有水分、杂质等及与物料本身使用无关的物质。在反复装卸搬运时,实际对这些无效物质反复消耗劳动,因此形成无效装卸搬运。物料的纯度越高,则装卸作业的有效程度越高。反之,则无效作业就会增多。

3. 包装要适宜

包装是物流中不可缺少的辅助作业手段。包装的轻型化、简单化、实用化会不同程度地减少作用于包装上的无效劳动。

(二)缩短搬运作业的距离

物料在装卸、搬运时,要实现水平和垂直两个方向的位移,选择最短的路线完成这一活动,就可避免超越这一最短路线以上的无效劳动。

(三)提高装卸搬运的活性

所谓装卸搬运的活性是指在装卸作业中的物料进行装卸作业的难易程度。所以,在堆放货物时,事先要考虑到物料装卸作业的方便性。

对于装卸搬运的活性,根据物料所处的状态,即物料装卸、搬运的难易程度,可分为如下不同的级别:

0级——物料杂乱地堆在地面上的状态。

1级——物料装箱或经捆扎后的状态。

2级——箱子或被捆扎后的物料,下面放有枕木或其他衬垫后,便于叉车或其他机械作业的状态。

3级——物料被放于台车上或用起重机吊钩钩住,即刻移动的状态。

4级——被装卸、搬运的物料,已经被起动、直接作业的状态。

从理论上讲,活性指数越高越好,但也必须考虑到实施的可能性。例如,物料在储存阶段中,活性指数为4的输送带和活性指数为3的车辆,在一般的仓库中很少被采用,这是因为大批量的物料不可能存放在输送带和车辆上的缘故。

为了说明和分析物料搬运的活性程度,通常采用平均活性指数的方法。这个方法是对某一物流过程物料所具备的活性情况,累加后计算其平均值,用"δ"表示。δ值的大小是确定改变搬运方式的信号。

如:当$\delta<0.5$时,指所分析的搬运系统半数以上处于活性指数为0的状态,即大部分处于散装情况,其改进方式可采用料箱、推车等存放物料。当$0.5<\delta<1.3$时,则是大部分物料处于集装状态,其改进方式可采用叉车和动力搬动车。当$1.3<\delta<2.3$时,装卸、搬运系统大多处于活性指数为2的状态,可采用单元化物料的连续装卸和运输。当$\delta>2.7$时,则说明大部分物料处于活性指数为3的状态,其改进方法可选用拖车、机车车头拖挂的装卸搬运方式。装卸搬运的活性分析,除了上述指数分析法外,还可采用活性分析图法。分析图法是将某一物流过程通过图示来表示装卸、搬运活性程度,并具有明确的直观性能,使人一看就清,薄弱环节容易被发现和改进。运用活性分析图法通常分三步进行:第一步,绘制装卸搬运图;第二步,按搬运作业顺序做出物资活性指数变化图,并计算活性指数;第三步,对装卸搬运作业的缺点进行分析改进,做出改进设计图,计算改进后的活性指数。

➤拓展链接

AGV——含带自动运送的柔性装配线

作为戴姆勒克莱斯勒集团中汽车轴承的生产中心,这家位于德国卡塞尔市的戴姆勒克莱斯勒轴承装配厂共有3000名员工,是该市最大的雇主,也是北黑森州经济稳定和低失业率的保障。

在这家工厂中12台Handycart TC 1200自动导向车的行驶线路呈椭圆形,负责大型载重车车轴的组装和运送工作。

系统描述:这个项目的目标是使用自动导向车运送并装配,使装配线更具柔性、效率更高。为降低物流成本,Handycart TC 1200轴承装配小车不论是在运送能力上还是在技术上都能适应不同尺寸和重量的轴承。满载工件的小车沿着装配线行驶,在8个装配站停靠,并将装配完毕的轴承运送到喷漆车间。每台车都配有工件夹具,工具包括轴承、制动块和制动汽缸。小车不仅仅是一个稳定的传送系统,还具有停靠和重新启动功能。此外,它们还可根据不同的装配要求在0.5米/分钟到20米/分钟之间自动调节行驶速度。装配线每天分早晚两班,星期六则只有早班。每台自动导向车拥有四个蓄电池和一台充电器,完全能够满足普通的用电要求。在装配线出现三班倒的情况下,小车使用快速换电系统覆盖更高的用电需求。所有其他用于装配的零配件都能被迅速供应,不需额外准备工作,省时省力。之所以能达到如此效果,应归功于各小车上所谓的抽屉系统。自动导向车的特点:根据最小轴承的尺寸,小车车长宽不超过1.660毫米×750毫米,十分有利于工作人员的操作,将人机学原理应用到最佳化。另外,小车一次载重最大可达1200千克(轴自重900千克,夹具重300千克)。此外,Handycart TC 1200还具有辨认障碍物,保持安全车距和在规定范围内行驶的功能。因为每台运输车前端都装有一个激光扫描仪,可及时侦探到障碍物。这样,运输车可列队行驶,在装配点停靠,装配完后自动启动,且不发生车辆碰撞或越区事故。Handycart TC 1200轴承安装车的灵活性不仅仅表现在行驶路线没有局限性,而且可以随时更改控制程序和机械操作以满足不断变化的总装和配送要求。

(四)实现装卸作业的省力化

装卸搬运使物料发生垂直和水平位移,必须通过做功才能实现,要尽力实现装卸作业的省力化。在装卸作业中,应尽可能地消除重力的不利影响。在有条件的情况下利用重力进行装卸,可减轻劳动强度和能量的消耗。将设有动力的小型运输带(板)斜放在货车、卡车或站台上进行装卸,使物料在倾斜的输送带(板)上移动,这种装卸就是靠重力的水平分力完成的。在搬运作业中,不用手搬,而是把物资放在1台车上,由器具承担物体的重量,人们只要克服滚动阻力,使物料水平移动,这无疑是十分省力的。利用重力式移动货架也是一种利用重力进行省力化的装卸方式之一。重力式货架的每层格均有一定的倾斜度,利用货箱或托盘可自己沿着倾斜的货架层板自己滑到输送机械上。为了使物料滑动的阻力越小越好,通常货架表面均处理得十分光滑,或者在货架层上装有滚轮,也有在承重物资的货箱或托盘下装上滚轮,这样将滑动摩擦变为滚动摩擦,物料移动时所受到的阻力会更小。

(五)合理组织装卸搬运设备,提高装卸搬运作业的机械化水平

物资装卸搬运设备运用组织是以完成装卸任务为目的,并以提高装卸设备的生产率、装卸质量和降低装卸搬运作业成本为中心的技术组织活动。它包括下列内容:

(1)确定装卸任务量。

根据物流计划、经济合同、装卸作业不均衡程度、装卸次数、装卸车时等,来确定作业现场年度、季度、月、旬、日平均装卸任务量。装卸任务量有事先确定的因素,也有临时变动的可能。因此,要合理地运用装卸设备,就必须把计划任务量与实际装卸作业量两者之间的差距缩小到最低水平。同时,装卸作业组织工作还要把装卸作业的物资对象的品种、数量、规格、质量指标以及搬运距离尽可能地做出详细的规划。

(2)根据装卸任务和装卸设备的生产率,确定装卸搬运设备需用的台数和技术特征。

(3)根据装卸任务、装卸设备生产率和需用台数,编制装卸作业进度计划。它通常包括:装卸搬运设备的作业时间表、作业顺序、负荷情况等详细内容。

(4)下达装卸搬运进度计划,安排劳动力和作业班次。

(5)统计和分析装卸作业成果,评价装卸搬运作业的经济效益。随着生产力的发展,装卸搬运的机械化程度定将不断提高。

此外,装卸搬运的机械化能把工人从繁重的体力劳动中解放出来,尤其是对于危险品的装卸作业,机械化能保证人和货物的安全,这也是装卸搬运机械化程度不断得以提高的动力。

(六)推广组合化装卸搬运

在装卸搬运作业过程中,根据不同物料的种类、性质、形状、重量的不同来确定不同

的装卸作业方式。处理物料装卸搬运的方法有三种形式：普通包装的物料逐个进行装卸，叫作"分块处理"；将颗粒状物资不加小包装而原样装卸，叫作"散装处理"；将物料以托盘、集装箱为单位进行组合后进行装卸，叫作"集装处理"。对于包装的物料，尽可能进行"集装处理"，实现单元化装卸搬运，可以充分利用机械进行操作。

组合化装卸具有很多优点，装卸单位大、作业效率高，可大量节约装卸作业时间；能提高物料装卸搬运的灵活性；操作单元大小一致，易于实现标准化；不用手去触及各种物料，可达到保护物料的效果。

(七)合理地规划装卸搬运方式和装卸搬运作业过程

装卸搬运作业过程是指对整个装卸作业的连续性进行合理的安排，以减少运距和装卸次数。装卸搬运作业现场的平面布置是直接关系到装卸、搬运距离的关键因素，装卸搬运机械要与货场长度、货位面积等互相协调。要有足够的场地集结货场，并满足装卸搬运机械工作面的要求，场内的道路布置要为装卸搬运创造良好的条件，有利于加速货位的周转，使装卸搬运距离达到最小平面布置是减少装卸搬运距离的最理想的方法。提高装卸搬运作业的连续性应做到：作业现场装卸搬运机械合理衔接；不同的装卸搬运作业在相互联结使用时，力求使它们的装卸搬运速率相等或接近；充分发挥装卸搬运调度人员的作用，一旦发生装卸搬运作业障碍或停滞状态，立即采取有力的措施补救。

三、装卸组织工作

(一)制定科学合理的装卸工艺方案

装卸作业是货物、设备设施、劳动力、作业方法和信息工作等因素组成的整体。装卸工艺方案应该从物流系统角度分析制定与装卸作业有关的装卸作业定额，按组织装卸工作的要求分析工艺方案的优缺点，并加以完善。

(二)加强装卸作业调度指挥工作

(1)影响因素。

装卸调度员应根据货物信息、装卸设备的性质和数量、车辆到达时间、装卸点的装卸能力、装卸工人的技术专长和体力情况等合理调配组织。

(2)在装卸量大、装卸劳动力充沛、货物条件许可的情况下，可采用集中出车、一次接送装卸工人的方法。

(3)作业点分散的地区可以划分装卸作业区，通过加强装卸调度工作，以减少装卸工人的运送调遣。

(三)加强和改善装卸劳动管理

制定各种装卸作业时间定额是加强和改善装卸劳动管理，提高装卸效率的重要手段。装卸作业时间定额要建立在先进合理的水平上，并要根据相关条件的变化，定期加以修订完善。

1. 装卸作业时间定额

所谓装卸作业时间定额是指在一定装卸技术组织条件下，装卸不同品种单位质量货物所需要的作业时间。

2. 一定装卸技术组织条件

一定装卸技术组织条件是指装卸车辆、装卸设备、装卸方法、装卸工人及技术水平、作业环境等因素。

(四)加强现代通信系统应用水平

移动通信应用水平或固定通信系统应用水平对装卸作业组织工作有重要的影响。及时掌握车辆到达时间等有关信息,是减少车辆等待装卸作业时间的有效措施。应当根据有关技术条件的应用情况,建立车辆到达预报系统,根据车辆到达时间、车号、货物名称、收发单位等的报告,事先安排装卸机具和劳力,做好装卸前的准备工作,保证车到即可装卸。

(五)提高装卸机械化水平

提高装卸机械化水平的同时,要提高现代通信水平,这是做好装卸工作组织和做好物流工作的重要技术组织基础。要从物流系统的组织设计做起,使得车辆、装卸机具、仓库等移动设备和固定设备的设计合理,从而可以提高装卸质量、装卸效率及减少装卸成本。

(六)应用数学方法改善装卸劳动力的组织工作

采用数学方法改善装卸劳动力的组织工作也是一种有效的途径。

➤本章小结

在物流活动中,装卸搬运作业是发生频率最高的一项作业,降低装卸搬运成本对于降低物流成本具有重要的意义。加强装卸搬运成本管理需要了解装卸搬运成本的构成,加强装卸搬运成本的核算和分析,从而控制装卸搬运成本。

促进装卸搬运成本的优化是每个企业都要考虑的一个重要问题,实施合理化措施将会对企业装卸搬运成本管理起到积极的作用,建立优化的装卸搬运成本管理系统对企业具有深远的影响。

➤课后练习思考题

1. 装卸搬运的特点有_____、_____、_____、_____、_____。

2. 按装卸搬运施行的物流设施、设备对象分类,可分为_____、_____、_____、_____、_____等。

3. 装卸搬运人工费用的标准成本是指装卸搬运单位产品所需的_____乘以_____。

4. 工资率差异＝实际工时×(_____－标准工资率)。

5. 人工效率差异＝(实际工时－_____)×_____。

6. 对于装卸搬运的活性,根据物料所处的状态,即物料装卸、搬运的难易程度,可分为不同的级别。0级——_____,1级——_____。

7. 实现装卸搬运合理化应遵循的原则有哪些?

8. 运用活性分析图法有哪些步骤?

9. 某储运中心预计能量标准总工时为 4000 小时,应完成预算工量 950 件,单件标准工时为 5 小时/件,机械费用总预算额为 8000 元。本期发生费用如下:实际完成搬运量为 900 件,实际发生工时为 900 小时,机械费用发生额为 8500 元。试计算其耗费差异和能量差异。

10. 某物流企业采取定额工时工资制度,人工装卸队本期装卸货物 1150 件,实际耗用 5630 工时,实际支付工资 7200 元,标准工时每件为 5 工时,标准工资率为 1.2 元。试分析其工资率差异与人工效率差异。

案例学习

进口集装箱运输如何避免滞箱

通过集装箱方式运输货物,可以保持箱内货物的清洁,保护货物的安全,减少破损,而为了保障集装箱的流通顺畅,避免集装箱占压停滞使用,集装箱的拥有者——船东就给集装箱的使用者——进口商规定了一个时限,在这个时限内,货物装在箱里可以免费。超过这段时间,如果货物还不从箱中掏出,占用着集装箱,那么每天就要向船东支付定额的费用,这就是所谓的滞箱费。

进口集装箱的免费期大多为船到目的港 10 天以内,从船舶到港 10 天后开始计算滞箱费。这里介绍一种最快的返回空箱方法,能尽快返回空箱,避免或减少滞箱费。

在货物办理进口通关手续的同时,进口商可以向船东了解集装箱将要回到哪家堆场,然后与堆场联系,由堆场下属的车队将放行后的货物直接提到堆场,在堆场里面掏箱,然后根据需要将货物采用铁路或者汽车运送到最终目的地。这样在掏出货物的同时,这个集装箱就算已经回空了,这样比用其他车队去提箱到仓库掏箱后再返空箱到指定堆场,至少可节约两天的时间。

在进口集装箱数量较多时,采用此种方法不仅可为通关放行多准备一些时间,而且可以减少滞箱费。比如,某公司进口 48 个 20 英尺集装箱货物,其了解到船东的回空箱堆场后,与堆场签订协议,由其下属车队直接从港城提箱到堆场掏箱,然后由工厂到堆场提货。而恰恰此票货物通关时,由于海关审价问题拖延了通关时间,使得在船到港后第 10 天海关才对此货物放行。拿到海关放行单后,堆场的车队马上将集装箱提到堆场掏箱。这样做节省了 480 美元的滞箱费和 4800 元人民币的回空费。

——摘自:上海佳合运输有限公司官网,2011 年 5 月 6 日

案例思考题

1. 如何减少滞箱费?

2. 装卸搬运对其有何影响?

第九章　流通加工成本管理

市场上只有供应链而没有企业,21世纪的竞争不是企业和企业之间的竞争,而是供应链和供应链之间的竞争。

——英国管理学学者 克里斯多夫

学习目的和任务

- 了解流通加工成本的含义
- 掌握流通加工成本的构成
- 掌握流通加工成本的核算方法
- 掌握流通加工成本的优化途径

本章要点

- 流通加工成本构成的基本内容
- 流通加工成本的核算方法
- 流通加工成本优化的途径

案例导入

食品的流通加工

食品流通加工的类型很多。只要我们留意超市里的货柜就可以看出,那里摆放的各类洗净的蔬菜、水果、肉末、鸡翅、香肠、咸菜等都是流通加工的结果。这些商品的分类、清洗、贴商标和条形码、包装、装袋等是在摆进货柜之前就已进行了加工作业,这些流通加工都不是在产地,已经脱离了生产领域,进入了流通领域。食品流通加工的具体项目主要有如下几种:

（一）冷冻加工

为了保鲜而进行的流通加工，为了解决鲜肉、鲜鱼在流通中保鲜及装卸搬运的问题，采取低温冻结方式的加工。这种方式也用于某些液体商品、药品等。

（二）分选加工

为了提高物流效率而进行的对蔬菜和水果的加工，如去除多余的根叶等。农副产品规格、质量离散情况较大，为获得一定规格的产品，采取人工或机械分选的方式加工称为分选加工。这种方式广泛用于果类、瓜类、谷物、棉毛原料等。

（三）精制加工

农、牧、副、渔等产品的精制加工是在产地或销售地设置加工点，去除无用部分，甚至可以进行切分、洗净、分装等加工，可以分类销售。这种加工不但大大方便了购买者，而且还可以对加工过程中的淘汰物进行综合利用。比如，鱼类的精制加工所剔除的内脏可以制成某些药物或用作饲料，鱼鳞可以制成高级黏合剂，头尾可以制成鱼粉等；蔬菜的加工剩余物可以制成饲料、肥料等。

（四）分装加工

许多生鲜食品零售起点较小，而为了保证高效输送出厂，包装一般比较大，也有一些是采用集装运输方式运达销售地区。为了便于销售，在销售地区按所要求的零售起点进行新的包装，即大包装改小包装、散装改小包装、运输包装改销售包装，以满足消费者对不同包装规格的需求，从而达到促销的目的。

此外，半成品加工、快餐食品加工也成为流通加工的组成部分。这种加工形式，节约了运输等物流成本，保护了商品质量，增加了商品的附加价值。如葡萄酒是液体，从产地批量地将原液运至消费地配制、装瓶、贴商标，包装后出售，既可以节约运费，又安全保险，以较低的成本，卖出较高的价格，附加值大幅度增加。（摘自：厦门诚屹物流有限公司官网，2013 年 01 月 07 日）

物流启示：食品业对流通加工环节提出了更高的要求。

第一节　流通加工概述

一、流通加工的概念

流通加工是流通过程中的加工活动，是为了方便流通、方便运输、方便储存、方便销售、方便用户以及保证物资充分利用、综合利用而进行的加工活动。流通加工是流通中的一种特殊形式，它将生产和销售联系起来，完成商品所有权实物形态的转移。目前，在世界许多国家和地区的物流中心或仓库经营中都大量存在流通加工业务，在日本、美国等物流发达的国家则更为普遍。

流通加工是在物品从生产领域向消费领域流动过程中，为了促进销售、维护产品质量和提高物流效率，对物品进行简单的加工，包括对物品施加包装、分割、计量、组装、价格贴附、标签贴附等简单作业。

流通加工是为了提高物流速度和物品的利用率,在物品进入流通领域后,按客户的要求进行的加工活动,即在物品从生产者向消费者流动的过程中,为了促进销售、维护商品质量和提高物流效率,对物品进行一定程度的加工。随着经济增长,国民收入增多,消费者的需求出现多样化,促使在流通领域开展流通加工。目前,在世界许多国家和地区的物流中心或仓库经营中都大量存在流通加工业务,在日本、美国等物流发达国家则更为普遍。随着我国和世界各国联系的日益紧密,工业企业都面临着如何自我改造、自我发展、突破自我的艰巨任务,作为新兴的物流企业必须面临着这场变革,提高自身的服务水平和竞争力。作为物流环节的流通加工,是一项具有广阔前景的经营形式,必将为物流领域带来巨大的效益。

二、流通加工的作用

(一)流通加工与生产型加工的区别

流通加工和一般的生产型加工在加工方法、加工组织、生产管理方面并无显著区别,但是在加工对象、加工程度方面区别较大,主要表现在以下几方面:

(1)流通加工的对象是进入流通过程的商品,具有商品的属性,以此来区别多环节生产加工中的一环。生产加工对象不是最终产品,而是零配件、半成品,并使物品发生物理、化学变化。

(2)一般来讲,如果必须进行复杂加工才能形成人们所需的产品,那么就需要由生产加工来完成,生产过程理应完成大部分加工活动,流通加工对生产加工是一种辅助及补充。流通加工绝不是对生产加工的取消或代替。

(3)从价值观点看,生产加工的目的在于创造价值及使用价值,而流通加工则在于完善其使用价值,并在不做出较大改变的情况下提高价值。

(4)流通加工的组织者是从事流通工作的人员,能密切结合流通的需要进行加工活动,从加工单位来看,流通加工由商业或物资流通企业完成,而生产加工则由生产企业完成。

(二)流通加工的作用

流通加工的作用有以下几方面:提高原材料利用率、方便用户、提高加工效率及设备利用率、提高物流系统效率以及提高企业竞争力等。

1. 提高原材料利用率

通过流通加工进行集中下料,将生产厂商直接运来的简单规格产品,按用户的要求进行下料。例如,将钢板进行剪板、切裁,木材加工成各种长度及大小的板、方材等。集中下料可以优材优用、小材大用、合理套裁,明显地提高原材料的利用率,有很好的技术经济效果。

2. 方便用户

用量小或满足临时需要的用户,不具备进行高效率初级加工的能力,通过流通加工可以使用户省去进行初级加工的投资、设备、人力,方便了用户。目前发展较快的初级加工有:将水泥加工成生混凝土,将原木或板、方材加工成门窗,钢板预处理、整形等加工。

3. 提高加工效率及设备利用率

在分散加工的情况下,加工设备由于生产周期和生产节奏的限制,设备利用时松时紧,使得加工过程不均衡,设备加工能力不能得到充分发挥。而流通加工面向全社会,加工数量大,加工范围广,加工任务多。这样可以通过建立集中加工点,采用一些效率高、技术先进、加工量大的专门机具和设备,一方面提高了加工效率和加工质量,另一方面还提高了设备利用率。

4. 提高物流系统效率以及提高企业竞争力

通过流通加工,使物流系统的服务功能大大增强,提高了物流系统的服务水平的同时,强化了物流系统的增值价值创造能力,这对于物流企业获得竞争优势是十分重要的。

流通加工是一种低投入、高产出的加工方式,往往以简单的加工解决销售的大问题。流通加工通过改变物品的包装、分割和组装等活动,使得商品的利用率得到提高,这种在流通过程中,直接提升产品差异性的加工方法是传统生产方式难以企及的。

流通加工在提高物流系统的效率和服务水平等方面之外还具有的一个重要的作用就是提高企业的竞争力。现在的竞争已经和传统的竞争方式存在很大的不同,产品的个性化、差异化以及物流系统提供的增值功能开始成为竞争力形成的重要方面。流通加工所具有的功能和潜力,能够为产品提供更好的竞争力,同时也可以提高物流企业的竞争力。

三、流通加工的类型

根据不同的目的,流通加工具有如下几种不同的类型:

1. 为适应多样化需要的流通加工

生产部门为了实现高效率、大批量的生产,其产品往往不能完全满足用户的要求。这样,为了满足用户对产品多样化的需要,同时又要保证高效率的大生产,可将生产出来的单一化、标准化的产品进行多样化的改制加工。例如,对钢材卷板的舒展、剪切加工;平板玻璃按需要规格的开片加工;木材改制成枕木、板材、方材等加工。

2. 为方便消费、省力的流通加工

根据下游生产的需要,将商品加工成生产直接可用的状态。例如,根据需要将钢材定尺、定型,按要求下料;将木材制成可直接投入使用的各种型材;将水泥制成混凝土拌和料,使用时只需稍加搅拌即可使用等。

3. 为保护产品所进行的流通加工

在物流过程中,为了保护商品的使用价值,延长商品在生产和使用期间的寿命,防止商品在运输、储存、装卸搬运、包装等过程中遭受损失,可以采取稳固、改装、保鲜、冷冻、涂油等方式。例如,水产品、肉类、蛋类的保鲜、保质的冷冻加工、防腐加工等;丝、麻、棉织品的防虫、防霉加工等。还有,如为防止金属材料的锈蚀而进行的喷漆、涂防锈油等措施,运用手工、机械或化学方法除锈;木材的防腐朽、防干裂加工;煤炭的防高温自燃加工;水泥的防潮、防湿加工等。

4. 为弥补生产领域加工不足的流通加工

由于受到各种因素的限制，许多产品在生产领域的加工只能到一定程度，而不能完全实现终极的加工。例如，木材如果在产地完成成材加工或制成木制品的话，就会给运输带来极大的困难，所以，在生产领域只能加工到圆木、板、方材这个程度，进一步的下料、切裁、处理等加工则由流通加工完成；钢铁厂大规模的生产只能按规格生产，以使产品有较强的通用性，从而使生产能有较高的效率，取得较好的效益。

5. 为促进销售的流通加工

流通加工也可以起到促进销售的作用。比如，将过大包装或散装物分装成适合依次销售的小包装的分装加工；将以保护商品为主的运输包装改换成以促进销售为主的销售包装，以起到吸引消费者、促进销售的作用；将蔬菜、肉类洗净切块以满足消费者要求；等等。

6. 为提高加工效率的流通加工

许多生产企业的初级加工由于数量有限，加工效率不高。而流通加工以集中加工的形式，解决了单个企业加工效率不高的弊病。它以一家流通加工企业的集中加工代替了若干家生产企业的初级加工，促使生产水平有一定的提高。

7. 为提高物流效率，降低物流损失的流通加工

有些商品本身的形态使之难以进行物流操作，而且商品在运输、装卸搬运过程中极易受损，因此需要进行适当的流通加工加以弥补，从而使物流各环节易于操作，提高物流效率，降低物流损失。例如，造纸用的木材磨成木屑的流通加工，可以极大提高运输工具的装载效率；自行车在消费地区的装配加工可以提高运输效率，降低损失；石油气的液化加工，使很难输送的气态物转变为容易输送的液态物，也可以提高物流效率。

8. 为衔接不同运输方式，使物流更加合理的流通加工

在干线运输和支线运输的结点设置流通加工环节，可以有效解决大批量、低成本、长距离的干线运输与多品种、少批量、多批次的末端运输和集货运输之间的衔接问题。在流通加工点与大生产企业间形成大批量、定点运输的渠道，以流通加工中心为核心，组织对多个用户的配送，也可以在流通加工点将运输包装转换为销售包装，从而有效衔接不同目的的运输方式。例如，散装水泥中转仓库把散装水泥装袋、将大规模散装水泥转化为小规模散装水泥的流通加工，就衔接了水泥厂大批量运输和工地小批量装运的需要。

9. 生产—流通一体化的流通加工

依靠生产企业和流通企业的联合，或者生产企业涉足流通，或者流通企业涉足生产，形成的对生产与流通加工进行合理分工、合理规划、合理组织，统筹进行生产与流通加工的安排，这就是生产—流通一体化的流通加工形式。这种形式可以促成产品结构及产业结构的调整，充分发挥企业集团的经济技术优势，是目前流通加工领域的新形式。

10. 为实施配送进行的流通加工

这种流通加工形式是配送中心为了实现配送活动、满足客户的需要，而对物资进行

的加工。例如,混凝土搅拌车可以根据客户的要求,把沙子、水泥、石子、水等各种不同材料按比例要求装入可旋转的罐中。在配送路途中,汽车边行驶边搅拌,到达施工现场后,混凝土已经均匀搅拌好,可以直接投入使用。

四、流通加工的特点

(1)从加工对象看,流通加工的对象是进入流通过程的商品,具有商品的属性,以此来区别多环节生产加工中的一环。流通加工的对象是商品,而生产加工的对象不是最终产品,而是原材料、零配件或半成品。

(2)从加工程度看,流通加工大多是简单加工,而不是复杂加工,一般来讲,如果必须进行复杂加工才能形成人们所需的商品,那么,这种复杂加工应该专设生产加工过程。生产过程理应完成大部分加工活动,流通加工则是对生产加工的一种辅助及补充。特别需要指出的是,流通加工绝不是对生产加工的取消或代替。

(3)从价值观点看,生产加工的目的在于创造价值及使用价值,而流通加工的目的则在于完善其使用价值,并在不做大的改变的情况下提高价值。

(4)从加工责任人看,流通加工的组织者是从事流通工作的人员,能密切结合流通的需要进行加工活动。从加工单位来看,流通加工由商业或物资流通企业完成,而生产加工则由生产企业完成。

(5)从加工目的看,商品生产是为交换、为消费而进行的生产,而流通加工的一个重要目的是为了消费(或再生产)所进行的加工,这一点与商品生产有共同之处。但是流通加工有时候也是以自身流通为目的,纯粹是为流通创造条件,这种为流通所进行的加工与直接为消费进行的加工在目的上是有所区别的,这也是流通加工不同于一般生产加工的特殊之处。

第二节　流通加工成本核算与分析

一、流通加工成本的构成

流通加工成本是指在商品从生产者到消费者的流动过程中,为了促进销售、维护商品质量,实现物流的高效率所采用的使商品发生形状和性质的变化而产生的成本。

(1)流通加工材料费用。该费用是指在流通加工过程中,投入到加工过程中的一些材料消耗的费用。

(2)流通加工设备费用。流通加工设备费用是指在流通加工过程中,由于流通加工设备的使用而发生的实体损耗和价值转移,流通加工设备因流通加工形式不同而不同,如木材加工需要电锯、剪板加工需要剪板机等,购置这些设备所支出的费用,以流通加工的形式转移到被加工的产品中去。

(3)流通加工人工费用。该费用是指在流通加工过程中,支付给从事加工活动的工人及有关人员的工资、奖金等费用。

(4)流通加工其他费用。除上述费用外,在流通加工中耗用的电力、燃料、油料及管理费用等。

二、流通加工成本费用的核算

(一)流通加工直接材料费用的核算

流通加工的直接材料费用是指对流通加工产品加工过程中直接消耗的材料、辅助材料、包装材料以及燃料等费用。与制造企业相比,在流通加工过程中的直接材料费用,占流通加工成本的比例不大。

1. 流通加工直接材料费用的归集

(1)材料消耗量的计算。

直接材料费用受材料消耗量和材料价格两个因素的影响,直接材料费用的计算,就是要正确地计算与确定材料的消耗量以及材料的实际价格。

为了正确计算在流通加工过程中材料的消耗量,企业应当及时准确地记录材料的消耗数量。记录生产过程中材料消耗量的原始凭证有"领料单""限额领料单""领料登记表"等。为了正确计算材料消耗量,生产周期的结尾,对于在生产过程中只领未用的材料,应当填制"退料单","退料单"也是记录材料消耗的原始凭证。只有严格材料发出的凭证和手续,才能正确计算和确定材料消耗的数量。

(2)消耗材料价格的计算。

在实际工作中,企业可以按照使用材料的实际成本来计价组织材料核算,也可按计划成本计价组织材料核算,但无论采用哪种计价方式,加工过程中消耗的材料,都应当是材料的实际成本。

当采用实际成本计价组织材料核算时,由于同一材料的购入时间和地点不同,各批材料购进的实际单价可能不一致,因此,物流企业必须采用一定的方法,正确计算消耗材料的实际价格。

当采用计划成本计价组织材料核算时,物流企业应当正确计算消耗材料应分摊的材料成本差异,将消耗材料的计划成本调整为实际成本。消耗材料的实际成本,等于计划成本加上应分摊的材料成本超支差异,或减去应分摊的材料成本节约差异。

(3)直接材料费用的归集。

在直接材料费用中,材料费用数额是根据全部领料凭证汇总编制"耗用材料汇总表"确定的。在归集直接材料费用时,凡能分清某一成本计算对象的费用,应单独列出,以便直接计入该加工对象的产品成本计算单中;属于几个加工成本对象共同耗用的直接材料费用,应当选择适当的方法,分配计入各加工成本计算对象的成本计算单中。

2. 直接材料费用的分配

需要分配计入各加工成本对象的直接材料费用,在选择分配方法时,要遵循合理、简便的原则。分配方法中重要的因素是分配标准,分配方法通常是以分配标准命名的。分配方法的简单原则,主要指分配方法中的分配标准,其资料应当容易取得,便于计算。

在直接材料费用中,流通加工所消耗的材料和燃料费用的分配,一般可以选用重量

（体积、产品产量）分配法、定额耗用量比例分配法、系数分配法（标准产量分配法）；流通加工所消耗的动力费用的分配，可以选用定额耗用量比例分配法、系数分配法（标准产量分配法）、生产工时分配法、机器工时分配法等。

（二）流通加工直接人工费用的核算

流通加工成本中的直接人工费用，是指直接参与流通加工作业的工人的工资总额和按工资总额提取的职工福利费，此类工资总额包括计时工资、计件工资、奖金、津贴和补贴、加班工资、非工作时间的工资等。

1. 流通加工直接人工费用的归集

计入产品成本中的直接人工费用的数额，是根据当期"工资结算汇总表"和"职工福利费计算表"来确定的。

"工资结算汇总表"是进行工资结算和分配的原始依据，它是根据"工资结算单"按人员类别（工资用途）汇总编制的，"工资结算单"应当依据职工工作卡片、考勤记录、工作量记录等工资计算的原始记录编制。

"职工福利费计算表"是依据"工资结算汇总表"确定的各类人员工资总额，按照规定的提取比例经计算后编制的。

2. 流通加工直接人工费用的分配

采用计件工资形式支付生产工人工资，一般可以直接计入所加工产品的成本，一般不需要在各种产品之间进行分配。采用计时工资形式支付的工资，如果生产工人只加工一种产品，也可以将工资费用直接计入该产品成本，不需要分配；如果加工多种产品，则需要选用合理方法，在各种产品之间进行分配。按照工资总额一定比例提取的职工福利费，其归集方法与工资相同。

直接人工费用的分配方法有生产工时分配法、系数分配法等。流通加工生产工时分配法中的生产加工工时，可以是产品的实际加工工时，也可以是按照单位产品加工定额工时，也可以是实际加工的定额总工时。流通加工生产工时分配法的计算公式为：

费用分配率＝应分配的直接人工费用/各种产品加工工时之和

某产品应分配费用＝该产品加工工时×费用分配率

（三）流通加工制造费用的核算

流通加工制造费用是物流系统设置的加工单位为组织和管理加工所发生的各项直接或间接费用。主要包括流通加工生产单位管理人员的工资及提取的福利费，流通加工单位房屋、建筑物、机器设备等的折旧和修理费、流通加工单位固定资产租赁费、机物料消耗、低值易耗品摊销、取暖费、水电费、办公费、差旅费、保险费、试验检验费、季节性停工和机器设备修理期间的停工损失以及其他制造费用等。

在构成流通加工成本的直接材料费用、直接人工费用和制造费用等项目中，制造费用属于综合性费用，明细项目比较多，除机器设备等的折旧费和修理费外，制造费用的大部分为一般费用。尽管有些制造费用和加工产品产量的变动有关，但制造费用多为固定费用，不能按照业务量制定定额，只能按会计期间编制制造费用预算，控制制造费用总额。

1. 制造费用的归集

制造费用是通过设置制造费用明细账,按照费用发生的地点来归集的。制造费用明细账按照加工生产单位开设,并按费用明细账项目设专栏组织核算。流通加工制造费用表的格式可以参考工业企业的制造费用表的一般格式。由于流通加工环节的折旧费用、固定资产修理费用等占成本比例较大,其费用归集尤其重要。流通加工制造费用明细账的格式可以参考工业企业的制造费用明细账一般格式,见表9-1。

表 9-1　制造费用明细账

流通加工单位:　　　　　　　　　　　　　　　　　　　　　　　　　单位:元

年		凭证字号	摘　要	制造费用明细账										
月	日			工资	福利费	折旧费	修理费	机物料消耗	办公费	差旅费	劳动保护费	租赁费	保险费	其他
			分配工资	3200										
			福利费		420									
			折旧费			2700								
			修理费				1000							
			消耗材料					600						
			付办公费						2200					
			付差旅费							800				
			付劳保费								2000			
			摊租赁费									1000		
			摊保险费										1000	
			付其他费											480
			本月合计	3200	420	2700	1000	600	2200	800	2000	1000	1000	480
			月末结存											

由于物流系统流通加工环节的折旧费、固定资产修理费等占成本比例较高,下面简述折旧费用和固定资产修理费用等项目的归集。

(1)折旧费用。

折旧费用是通过编制“折旧费用计算汇总表”,计算出各生产单位本期折旧费用以后,计入制造费用的。表9-2为某一物流系统的流通加工中心某时间段的“折旧费用计算汇总表”。

根据折旧费用计算汇总表得出的折旧额,可以计算出流通加工部门折旧费用。

(2)固定资产维修费用。

固定资产维修费用一般可以直接计入当月该生产单位的制造费用。当维修费用发生不均衡,且一次发生的费用数额较大时,也可以采用分期摊销或按计划计入制造费用的办法。

【例 9-1】某物流企业以银行存款支付固定资产修理费 5000 元,其中生产单元 A 2000 元,生产单元 B 1000 元,生产单元 C 1000 元,生产单元 D 1000 元。因其数额较小,故将发生的修理费用全数计入当期各加工生产单元的制造费用,见表 9-2。

表 9-2　折旧费用计算汇总表

单位:元

生产单位	固定资产类型	月初应计折旧固定资产总值	月折旧率(‰)	月折旧额
生产单元 A	设备	600000		2700
		400000	2.7	1080
		200000	8.1	1620
生产单元 B	设备	1100000		5670
		600000	2.7	1620
		500000	8.1	4050
生产单元 C	设备	400000		2160
		200000	2.7	540
		200000	8.1	1620
生产单元 D	设备	360000		1552
		160000	2.7	432
		200000	5.6	1120
合　计		2460000		12082

当采用预提方式计提较大数额修理费时,要注意应正确预计每月的提取数额,且预提费用总额与实际支付费用总额的差额,期末应当调整计入流通加工成本。

(3)租入固定资产改良支出。

企业租入固定资产的改良支出,摊销期一般在一年以上,发生时作为长期待摊费用处理,再按预定期限摊入制造费用。例如,某物流企业流通加工部门,以银行存款 48000 元用于租入固定资产改良支出,计划在合同规定的租赁期两年内摊销,则每月摊销 2000 元,摊入制造费用。

2. 制造费用的分配

制造费用是各加工单位为组织和管理流通加工所发生的间接费用,其受益对象是流通加工单位当期所发生的全部产品。当加工单位只加工一种产品时,制造费用不需要在受益对象之间分配,直接转入流通加工成本;当加工多种产品时,则需要在全部受益对象之间分配,包括自制材料工具,以及生产单位负责进行的在建工程,都要负担制造费用。在选择制造费用分配方法时,应同样注意分配标准的合理和简便。在实际工作中,制造费用分配方法有生产工时计算法、机器工时分配法、系数分配法、直接人工费用比例分配法、计划分配率分配法等。下面以生产工时分配法、机器工时分配法和年度计划分配率分配法为例说明。

(1)生产工时分配法。

生产工时分配法是以加工各种产品的生产工时为标准分配费用的方法。按照生产工时比例分配制造费用,能将劳动生产率与产品负担的费用水平联系起来,使分配结果比较合理。由于生产工时是分配间接计入费用常用的分配标准之一,因而必须正确组织产品生产工时的核算。做好加工工时的记录和核算工作,不仅是计算产品成本的一项重要的基础工作,而且对于分析和考核劳动生产率水平、加强生产管理和劳动管理也有着重要意义。生产工时一般指加工产品实际总工时,也可以是按实际加工量和单位加工量的定额工时计算的定额总工时。

【例 9-2】某物流企业流通加工部门,本月制造费用明细账归集的制造费用总额为 20000 元,本月实际加工工时为 40000 小时,其中加工 A 产品为 20000 小时,B 产品为 10000 小时,C 产品为 8000 小时,D 产品为 2000 小时。采用生产工时分配法编制制造费用分配,见表 9-3。

表 9-3　采用生产工时分配法编制制造费用分配表

加工单位:流通加工部门　　　　　　　　　　　　　　　　　　　　　　年　　　月

产品名称	加工工时(小时)	分配率	分配金额(元)
A 产品	20000		10000
B 产品	10000		5000
C 产品	8000		4000
D 产品	2000		1000
合　　计	40000	0.5	20000

(2)机器工时分配法。

机器工时分配法是以各种加工产品的机器工作时间为标准,分配制造费用的方法。这种方法适用于制造费用中机器设备的折旧费用和修理费用比较大时。

不同的机器设备在同一工作时间内的折旧费用和修理费用差别比较大。也就是说,同一件产品在不同的机器上加工一个单位所负担的费用应当有所差别。因此,当一个加工部门内存在使用和维修费用差别较大的不同类型的机器设备时,应将机器设备合理分类,确定各类机器设备的工时系数。各类机器设备的实际工作时间,应当按照其工时系数换算成标准机器工时,将标准机器工时作为分配制造费用的依据。下面举例说明。

【例 9-3】某物流企业流通加工部门,本月制造费用总额为 34500 元。各种产品机器加工工时为 57000 小时,其中:甲产品由 A 类设备加工 10000 小时,B 类设备加工 5000 小时;乙产品由 A 类设备加工 10000 小时,B 类设备加工 2000 小时;丙产品由 A 类设备加工 20000 小时,B 类设备加工 4000 小时;丁产品由 A 类设备加工 5000 小时,B 类设备加工 1000 小时;按照设备使用和维修费用发生情况确定 A 类设备系数为 1,B 类设备系数为 2。根据资料采用机器工时分配法编制制造费用分配表,见表 9-4。

表 9-4 采用机器工时分配法编制制造费用分配表

加工单位：流通加工部门   年   月

| 产品名称 | 机器工作时间（小时） | | | | 分配率 | 分配金额（元） |
| | A 类设备 | B 类设备(2) | | 标准工时合计 | | |
		加工时数	折合时数			
甲产品	10000	5000	10000	20000		10000
乙产品	10000	2000	4000	14000		7000
丙产品	20000	4000	8000	28000	0.5	14000
丁产品	5000	1000	2000	7000		3500
合　计	45000	12000	24000	69000		34500

（3）年度计划分配率分配法。

采用这种方法，不论各月实际发生的制造费用多少，每月各种产品成本中的制造费用都是按年度计划确定的计划分配率分配。年度内如果发现全年制造费用的实际数和产品的实际产量与计划数发生较大的差额，应及时调整计划分配率。

这种方法适用于季节性的生产企业，因为在季节性生产企业中，每月发生制造费用相差不大，但淡季和旺季的产量悬殊却很大，如果按实际费用分配，各月单位产品成本中的制造费用将随之忽高忽低，不便于进行成本分析。其计算公式为：

年度计划分配率＝年度制造费用预算总额/年度计划完成定额总工时

某产品当月应分配制造费用，是根据该产品实际加量，按单位产品定额工时计算的定额总工时和计划分配率来计算的。其计算公式为：

某产品应分配费用＝该产品按实际加工量计算的定额总工时×年度计划制造费用分配率

【例 9-4】某物流企业流通加工部门，本年度制造费用预算总额为 60000 元。该部门加工 A、B、C 三种产品，本年计划加工量分别为 1000 件、500 件和 200 件，单位产品定额加工工时分别为 10 小时、20 小时和 50 小时，年度计划完成的定额总工时为 30000 小时。本年 6 月份加工 A 产品 100 件、B 产品 50 件、C 产品 10 件。按计划分配率分配制造费用，计算结果如下：

年度计划费用分配率＝60000/30000＝2（元/小时）

6 月份应分配制造费用如下：

A 产品：100 件×10 小时×2 元/小时＝2000（元）

B 产品：50 件×20 小时×2 元/小时＝2000（元）

C 产品：10 件×50 小时×2 元/小时＝1000（元）

（四）加工费用在完工产品和在产品之间的分配

1. 在产品数量的计算

在产品指流通加工单位或某一加工步骤正在加工的在制品，在完成全部加工过程、验收合格以后就成为完工产品。

按成本项目归集加工费用,并在各成本计算对象之间进行分配以后,企业本期(本月)发生的加工费用,已经全部计入各种产品(各成本计算对象)的成本计算单中。登记在某种产品成本计算单中的月初在产品成本加上加工费用,即生产费用合计数或称作累计生产费用,有以下三种情况:

(1)该产品本月已经全部完工,没有在产品,则加工费用合计数等于本月完工产品加工总成本。如果月初也没有在产品,则本月加工费用等于本月完工产品加工总成本。

(2)该产品本月全部没有完工,则加工费用合计数等于月末在产品加工成本。

(3)该产品既有已经完工的产品,又有正在加工的月末在产品,这时,需要将加工费用合计数在本月完工产品和月末在产品之间进行分配,以正确计算本月完工产品的实际总成本和单位成本,用公式表示为:

月初在产品加工成本＋本月发生加工费用＝本月完工产品＋月末在产品加工成本

根据上述公式,本月完工产品加工成本为:

本月完工成本＝月初在产品加工成本＋本月发生加工费用－月末在产品加工成本

无论采用哪一种方法,各月末在产品的数量和费用的大小以及数量和费用变化的大小,对于完工产品成本计算都有很大影响。欲计算完工产品的成本,需取得在产品增减动态和实际结存的数量资料,因而需正确组织在产品收发结存的数量核算。

2. 加工费用在完工产品和期末在产品之间的分配

如何既较合理又简便地在完工产品和月末在产品之间分配费用,是在产品成本计算工作中又一个重要而复杂的问题。在产品结构复杂、零部件种类和加工工序较多的情况下,更是如此。企业应该根据在产品数量的多少、各月在产品数量变化的大小、各项费用比重的大小,以及定额管理基础的好坏,采用适当的分配方法。常用的方法有:在产品不计算成本法、在产品按固定成本计价法、在产品按所耗原材料费用计价法、在产品按完工产品计算法、在产品按定额成本计价法和定额比例法等。下面以在产品按所耗原材料费用计价法为例说明。

采用这种分配方法时,月末在产品只计算其所耗用的原材料费用,不计算工资及福利费等加工费用。也就是说,不计算工资及福利费等加工费用,这种方法适用于各月末在产品数量较大、数量变化也较大、原材料费用在成本中所占比重较大的产品。

假定某物流企业的流通加工部门,加工某种产品的月末在产品只计算原材料费用,原材料费用(即月初在产品成本)为1000元;本月发生原材料费用为5000元,工资及福利费用共为2000元;本月完工400件,月末在产品100件,原材料是加工开始时一次投入的,因而每件完工产品和不同完工程度的在产品所使用的原材料数量相等,原材料费用可以按完工和月末在产品的数量比例分配。分配计算如下:

原材料费用分配率 $= \dfrac{1000+5000}{400+100} = 12$

完工产品的原材料费用 $= 400 \times 12 = 4800$(元)

月末在产品原材料费用 $= 100 \times 12 = 1200$(元)

完工产品成本 $= 4800 + 1200 = 6000$(元)

➤拓展链接

流通加工在物流中的地位

(1)流通加工有效地完善了流通。流通加工在实现时间场所两个重要效用方面,确实不能与运输和储存相比,因而,不能认为流通加工是物流的主要功能要素。流通加工的普遍性也不能与运输、储存相比,流通加工不是所有物流中必然出现的。但这绝不是说流通加工不甚重要,实际上它也是不可轻视的,是起着补充、完善、提高增强作用的功能要素,它能起到运输、储存等其他功能要素无法起到的作用。所以,流通加工的地位可以描述为提高物流水平、促进流通向现代化发展必不可少的形态。

(2)流通加工是物流中的重要利润源。流通加工是一种低投入、高产出的加工方式,往往以简单加工解决大问题。实践证明,有的流通加工通过改变装潢使商品档次跃升而充分实现其价值,有的流通加工将产品利用率一下子提高20%～50%,这是采取一般方法提高生产率所难以企及的。根据我国近些年的实践,流通加工仅就向流通企业提供利润这一点,其成效并不亚于从运输和储存中挖掘的利润,是物流中的重要利润源。

(3)流通加工在国民经济中也是重要的加工形式。在整个国民经济的组织和运行方面,流通加工是其中一种重要的加工形态,对推动国民经济的发展和完善国民经济的产业结构和生产分工有一定的意义。

三、流通加工成本分析常用方法

对流通加工成本的分析,可通过编制流通加工成本报表进行分析。在对流通加工成本报表分析的过程中,在研究各项成本指标的数量变动和指标之间的数量关系,测定各种因素变动对成本指标的影响程度时,常用以下几种分析方法。

(一)比较分析法

比较分析法是通过两个或两个以上相关指标进行对比确定数量差异的一种方法,用以说明两个事物间的联系与差距。比较分析法是财务分析中最常见的一种方法。财务分析法过程包括比较、分解和综合三个阶段,其中比较分析是基础。在实际工作中,比较分析法的形式有:实际指标与计划指标对比、同一指标纵向对比和同一指标横向对比三种比较形式。这三种比较形式分别揭示企业业绩完成、发展趋势和先进程度三个方面的内容。

(1)实际指标与计划指标对比:用于说明企业业绩的计划完成情况和程度,分析实际与计划的差异,为进一步的财务分析提供依据。但在进行此项比较中,应注意计划本身的先进性与可行性。

(2)同一指标纵向对比:这是同一指标在不同时间上的对比,一般是用本期实际指标与历史指标进行对比。通过比较,可以观察企业经营状况、财务活动发展规律趋势,有助于规划未来,并及时发现处于萌芽状态的新事物与薄弱环节。

(3)同一指标横向对比:这是同一指标在不同条件下的对比,一般是将本企业与同类型、同行业企业对比,用以发现差距,促使指标向先进方向发展。

运用比较分析法要注意指标的可比性与指标差异的确定。指标可比性是指要求指标间口径相同,包括指标内容、计算方法、评价标准和时间单位等方面一致,以及业务经营规模和业务范围的基本一致。指标差异的确定是指差异如果是绝对数,则采用两个指标相减的差额来表示;如果是相对数,则将两个基本点指标相除,以取其两者之比率来表示。

(二)趋势分析法

趋势分析法也是企业成本分析中常见的一种方法。它是比较分析法的延伸,是将连续数年(一般 3 年以上)的财务报表以某 1 年作为基期,计算每期各项指标对基期同一项目指标的趋势百分比,借以表示其在各期间的上、下变动趋势,从而判断企业的经营成果和财务状况。在实际工作中,一般选择第 1 年作为基础,如果第 1 年不适宜,也可选择其他年份。其计算公式如下:

某期增长百分比=(本期金额-基期金额)/基期金额×100%

某物流企业 2005—2009 年的流通加工收入资料见表 9-5。

表 9-5　某物流企业流通加工收入资料表　　　　　单位:元

2005 年	2006 年	2007 年	2008 年	2009 年
10000	12000	13000	15000	18600

若以 2005 年为基期,则 2009 年比 2005 年增长为:

(18600-1000)/10000×100%=86%

(三)比率分析法

在错综复杂、相互联系的经济现象中,某些指标之间存在着一定的关联,这种关联可组成各种比率。比率分析法就是将两项相互依存、相互影响的财务指标进行计算,形成比率,以分析评价企业财务状况和经营水平的一种方法。它是从财务现象到财务本质的一种深化。比率分析法比比较分析法更具有科学性和可比性,它适用于不同流通加工企业之间的对比。

(四)标准成本差异分析法

标准成本差异分析法是指以预先制定的标准成本为基础,用标准成本与实际成本进行比较,对成本差异进行分析的一种方法。标准成本的制定是使用该方法的前提和关键,其中成本差异计算和分析是标准成本差异分析法的重点,借此可以促成成本控制目标的实现,并据以进行经济业绩考评。

企业为了消除或减少不利差异,应对差异进行分析,找出原因,核心是按标准成本记录成本的形成过程和结果,并借以实现对成本的控制,寻找决策,以便采取有效的管理措施以提高经济效益。

四、流通加工成本表的结构和编制方法

流通加工成本表分为基本报表和补充资料两部分,见表 9-6。

表 9-6　流通加工成本表

编制单位：流通加工部门

年　　月　　日

单位：元

流通加工产品名称	计量单位	实际产量			单位流通加工成本			本月流通加工总成本			本年累计流通加工总成本		
		本月	本年累计	上年实际平均	本年计划	本月实际	本年累计实际平均	按上年实际平均单位成本计算	按本年计划单位成本计算	本期实际	按上年实际平均单位成本计算	按本年计划单位成本计算	本年实际
		(1)	(2)	(3)	(4)	(5)=(9)/(1)	(6)=(12)/(2)	(7)=(1)×(3)	(8)=(1)×(4)	(9)	(10)=(2)×(3)	(11)=(2)×(4)	(12)
可比产品合计	—	—	—	—	—	—	—	2800	2500	2650	28000	25000	26500
A	件	100	1000	22	20	21	21	2200	2000	2100	22000	20000	21000
B	件	50	500	12	10	11	11	600	500	550	6000	5000	5500
不可比产品	—	—	—	—	—	—	—	—	2480	2900	—	24800	29000
C	件	80	800	30	25	30	30	2400	2000	2400	—	20000	24000
D	件	10	100	50	48	50	50	500	480	500	—	4800	5000
合计	—	—	—	—	—	—	—	—	4980	5550	—	49800	55500

基本报表部分,应按可比流通加工产品和不可比流通加工产品分别填列。可比产品是指流通加工环节过去曾经加工过,有完整的成本资料可以进行比较;不可比产品是指流通加工环节本年度初次加工,或缺乏可比的成本资料。

流通加工成本表的基本部分,应反映各种可比和不可比产品本月及本年累计的实际加工量、实际单位加工成本和实际加工总成本,为反映流通加工环节当年成本计划完成情况,基本报表部分还应反映各种可比和不可比加工产品,本月和本年累计按计划单位加工成本计算的总成本。

补充资料部分只填列本年累计实际数。可比产品加工成本降低额,是指可比加工产品累计实际总成本,比上年实际平均单位加工成本计算的累计总成本降低的数额,超支额用负数表示。

可比产品加工成本降低率,是指可比加工产品本年累计实际总成本,比按上年实际平均单位加工成本计算的累计总成本降低的比率,超支率用负数表示。

注:补充资料(本年累计实际数):

(1)可比产品流通加工成本降低额 1500 元(本年计划降低额为 3000 元)。

(2)可比产品降低率 5.357%(本年计划降低率为 10.714%)。

➤拓展链接

流通加工成本分析的重要性

对于一个物流系统来说,进行流通加工成本分析是非常重要的。这对于改善系统内的效率,提高产品的竞争力和持续发展的能力都是具有长远的影响的。下面从不同的成本分析方面来具体说明流通加工成本分析的重要性。

1. 总成本分析

流通加工总成本分析的基本概念就是以成本的观点来考察流通加工总体过程的绩效。以流通加工物流活动为基础,分析物流各功能成本的动态关系,权衡总成本的约束条件,为合理的物流决策提供依据。例如,在生产环节的末尾加入流通加工活动,在表面上这项措施提高了整个物流系统的成本,也就是总成本被提高了。但流通加工环节的加入,加快了商品的流通速度,提高了产品运输的效率,同时也减少了库存的成本。如果总成本的提高量低于引入流通加工的成本量的话,那么引入流通加工环节明显是有利的。又或者,流通加工环节的引入提高了产品的竞争力,若产品的销售收益高于流通加工的成本提高量,那么引入流通加工环节也是有利的。

2. 项目成本分析

流通加工项目成本分析首先要确定流通加工的对象,是以客户为对象还是以订单、商品等为对象,然后将具体对象的有关费用都归类在不同的物流功能范围。流通加工成本的特殊性取决于客户的加工要求,既要考虑客户的地理位置,又要权衡满足顾客对商品的要求。也就是说,在满足客户需求的基础上,对某一项目的成本进行分析,是企业进行决策的重要依据。若项目成本较高而客户要求也较高的情况下,企业可以考虑进行业务外包这种方式来更好地优化组合企业内部资源。

3. 经营战略分析

对于任何企业来说，一种产品或服务是否需要再加工，除了受经济利益驱动外，还取决于流通加工的战略决策。在进行流通加工决策时，外部服务公司的专业化水平是一个值得考虑的重要战略因素。例如，有的物流企业不仅能迅速地按照订单进行加工，还能向顾客提供精确的运送信息。在客户眼里，这种技术就是该物流服务的独特竞争优势，或者说，流通加工能给客户带来战略利益。用户接受流通加工服务，不仅仅是为了获得流通加工本身所带来的价值增值，更重要的是获取物流的专业化的支持，得到这些专业资源与核心竞争力的协同，在很大程度上增强了用户的竞争优势。

4. 服务—成本分析

愿意购买流通加工服务的企业，更关心的是通过流通加工服务提升客户的满意度。在以客户为中心的经营理念下，企业的战略目标是赢得客户的信赖，物流服务是企业客户服务的重要组成部分。大多数商业企业的目标是利润的最大化。在这种假设下，如果其他情况都相同，流通加工成本可以直接转化为企业的收入。换句话说，如果流通加工适合或超过顾客的期望的话，顾客对商品的需求将会增加，即在给定的服务需求弹性条件下，更好的服务会增加购买数量。在这样的情况下，企业将会理性地增加流通加工投资，以期改进物流绩效，创造需求。

第三节　流通加工成本优化控制

一、不合理的流通加工形式

流通加工是对生产加工的补充，不仅仅是生产过程在流通过程的延续，还是生产本身或生产工艺在流通领域的延续。这种延续带来积极和消极两方面的作用，积极的方面是有效地起到补充完善生产加工不足的作用。但是，也必须估计到另一个可能性，即流通加工还有可能对整个过程带来消极效应。各种不合理的流通加工形式都会产生增加成本、抵消效益的负效应。几种不合理流通加工形式体现在以下几个方面：

（一）流通加工结点设置的不合理

流通加工的结点设置也就是流通加工点的布局，是影响整个流通加工过程是否有效的重要因素。一般而言，为衔接单品种、大批量、低成本运输和为满足客户多样化需求的多品种、少批量末端运输而进行的流通加工，最合理的方式是加工地设置在需求地区，才能实现大批量的干线运输与多品种末端配送的物流优势。

如果将流通加工结点设置在生产地。首先，为满足客户的多样化需求，需要进行多品种、小批量产品从产地向需求地的长距离运输，运输成本增加，会出现不合理；其次，在生产地多设置了一个加工环节，同时增加了近距离运输、装卸、储存等一系列的物流活动。所以，在这种情况下，不如由原生产加工单位完成这种加工而无须设置专门的流通加工环节。

一般而言，如果流通加工的作用是为方便物流，则流通加工结点应设在产出地，设置在进入社会物流之前,因为如果设置在进入社会物流之后,也就是设置在消费地,则不但不能解决物流问题,还在流通中又增加了一个中转环节,因而也是不合理的。

在上个步骤做出正确选择后,也就是说,在产地或需求地设置流通加工的选择是正确的,还有流通加工在小地区范围的正确选址问题。如果处理不善,仍然会出现不合理,比如设置在交通不便处、流通加工结点与生产企业或用户之间距离较远、流通加工结点的投资过高(受选址的地价影响)、加工结点周围的环境条件不良等。

(二)流通加工方式选择不当

根据流通加工的目的不同,流通加工的方式分为流通加工对象、流通加工工艺、流通加工技术、流通加工程度等。流通加工方式确定的基础是生产加工,是与生产加工的合理分工。如果本来应由流通加工完成的作业,却错误地由生产加工完成,就属于是流通加工方式选择的不当;或者本来应由生产加工过程完成的作业,却错误地由流通加工去完成,都会造成不合理。

流通加工是对生产加工过程的延续,起补充完善生产加工不足的作用,而不是对生产加工的代替。所以,在一般情况下,对一些加工可以由生产过程轻易解决,或者工艺复杂、技术装备要求较高的作业都不宜再设置流通加工。需要注意的是,对流通加工过程来说,尤其不应该再与生产过程争夺那些技术装备要求较高、效益较高的最终生产环节,更不宜利用某个时期市场的压力使生产者完成初级加工或前期加工,而流通企业完成装配或最终形成产品的加工。

(三)流通加工冗余环节增加

对于一些过于简单的或对生产及消费者作用都不大的甚至盲目性的流通加工环节,不仅不能解决生产加工的遗留问题,相反还增加了中间环节,也属于流通加工不合理的重要体现。

(四)流通加工成本过高

在流通加工所起的作用中,最显著的一点就是较高的产出投入比,这也是它如此有生命力的原因之一,能对生产加工起着有效的补充完善作用。但如果流通加工的成本过高,不能实现以比较低投入实现更高使用价值的目的,那么除了一些必需的硬性要求的即使亏损也应进行的加工外,都应看成是不合理的。

综上所述,流通加工是处于不易区分生产还是物流的中间领域,而且目的在于提高物流系统效率。尽管它也可以创造性质和形态的使用效能,但还是应该从物流机能拓展的角度将其看作物流的构成要素为宜。对于流通加工合理化的最终判断,要看其是否能实现社会和企业本身的两个效益,是否实现效益的最优化,利用流通加工为企业带来有别于生产企业的经济效益,在社会效益为第一观念的前提条件下,流通加工企业才有生存的价值,而不是盲目地采取一些不合理措施,只是追求企业的微观效益甚至与生产企业争利,不适当地进行加工,不仅有违流通加工的初衷,更是阻碍了我国物流行业的前进步伐。

二、实现流通加工合理化的途径

要实现流通加工的合理化,主要应从以下几个方面加以考虑:

(一)加工和配送结合

加工和配送结合就是将流通加工设置在配送点中。一方面,按配送的需要进行加工;另一方面,加工又是配送作业流程中分货、拣货、配货的重要一环,加工后的产品直接投入到配货作业,这就无须单独设置一个加工的中间环节,而使流通加工与中转流通巧妙地结合在一起。同时,由于配送之前有必要的加工,可以使配送服务水平大大提高,这是当前对流通加工做合理选择的重要形式,在煤炭、水泥等产品的流通中已经表现出较大的优势。

(二)加工和配套结合

"配套"是指对使用上有联系的用品集合成套地供应给用户使用。例如,方便食品的配套。当然,配套的主体来自各个生产企业,如方便食品中的方便面,就是由其生产企业配套生产的。但是,有的配套不能由某个生产企业全部完成,如方便食品中的盘菜、汤料等。这样,在物流企业进行适当的流通加工,可以有效地促成配套,大大提高流通作为供需桥梁与纽带的能力。

(三)加工和合理运输结合

我们知道,流通加工能有效衔接干线运输和支线运输,促进两种运输形式的合理化。利用流通加工,在支线运输转干线运输或干线运输转支线运输等这些必须停顿的环节,不进行一般的支转干或干转支,而是按干线或支线运输合理的要求进行适当加工,从而大大提高运输及运输转载水平。

(四)加工和合理商流结合

流通加工也能起到促进销售的作用,从而使商流合理化,这也是流通加工合理化的方向之一。加工和配送相结合,通过流通加工,提高了配送水平,促进了销售,使加工与商流合理结合。此外,通过简单地改变包装加工形成方便的购买量,通过组装加工解除用户使用前进行组装、调试的难处,都是有效促进商流的很好例证。

(五)加工和节约结合

节约能源、节约设备、节约人力、减少耗费是流通加工合理化重要的考虑因素,也是目前我国设置流通加工并考虑其合理化的较普遍形式。

对于流通加工合理化的最终判断,是看其是否能实现社会的和企业本身的两个效益,而且是否取得了最优效益。流通企业更应该树立社会效益第一的观念,以实现产品生产的最终利益为原则,只有在生产流通过程中不断补充、完善为己任的前提下才有生存的价值。如果只是追求企业的局部效益,不适当地进行加工,甚至与生产企业争利,这就有违于流通加工的初衷,或者其本身已不属于流通加工的范畴。

三、流通加工成本的优化

在合理地设置了流通加工点,且选择了合理的流通加工方式之后,下一步就是对流通加工成本的优化和控制,需要通过加工作业进行合理排序,又要对流通加工成本进行控制和优化。

(一)优化流通加工作业排序

流通加工作业排序是指根据加工工艺和负荷的可能性,对在一定期间内分配给各个加工单位的生产任务进行合理排序,并确定各加工单位作业的作业开始时间和作业结束时间。优化作业排序可以缩短加工周期,并确定各加工单位作业的作业开始时间和作业结束时间。优化作业排序可以缩短加工周期,节约加工费用,减少延期交货和违约损失,降低流通加工成本。优化流通加工作业排序的方法有最短加工时间法、最早预定交货期法、最短加工时间法和最早预定交货期综合法等,在进行排序时,要根据客户的需求变化,及时改变作业排序,以取得良好的经济效益。

(二)流通加工成本管理

(1)选择适当的加工方式和加工深度。在进行流通加工方式和加工深度的选择时,应根据服务对象和服务需要,选择适当的加工方式和加工深度,并进行经济核算和可行性研究,将流通加工成本控制在合理范围内。

(2)均衡加工批量和数量。批量越大,数量越多,流通加工成本就越高。在进行流通加工成本管理时,对加工批量和数量进行合理的均衡,能使加工能力得到充分、有效的利用。

(3)全面管理。对流通加工过程的管理也应像生产过程管理一样,需要对流通加工所涉及的各个环节、劳动力、设备、动力等进行全面的管理。

(4)单独核算。与其他物流活动相比,流通加工活动有自己的特殊性,流通加工的成本和运输成本等存在很大区别。要对流通加工成本进行优化控制,首先要准确记录和核算流通加工费用的使用、支出情况,应对流通加工费用单独管理、单独核算。

(5)制订经济指标。在商品进入流通过程后,再对它进行流通加工只是生产工程的补充和延续,流通加工企业应根据流通加工对象、流通加工方式等的特点,制订反映流通加工的经济指标,以便最大限度地发挥流通加工的经济效益。

➤拓展链接

绿色流通加工

绿色流通加工是指在流通过程中继续对流通中的商品进行生产性加工,以使其成为更加适合消费者需求的最终产品。流通加工具有较强的生产性,也是流通部门对环境保护可以有大作为的领域。

绿色流通加工的途径主要分以下两个方面:

一方面,变消费者分散加工为专业集中加工,以规模作业方式提高资源利用效率,以减少环境污染(如餐饮服务业对食品的集中加工);减少家庭分散烹调所造成的能源浪费;减少浪费和空气污染。

另一方面,集中处理消费品加工中产生的边角废料,以减少消费者分散加工所造成的废弃物污染,如流通部门对蔬菜的集中加工减少了居民分散垃圾丢放及相应的环境治理问题。

四、流通加工成本的控制

物流环节的流通加工成本的控制,可按标准成本制度进行。标准成本制度并非一种单纯的成本计算方法,它是成本的计划、控制、计算和分析相结合的一种成本控制系统。

（一）标准成本的制定

标准成本应按直接材料、直接人工和制造费用三个成本项目分别制定。

1. 直接材料标准成本的制定

制定直接材料的标准成本要考虑两个基本因素:直接材料的数量标准与直接材料的价格标准。直接材料数量标准的确定,以正常生产条件下单位产品耗用材料数量与正常范围内允许发生的耗损及不可避免的废品所耗费的材料数量为依据;直接材料的价格标准,是指在取得某种材料时应支付的平均单位价格,包括买价和采购费用。

直接材料标准成本计算公式为:

某产品流通加工直接材料标准成本＝直接材料标准数量×直接材料标准价格

【例 9-5】某物流企业流通加工部门加工某产品,需用 A、B 两种材料,该产品直接材料的标准成本计算见表 9-7。

表 9-7　流通加工直接材料标准成本计算表

项目	A 材料	B 材料	合计
材料标准价格的计算	—	—	—
预计平均购买价格（元/千克）	100	200	—
预计平均采购费用（元/千克）	10	50	—
材料标准价格（元/千克）	110	250	—
材料标准数量的计算	—	—	—
材料正常需用量（千克/件）	0.5	0.1	—
材料正常损耗（千克/件）	0.1	0.1	—
材料标准数量（千克/件）	0.6	0.2	—
单位产品流通加工直接材料标准成本（元/件）	66	50	116

2. 直接人工标准成本的制定

直接人工标准成本的制定,要考虑直接人工数量标准与直接人工价格标准两个因素。

直接人工数量标准,是指正常生产条件下加工单位产品所需的标准工作时间,包括工艺过程的时间与必要的间歇或停工时间及不可避免的废品损失时间;直接人工价格标准,是指按现行的工资福利标准确定的每一单位工作时间的工资和福利费。

直接人工标准成本计算公式为:

某产品流通加工直接人工标准成本＝直接人工标准数量×直接人工标准价格

【例 9-6】在例 9-5 中，产品需经 A、B 两个部门进行加工，该产品的直接人工标准成本的计算见表 9-8。

表 9-8　直接人工标准成本计算表

项目	部门 A	部门 B	合计
直接人工标准价格的计算	—	—	—
从事直接生产工人(人)	40	30	—
每人每月标准工时数(小时)	150	150	—
每月标准加工总工时(小时)	6000	4500	—
每月直接工资和福利费(元)	16500	13570	30070
每一工时直接人工费(元)	2.75	3.02	—
单位产品标准工时(小时)	3	2.50	—
单位产品直接人工标准成本(元/件)	8.25	7.55	

3. 制造费用标准成本的制定

制造费用标准成本的制定，需考虑数量标准与费用率标准两个因素。制造费用的数量标准，也是指正常生产条件下生产单位产品所需的标准工作时间；制造费用的费用率标准，是指每标准工时所负担的制造费用，制造费用分为固定性制造费用预算和变动性制造费用预算两部分。费用率标准的计算公式为：

固定性制造费用标准分配率＝固定性制造费用预算/标准总工时

变动性制造费用标准分配率＝变动性制造费用预算/标准总工时

根据制造费用用量和费用分配率标准，制造费用标准成本计算公式为：

固定性制造费用标准成本＝固定性制造费用分配率×标准工时

变动性制造费用标准成本＝变动性制造费用分配率×标准工时

【例 9-7】在例 9-6 中，该产品制造费用包括固定性制造费用与变动性制造费用两部分。该产品的制造费用标准成本计算见表 9-9。

表 9-9　制造费用标准成本计算表

项目	固定部分	变动部分	合计
制造费用分配率的计算	—	—	—
制造费用预算额(元)	6050	12100	18150
标准加工总工时(小时)	12100	12100	—
制造费用分配率(元/小时)	0.50	1.00	—
单位产品标准工时(小时)	5.50	5.50	—
单位产品制造费用标准成本(元)	2.75	5.50	8.25

4. 单位产品流通加工标准成本的制定

单位产品的流通加工标准成本是在流通加工直接材料标准成本、直接人工标准成本、制造费用标准成本的基础上汇总而成的。

【例 9-8】编制某产品单位流通加工标准成本计算表,见表 9-10。

表 9-10　单位产品流通加工标准成本计算表

项目	数量标准	价格标准(元)	标准成本(元/件)
直接材料	—	—	6.2
甲材料	0.25 千克	16.00	4.0
乙材料	0.2 千克	11.00	2.2
直接人工	—	—	15.80
A 部门	3 小时	2.75	8.25
B 部门	2.5 小时	3.02	7.55
制造费用	—	—	8.25
变动性	5.5 小时	1.00	5.50
固定性	5.5 小时	0.50	2.75
单位产品流通加工成本	—	—	30.25

(二)标准成本差异分析

标准成本差异是标准成本与实际成本的差额。实际成本低于标准成本的差异为节约差异,实际成本高于标准成本的差异为超支差异。由于标准成本根据消耗数量与价格两个基本因素计算而成,因而差异的分析也要从消耗数量与价格两个方面来进行。

1. 直接材料成本差异分析

直接材料成本差异分析,分为直接材料数量差异和直接材料价格差异。直接材料数量差异是直接材料实际耗用量与标准用量之间的差异。其计算公式为:

直接材料数量差异＝(实际数量－标准数量)×标准价格

出现差异之后要进行差异分析,并及时采取纠正措施。造成数量差异的主要原因,有用料上的浪费和质量事故造成的材料损失等,同时要考虑采购部门购入材料的质量及仓储保管质量。

直接材料价格差异是指直接材料的实际价格与标准价格之间的差异。其计算公式为:

直接材料价格差异＝(实际价格－标准价格)×实际数量

材料价格差异由采购部门负责,造成价格差异的原因,一般是市场价格的变化、采购批量的不同、采购费用的变化等。

2. 直接人工成本差异分析

直接人工成本差异分析,分为直接人工效率差异和直接人工工资率差异。直接人工效率差异是指直接人工实际工作时间数同其标准工作时间数之间的差异。其计算公式为：

直接人工效率差异＝(实际工时－标准工时)×标准工资率

直接人工工资率差异是指直接人工实际工资率与标准工资率之间的差异。其计算公式为：

直接人工工资率差异＝(实际工资率－标准工资率)×实际工时

造成直接人工成本差异的原因主要有：工资水平的提高、工艺改进引起的工时变化、劳动生产率的变化等。

3. 制造费用成本差异分析

制造费用成本差异是制造费用的实际发生额与标准发生额之间的差异。制造费用一部分与当期生产量发生联系，而大部分则与企业的生产规模发生联系。因此，对制造费用差异分析，要按变动性制造费用与固定性制造费用进行分析；对变动性制造费用差异，要对效率差异与耗用差异两部分进行分析。其计算公式为：

变动性制造费用耗用差异＝(实际分配率－标准分配率)×实际工时

变动性制造费用效率差异＝(实际工时－标准工时)×标准分配率

固定性制造费用数额的大小，一般与一定的生产规模相联系，故对固定性制造费用差异的分析，不仅要对耗用差异、效率差异进行分析，还要对生产能力利用的差异进行分析。其计算公式为：

固定性制造费用耗费差异＝固定制造费用实际发生额－固定制造费用预算额

固定性制造费用效率差异＝(实际工时－标准工时)×标准分配率

固定性制造费用能力差异＝固定制造费用预算数－按实际工时计算的标准固定制造费用

➤本章小结

流通加工是一项重要的物流职能。它不仅是生产过程的"延续"，也是生产本身或生产工艺在流通领域的延续。流通加工是一种辅助性的生产加工，但又区别于生产加工。本章首先阐述了流通加工的定义和特点，并指出其在物流中的地位和作用，最后讲述了流通加工过程中所存在的不合理之处和解决的措施。

一方面，流通加工借助物流的运输功能，完善了流通与消费之间的密切联系，使商品的流通效率进一步提高；另一方面，流通加工借助仓储的功能，提供了生产与流通相结合的条件，使商品的价值在流通领域得到进一步提升。流通加工的这种"桥梁和纽带"作用减少了物流过程中的损失、加快了速度、降低了操作成本，从而提高了整个物流系统的效率。

➤课后练习思考题

1. 流通加工的作用有＿＿＿＿＿、＿＿＿＿＿、＿＿＿＿＿、＿＿＿＿＿。

2. 流通加工成本由＿＿＿＿＿、＿＿＿＿＿、＿＿＿＿＿、＿＿＿＿＿构成。

3. 流通加工成本项目由　　　　　　、　　　　　　、　　　　　　构成。

4. 材料费用分配率＝　　　　　　÷　　　　　　

某产品分配费用＝　　　　　　×　　　　　　

5. 流通加工成本分析的方法有　　　　　、　　　　　、　　　　　、　　　　　。

6. 不合理的流通加工形式有　　　　　、　　　　　、　　　　　、　　　　　。

7. 流通加工的类型有哪些?

8. 实现流通加工合理化的途径有哪些?

9. 某加工厂设有一个基本生产车间,生产甲、乙、丙三种产品,10 月份产品生产工人的工资为 99000 元,按生产工人工资总额提取的职工福利费为 13860 元。该厂采用生产工时分配法分配直接人工费用,10 月份甲、乙、丙三种产品的实际生产加工工时分别为 4000 小时、10000 小时和 8000 小时。请计算甲、乙、丙三种产品应分配的人工费用为多少?

10. 某加工车间生产加工 A、B、C 三种产品,该车间的制造费用明细账所记的分配前费用余额为 40000 元,A、B、C 三种产品实际生产工时分别为 10000 小时、6000 小时和 4000 小时。请按生产工人工时比例分配上述制造费用。

案例学习

阿迪达斯的流通加工

阿迪达斯公司在美国有一家超级市场,设立了组合式鞋店,摆放着的不是做好了的鞋,而是做鞋用的半成品,款式花色多样,有 6 种鞋跟、8 种鞋底,均为塑料制造的,鞋面的颜色以黑、白为主,搭带的颜色有 80 种,款式有百余种,顾客进来可任意挑选自己所喜欢的各个部位,交给职员当场进行组合。只要 10 分钟,一双崭新的鞋便完成了。这家鞋店昼夜营业,职员技术熟练。鞋子的售价与成批生产的价格差不多,有的还稍便宜些。所以,顾客络绎不绝,销售金额比邻近的鞋店多十倍。

——摘自:BMA 智库文档,2011 年 12 月 26 日

案例思考题

1. 阿迪达斯为何采用这种销售方式?

2. 阿迪达斯的流通加工环节有什么特点?

各章课后练习思考题参考答案

第一章　课后练习思考题参考答案

1. 包装、运输、仓储、装卸、搬运、流通加工

2. 物流成本预测、物流成本决策、物流成本计划、物流成本控制、物流成本核算、物流成本分析

3. 计划与实际比较、纵向比较、横向比较

4. 固定成本、变动成本、混合成本

5. 可控成本、不可控成本

6. 按物流活动构成分类、按物流活动过程分类、按费用支出形态分类、按物流成本性态分类、按物流成本的可控性分类、按物流成本的核算目标分类、按物流成本的相关性分类、按物流成本的计算方法分类

7. 产品价值、产品密度、产品废品率、产品破损率、特殊搬运

8. 物流成本的隐含性;物流成本中有不少是物流部门不能控制的;物流成本削减具有乘数效果;物流成本之间存在二律背反现象;物流成本的核算范围、核算对象、核算方法难以统一;物流成本与客户服务水平关系密切;物流成本与物流规模关系密切。

9. "黑大陆"学说,"物流成本冰山说","第三利润源"学说,"效益背反"规律,成本中心说,服务中心说,战略中心说。

10. 物流成本管理的方法主要包括比较分析法、活动优化法、综合评价法、排除法、责任管理法等,企业根据物流管理实际需要,选择利用,可有效地降低物流成本。

第二章　课后练习思考题参考答案

1. 物流成本的计算范围太大;物流成本界定和归集的难度大;现行会计核算制度不能完全满足物流成本计算的需要;核算要素难以统一

2. 会计核算、统计核算、会计与统计结合核算

260

3. 延期交货,失去某次销售机会,永远失去某些客户

4—7 题正确,8、9 错误

10. 分析和确定资源;分析和确定作业;确认资源动因,分配资源成本至作业成本库;确定作业动因,分配作业成本至成本计算对象。

第三章　课后练习思考题参考答案

1. B

2. ABCD

3. 物流成本预算是根据物流成本决策所确定的方案、预算期的物流任务、降低物流成本的要求以及有关资料,通过一定的程序,运用一定的方法,以货币形式规定预算期物流各环节耗费水平和成本水平,并提出保证成本预算顺利实现所采取的措施。

物流成本预算的作用有:

(1)物流成本预算可以使计划目标进一步明确化、具体化;

(2)物流成本预算可以协调企业的物流活动;

(3)物流成本预算是控制日常物流活动的标准;

(4)物流成本预算是评价物流工作业绩的依据。

4. 物流成本预算的方法有:

(1)弹性预算法:弹性预算法又称变动预算法、滑动预算法,是在变动成本法的基础上,以未来不同业务水平为基础编制预算的方法,是固定预算的对称。

(2)零基预算法:零基预算法(Zero-base budgeting,ZBB)又称零底预算,其全称为"以零为基础编制计划和预算的方法",简称零基预算。这种预算不以历史为基础做修修补补,在年初重新审查每项活动对实现组织目标的意义和效果,并在成本—效益分析的基础上,重新排出各项管理活动的优先次序,并据此决定资金和其他资源的分配。

(3)滚动预算法:滚动预算法又称连续预算或永续预算,是指按照"近细远粗"的原则,根据上一期的预算完成情况,调整和具体编制下一期预算,并将编制预算的时期逐期连续滚动向前推移,使预算总是保持一定的时间幅度。简单地说,就是根据上一期的预算指标完成情况,调整和具体编制下一期预算,并将预算期连续滚动向前推移的一种预算编制方法。

5. 物流成本控制是企业在物流活动中依据物流成本标准,对实际发生的物流成本进行严格审核监督,发现差距,采取相应的措施,从而使物流过程中的各项成本支出都在控制标准规定的范围内,实现预定物流成本目标的一系列活动。

物流成本控制的程序:

(1)制定物流成本标准;

(2)监督物流成本的形成;

(3)及时揭示并纠正不利偏差;

(4)评价和激励。

6. 物流成本控制的方法有：

(1)目标成本法:目标成本法以给定的竞争价格为基础决定产品的成本,以保证实现预期的利润,即首先确定客户会为产品/服务付多少钱,然后再回过头来设计能够产生期望利润水平的产品/服务和运营流程。

(2)标准成本法:标准成本法,又称标准成本会计,是西方管理会计的重要组成部分。它是指以预先制定的标准成本为基础,用标准成本与实际成本进行比较,核算和分析成本差异的一种产品成本计算方法,也是加强成本控制、评价经济业绩的一种成本控制制度。

7.(1)解:成本总差异＝(5500×2.1－1000×5×2)＝11550－10000＝1550(元)

材料用量差异＝(5500－1000×5)×2＝1000(元)

材料价格差异＝(2.1－2)×5500＝550(元)

通过计算可知,实际发生的物流成本高出标准成本1550元。由于用量增加致使物流成本增加了1000元,材料价格上升导致物流成本增加了550元。在今后的工作中,应控制材料的耗费,尽量降低原材料的采购价格。

(2)解:成本总差异＝(4500×20－150×32×19.2)＝90000－92160＝－2160(元)

人工效率差异＝(4500－150×32)×19.2＝－5760(元)

工资率差异＝(20－19.2)×4500＝3600(元)

通过计算可知,实际成本的支出低于标准成本2160元,由于人工效率较高导致成本比标准成本减少了5760元,由于工资上升使成本增加了3600元,今后的成本控制重点应是进一步降低工资率。

第四章 课后练习思考题参考答案

1. C

2. ABCD

3. 仓储成本是指仓储企业在开展仓储业务活动中各种要素投入的以货币计算的总和。

仓储成本的特点:

(1)重要性;

(2)效益背反性;

(3)复杂性。

4. 仓储成本的核算方法有:

(1)按支付形态计算仓储成本;

(2)按仓储项目核算仓储成本;

(3)按适用对象核算仓储成本。

5. 仓储成本的优化途径有:

(1)选择合适的仓储类型;

(2)制定正确的混合仓储空间策略;

（3）合理选择不同吞吐量的仓储类型和作业模式；

（4）降低各项仓储作业成本。

6. 解：

材料种类	数量比重累计百分比	价值比重累计百分比	分类
甲材料	7.27%	31.11%	A
戊材料	10.32%	61.6%	A
己材料	11.99%	82.47%	B
丁材料	19.73%	85.23%	C
丙材料	38.63%	95.34%	C
乙材料	100%	100%	C

对 A 类存货尽可能地严格控制，包括最完备、准确的记录，最高层监督的经常评审，供应商按订单频繁交货，紧密跟踪订单过程以压缩提前期；

B 类存货做正常控制，包括良好的记录与常规的关注；

C 类存货只需最简单的控制。

第五章　课后练习思考题参考答案

1. C

2. A

3. ABCD

4. 影响运输成本的因素有：

（1）输送距离

（2）运输量

（3）货物的疏密度

（4）装载能力

（5）搬运的难易

（6）责任

（7）市场

5. 运输合理化的五要素是：

（1）运输距离

（2）运输环节

（3）运输工具

（4）运输时间

（5）运输费用

6. 运输成本优化措施有：

（1）合理装载，提高实载率

（2）实现运输工具的合理分工

（3）分区产销合理运输

（4）实行直达运输和直拨运输

（5）通过流通加工,使运输合理化

（6）发展社会化的运输体系

7. 解:方案一成本＝(0.05×1100＋0.1×2)×500＋30×500×0.5＝27600＋7500＝35100(元)

方案二成本＝(0.05×37＋0.1×6＋0.006×1200＋30×2.5)×500＝42325(元)

方案三成本＝22800(元),可能追加成本＝(2.5/0.8－2.5)×30×500＝9375(元),最高成本为32175(元)。

因此,最佳方案为方案三,因为该方案的成本最低。

第六章 课后练习思考题参考答案

1. 保护商品、提供方便、便于辨别、便于集装单元化、促进某种品牌的销售

2. 物流包装材料费用、物流包装机械费用、物流包装技术费用、物流包装辅助费用、物流包装人工费用

3. 包装材料成本差异、价格差异、数量差异

4. 包装材料费用、包装人工费用、包装机械费用、包装技术费用

5. 成本差异＝实际成本－标准成本＝价格差异＋用量差异

其中:

价格差异＝实际用量×(实际单价－标准单价)

用量差异＝标准单价×(实际用量－标准用量)

6. 包装作业人工费用＝10500×(1＋5％)＝11025(元)

可计入物流成本－包装成本－企业内部物流成本(人工费)

包装作业材料费＝110000(元)

可计入物流成本－包装成本－企业内物流成本(材料费)

包装作业耗用燃料动力费＝90000×50/2000＝2250(元)

可计入物流成本－包装成本－企业内物流成本(维护费)

本月发生在企业内物流阶段的包装成本:11025＋110000＋2250＝123275(元)

7. A材料的成本差异＝100×11×48－100×10×50＝2800(元)

进一步分析可得:

A材料的用量差异＝50×(100×11－100×10)＝5000(元)

A材料的价格差异＝(48－50)×11×100＝－2200(元)

A材料的成本差异＝A材料用量差异＋A材料的价格差异＝5000＋(－2200)＝2800(元)

8. 直接人工差异＝5000－200×18＝1400(元)

进一步分析可得：

工资率差异＝500×(5000÷500－9)＝500(元)

人工效率差异＝(500－400)×9＝900(元)

9.(1)按包装功能的不同分类,分为工业包装、商业包装。(2)按包装层次的不同分类,单件包装又称小包装、个体包装；内包装；外包装,外层包装一般都属于工业包装。

10. 防止包装过剩,删除不必要包装；防止包装不足,弥补不足包装；新包装材料和包装器具的开发；包装机械化；包装的标准化；包装单位的大型化和集装化；采用通用、周转包装；包装梯级利用及再生利用。

第七章 课后练习思考题参考答案

1. 有隐蔽性、财务会计分解难度大；配送成本消减具有乘数效应；配送成本的"效益背反"

2. 运输费用、储存保管费用、分拣费用、配装费用、流通加工费用

3. 配送运输成本＋储存保管成本＋分拣成本＋配装成本＋流通加工成本

4. 实行合并配送、差异化配送、混合配送、标准化配送、延迟配送

5. 节约差异、有利差异、超支差异、不利差异

6. 加强配送的计划性、确定合理的配送路线、进行合理的车辆配载

7.(1)商品入库、出库的效率化 (2)保管、装卸作业的效率化 (3)备货作业的效率化 (4)分拣作业的效率化

8.(1)资源筹措的不合理(2)库存决策不合理(3)价格不合理(4)配送与直达的决策不合理(5)送货中不合理运输(6)经营观念的不合理

9. 配送运输成本报表是反映配送环节在一定时期(年、季、月)的成本的构成、成本的水平和成本计划执行情况的综合性指标报表。利用配送成本汇总表,可以分析、考核各项计划的执行情况和各种消耗定额的完成情况,研究降低成本的途径,从而不断改善经营管理,提高配送赢利水平。

10.(1)满足所有零售店对商品品种、规格、数量的要求。

(2)满足零售店对货物到达时间范围的要求。

(3)在交通管理部门允许通行的时间内进行配送。

(4)各配送路线的商品量不超过车辆容积及载重量的限制。

(5)在配送中心现有的运力允许的范围之内配送。

第八章 课后练习思考题参考答案

1. 附属性、伴生性的活动,支持、保障性活动,衔接性的活动,具有均衡性与波动性,复杂性与延展性

2. 仓库装卸、铁路装卸、港口装卸、汽车装卸、飞机装卸

3. 标准工时、标准工资率

4. 实际工资率

5. 标准工时、标准工资率

6. 物料杂乱地堆在地面上的状态、物料装箱或经捆扎后的状态

7.(1)省力化原则(2)活性化原则 (3)顺畅化原则(4)短距化原则(5)单元化原则(6)连续化原则(7)人格化原则

8. 通常分三步进行:第一步,绘制装卸搬运图;第二步,按搬运作业顺序做出物资活性指数变化图,并计算活性指数;第三步,对装卸搬运作业的缺点进行分析改进,做出改进设计图,计算改进后的活性指数。

9. 固定费用标准分配率＝机械费用总预算额/预计能量标准总工时

$$＝8000/4000＝2(元/工时)$$

装卸机械费用差异＝8500－900×5×2＝－500(元)

其中:耗费差异＝8500－8000＝500(元)

能量差异＝(4000－900×5)×2＝－1000(元)或能量差异＝8000－9000＝－1000(元)

10. 按实际工量计算的标准工时为:1150 件×5 工时/件＝5750(工时)

直接人工标准成本为:单位产品标准工时×小时标准工资率

1150×5×1.2＝6900

实际小时工资率水平:7200/5630≈1.28

直接人工成本总差异:7200－6900＝300(不利)

其中工资率差异:$5630×\left(\dfrac{7200}{5630}-1.2\right)≈444$ 元(不利)

人工效率差异:(5630－1150×5)×1.2＝5630×1.2－5750×1.2＝－144 元(有利)

第九章　课后练习思考题参考答案

1. 提高原材料利用率、方便用户、提高加工效率及设备利用率、提高物流系统效率以及提高企业竞争力

2. 流通加工材料费用、流通加工设备费用、流通加工劳务费用、流通加工其他费用

3. 直接材料费、直接人工费用、制造费用

4. 材料费用分配率＝$\dfrac{应分配的直接材料费用}{耗用各种产品定额消耗量之和}$

某产品分配费用＝该产品定额消耗量×材料费用分配率

5. 比较分析法、趋势分析法、比率分析法、标准成本差异分析法

6. 流通加工结点设置的不合理、流通加工方式选择不当、流通加工冗余环节增加、流通加工成本过高

7.(1)为适应多样化需要的流通加工(2)为方便消费、省力的流通加工(3)为保护产品所进行的流通加工(4)为弥补生产领域加工不足的流通加工(5)为促进销售的流通加工(6)为提高加工效率的流通加工(7)为提高物流效率、降低物流损失的流通加工(8)为

衔接不同运输方式、使物流更加合理的流通加工(9)生产—流通一体化的流通加工(10)为实施配送进行的流通加工

8.(1)加工和配送结合(2)加工和配套结合(3)加工和合理运输结合(4)加工和合理商流结合(5)加工和节约结合

9. 工资分配率 $=\dfrac{99000}{22000}=4.5$(元/小时)

福利费分配率 $=\dfrac{13860}{22000}=0.63$(元/小时)

甲产品应负担的人工费 $=4000\times(4.5+0.63)=20520$(元)

乙产品应负担的人工费 $=10000\times(4.5+0.63)=51300$(元)

丙产品应负担的人工费 $=8000\times(4.5+0.63)=41040$(元)

10. 制造费用分配率 $=\dfrac{40000}{20000}=2$(元/小时)

甲产品应负担的制造费 $=10000\times2=20000$(元)

乙产品应负担的制造费 $=6000\times2=12000$(元)

丙产品应负担的制造费 $=4000\times2=8000$(元)

参考文献

[1]张世军,孔海涛.物流成本管理[M].北京:北京交通大学出版社,2013.

[2]唐文登,谭颖.物流成本管理[M].重庆:重庆大学出版社,2015.

[3]董永茂.物流成本管理[M].杭州:浙江大学出版社,2011.

[4]易华.物流成本管理[M].北京:清华大学出版社,北京交通大学出版社,2005.

[5]刘繁荣等.物流成本分析与控制[M].长沙:湖南师范大学出版社,2014.

[6]傅锡原,高风琴.物流企业成本核算[M].北京:中国物资出版社,2006.

[7]何开伦.物流成本管理[M].武汉:武汉理工大学出版社,2007.

[8]姬中英.物流运输业务管理[M].北京:科学出版社,2006.

[9]李伊松,易华.物流成本管理[M].北京:机械工业出版社,2005.

[10]缪六莹,王进.运输管理实务[M].北京:电子工业出版社,2004.

[11]倪风琴.物流成本管理[M].北京:电子工业出版社,2005.

[12]吴清一.物流实务[M].北京:中国物资出版社,2005.

[13]夏春玉.现代物流概论[M].北京:首都工业出版社,2006.

[14]现代物流管理课题组.物流成本管理[M].广州:广东经济出版社,2002.

[15]肖旭.物流管理基础[M].北京:对外经济贸易大学出版社,2007.

[16]薛威,孙鸿.物流企业管理[M].北京:机械工业出版社,2003.

[17]曾益坤.物流成本管理[M].北京:知识产权出版社,2006.

[18]周明.物流管理[M].重庆:重庆大学出版社,2002.

[19]朱伟生,张洪革.物流成本管理[M].北京:机械工业出版社,2003.

[20]朱新明.物流运输管理[M].大连:东北财经大学出版社,2003.

[21]汪晓娟.企业物流成本核算[M].北京:机械工业出版社,2007.

[22]何开伦.物流成本管理[M].武汉:武汉理工大学出版社,2007.

[23]郝晓燕,苏龙.物流成本管理[M].大连:大连理工大学出版社,2009.

[24]曹霁霞,黄志宁.物流成本管理与控制[M].大连:大连理工大学出版社,2009.

[25]中国注册会计师协会.财务成本管理[M].北京:中国财政经济出版社,2009.

[26]陈洁.物流成本管理[M].北京:中国水利水电出版社,2010.

[27]朱伟生.物流成本管理[M].北京:机械工业出版社,2009.

[28]田源.物流运作实务[M].北京:清华大学出版社,2004.

图书在版编目(CIP)数据

物流成本管理 / 程洁主编. —杭州:浙江大学出版社,2016.8
ISBN 978-7-308-15452-9

Ⅰ.①物… Ⅱ.①程… Ⅲ.①物流－成本管理－高等职业教育－教材 Ⅳ.①F253.7

中国版本图书馆 CIP 数据核字(2015)第 306599 号

物流成本管理

程洁 主编

责任编辑	何　瑜(wsheyu@163.com)
责任校对	赵黎丽
封面设计	杭州林智广告有限公司
出版发行	浙江大学出版社
	(杭州市天目山路 148 号　邮政编码 310007)
	(网址:http://www.zjupress.com)
排　　版	浙江时代出版服务有限公司
印　　刷	杭州日报报业集团盛元印务有限公司
开　　本	787mm×1092mm　1/16
印　　张	17.5
字　　数	394 千
版 印 次	2016 年 8 月第 1 版　2016 年 8 月第 1 次印刷
书　　号	ISBN 978-7-308-15452-9
定　　价	36.00 元

ZHEJIANG UNIVERSITY PRESS
浙江大学出版社

互联网+教育+出版

立方书

教育信息化趋势下，课堂教学的创新催生教材的创新，互联网+教育的融合创新，教材呈现全新的表现形式——教材即课堂。

 轻松备课  分享资源  发送通知  作业评测  互动讨论

"一本书"带走"一个课堂" 教学改革从"扫一扫"开始

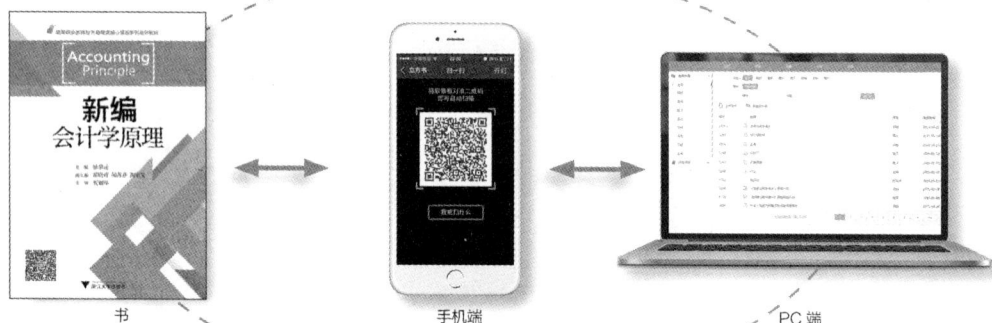

书　　　　　　　手机端　　　　　　　PC端

打造中国大学课堂新模式

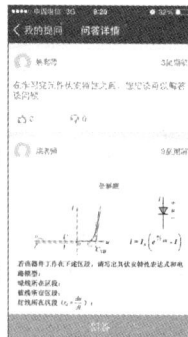

【创新的教学体验】

开课教师可免费申请"立方书"开课，利用本书配套的资源及自己上传的资源进行教学。

【方便的班级管理】

教师可以轻松创建、管理自己的课堂，后台控制简便，可视化操作，一体化管理。

【完善的教学功能】

课程模块、资源内容随心排列，备课、开课，管理学生、发送通知、分享资源、布置和批改作业、组织讨论答疑、开展教学互动。

扫一扫 下载APP

教师开课流程 ➡

➡ 在APP内扫描封面二维码，申请资源

➡ 开通教师权限，登录网站

➡ 创建课堂，生成课堂二维码

➡ 学生扫码加入课堂，轻松上课

网站地址：www.lifangshu.com

技术支持：lifangshu2015@126.com；电话：0571-88273329